清华国学研究系列

刘 东 / 主编

刘 东 著

国学的当代性

中华书局

图书在版编目(CIP)数据

国学的当代性/刘东著. —北京:中华书局,2019.11
(清华国学研究系列)
ISBN 978-7-101-14122-1

Ⅰ.国…　Ⅱ.刘…　Ⅲ.国学-研究　Ⅳ.Z126

中国版本图书馆 CIP 数据核字(2019)第 203326 号

书　　名　国学的当代性
著　　者　刘　东
丛 书 名　清华国学研究系列
责任编辑　孟庆媛
出版发行　中华书局
　　　　　(北京市丰台区太平桥西里 38 号　100073)
　　　　　http://www.zhbc.com.cn
　　　　　E-mail:zhbc@zhbc.com.cn
印　　刷　北京瑞古冠中印刷厂
版　　次　2019 年 11 月北京第 1 版
　　　　　2019 年 11 月北京第 1 次印刷
规　　格　开本/920×1250 毫米　1/32
　　　　　印张 10¼　插页 3　字数 250 千字
印　　数　1-4000 册
国际书号　ISBN 978-7-101-14122-1
定　　价　48.00 元

刘东教授近照

《清华国学研究系列》总序

兹将此套丛书之缘起略陈如下。

从 2009 年 11 月 1 日对外宣布至今，"清华国学院"的正式复建，也快要历时整整十个年头，已在着手准备相应的纪念活动了。

早在十年前，我们就本着"返本开新"的原则，齐头并进地启动了双向的工程，既有向后回顾的《清华国学书系》，也有向前展望的《清华国学丛书》。而前者主要包含了我们的"院史工程"，具体落实到了江苏人民出版社；后者主要收进了同仁新近的研究，具体落实到了北京大学出版社。

到了十年后，这两项工程都已经行将"曲终奏雅"，大体都处于扫尾的阶段了。于是，我们又开始谋划更新的、可以说是 2.0 版的工作计划。"院史工程"的进一步深耕，一方面，会体现为一套题为《清华国学故事》的电视片，这个已经在本院内部紧锣密鼓地进行着了，希望至迟到 2021 年 5 月就能跟公众见面；而另一方面，还会体现为一套《清华国学院早期导师著作》（全新校订系列），这个已经具体落实到了北京的中华书局。

正所谓——"厚古"却不"薄今"，"继往"更要"开来"。所以，本院又同时仰仗着中华书局的支持，把以往那个《清华国学丛书》的项目，更新为眼下的《清华国学研究系列》。我们冀望于利用这块新辟的学术园地，来展示本院同仁最新的治学努力，也借机检阅他们是如何调动传统资源，来回应当今时代所提出的尖锐挑战。

接下来，由于那个"院史工程"已比及结项，所以此后再来本院进修的博士后，也可以说是本院的助理研究员，都无需再去分头编辑那些"文存"了。这样一来，也就对这些年轻的后进们，提出了更带有难度、亦更考验创意的要求，因为他们从一开始的目标，就被告知要瞄准这套《研究系列》，那不再是只需翻检和理顺"故纸堆"，就差可宣告完成的"研究报告"了。

这当然属于一种成心、乃至精心的设计。——非得如此，才可能企望"才、学、识"的同步成长，而本院那几位早期导师的学术薪火，也才可能通过这几位导师的勉力传递，由一代又一代的学子承接下去。从而，借助于这种代代相传、不稍中断的学术接力，那一长串闪耀而夺目的思想火炬，才可能为中华民族保藏和扩展它的文明之光。

与此同时，也是非得如此，传承自"轴心时代"的中国价值与智慧，才不致偏偏在我们的手上，反被历史长河的浪花给吞没湮灭，而终究得以进一步发扬光大，乃至再不断地泽被后人。

刘东

2019 年 9 月 4 日

于青岛·海之韵

目 录

上编：理论背景

国学：六种视角与六重定义

一、国学，就应当"这样红"

就算此二字的组合终究还能成立，"国学"的命运也真可谓多艰了，——居然无论是继续遭到冷落，还是转而渐成热门，都可能成为被嘲讽的理由！在这方面，可以先借一位海外学者的"壁上"观感，来回顾一下到底都发生了什么：

自上世纪 90 年代所谓"国学热"以来，"国学"这个观念，在消歇了四十多年之后，几乎一夜之间又在中国大陆上复苏了。与其他的"热"——如"文化热"、"后学热"相较，"国学热"具有两项明显的特色：第一，它的持续性，十几年来这股"热"不但未消退，而且还在继续增高；第二，它的扩张性，即从学术文化界走向社会。"国学热"的社会化，尤其是最近几年的突出现象，电视上有各种"论坛"，著名大学附设"国学"训练班，培养企业管理界人士的"精神资源"，甚至有些地区出现小学生"读四书、五经"的活动。大众传媒包括电视、报纸、杂志、网络则极尽推波助澜之能事。如果说"国学"今天是大陆上一个家喻户晓的词汇，大概不算是夸张。①

体会起来，尽管在语气中略带揶揄，可这位毕生以传统为业的学者，其实并未得出一个笃定的判断：在"文革"浩劫仍然余波未平之际，在苍白浑浊虚妄的文化真空之中，这种持续扩张的"国学热"，从总体来说到底是福是祸？——大约真正想要做到"旁观者清"，从大老远的地方也并不特别容易吧？不过，鉴于在我们自己身边，围绕"国学热"的各种赞美和诟病，同样如影随形地跟了过来，以致无论在讲台还是餐桌上，都能随时听到互不相让的争执，则又说明至少所谓"当局者迷"的概括，还是放诸四海都适用的。

也许正因此，毫不打趣地说，自己早在二十多年前——当时还正处在名副其实的"国学冷"之中——所写下的一段文字，要是拿到当下的辩论语境中，可以毫厘不爽地用来描绘如今的争锋——"即使是了解传统不多的人，也总是毫不犹豫地对这个本来是最需要学术根基的课题大发议论。他们要么将自己介身其中的困境归咎于传统，要么将之归咎于传统的丧失，因而要么宣称过去的历史错了，要么针锋相对地宣称对过去历史的中断才错了。"②

也正是在这样的相争中，我们刚刚把德里克教授（Arif Dirlik）请到了清华国学院，来主讲新近创办的《梁启超纪念讲座》。这位老友的系列讲演，总标题是《改革时期中国的文化与历史：全球现代性的视角》（"Culture and History in Postrevolutionary China: The Perspective of Global Modernity"），而在这个宏观的框架底下，他又把往年曾在《边界上的孔夫子》（"Confucius in the Borderlands:

---

① 余英时：《"国学"与中国人文研究》，何俊编：《余英时学术思想文选》，上海：上海古籍出版社，2010年，第433页。
② 刘东：《回到轴心时代》，《中华文明读本》，南京：译林出版社，2009年，第1页。

Globalization, The Developmental State and the Resurrection of a Confucian Identity")中表述过的观点，重新借题发挥了一通。——鉴于此文中的主要观点，我们早在 15 年前就已领教过了，[①]这里就仅限于通过那节课的提要，来概括一下他这项研究的主要内容吧：

> 中国的儒学认同，是 19 世纪以来"中国"作为一种民族主义发明所衍生出来的产物之一。鉴于此一认同，儒学既要对中国现代性中的失败负责，也要对其成功负责。自由主义者和社会主义者均视儒学为通向现代化的障碍，而在解放后社会主义革命的日子里，这种从意识形态上对儒学的拒斥达到了顶峰。尽管如此，儒学在周边的华人国家以及东亚地区，却仍是主流的意识形态，并伴随这些国家与社会在资本主义全球化形势下发展的成功而获得了新的声望。最近几十年，儒学作为中华民族和地区认同的标志，同时作为"替代的"现代性的一种可能资源，又再度获得认可。[②]

应当平心承认，德里克的这一番构思，亦自有其敏锐与机巧之处。这主要表现在：这位外部观察者确实是在儒家文化圈——如今终于也可以包括其核心地带了——的经济起飞和价值复苏之间，建构出了某种扶摇齐上的共变关系。而且，这位老友在访问清华国学院期间，还不断地通过网络给我发来新的证据，说明这种对于儒家学说的价值关切，正如对于观音或妈祖的民间崇拜一样，越是遇

---

① 参阅阿里夫·德里克：《似是而非的孔夫子：全球资本主义与儒学重构》，载《中国社会科学季刊》，总第 13 期，香港：香港社会科学服务中心，1995 年。
② 阿里夫·德里克：《改革时期中国的文化与历史》，清华大学国学研究院"梁启超纪念讲座"之一，待刊。

到经济高涨就越会香火旺盛；此外，也确实有人正在把它利用为手边的工具，无论是作为国家发展的意识形态，还是个人致富的宣讲内容。

不过，既然我已被规定为其系列讲演的讨论者（discussant），而且跟国际同行坦率地交流意见，也正是我们这项讲座制度的主要设计宗旨，我也就委婉地向德里克提出，理解上述现象的首要关键词，毋宁在于"倾听"二字。——无论如何，往往会发生这样的情况：对于一位来自外部的观察者而言，只有当他开始关注某种声音的时候，那种声音才不会显得"东风吹马耳"，而发出那种声音的主体的存在，也才会被"倾听者"真正认识和承认。

若非如此，那些希望来跟中国对话的外部人士，原应很容易从这个社会内部看到，其实从熊十力、梁漱溟、冯友兰，到牟宗三、唐君毅、徐复观，再到他们的众多思想后裔，儒学传统对于源自西方的现代化运动，特别是其中赤裸裸的谋利动机，从来都是有所反弹、并且希望给出道德规范的，所以，其实儒学话语自身的宣讲、传承与发扬，跟社会上日趋旺盛的赢利活动，并不存在前后相连的因果关联，相反倒有彼此平行的竞争关系。——在这种前提下，即使只是到了那些思想后裔那里，这种话语活动才更为外人所知，那也无非是因为，随着儒家文化圈的经济起飞，这些东方社会在国际格局中的权重开始增大，从而它们向外传播话语的动能也开始加大；同样是出于这种原因，才诱使得人们要在如此简单片面的叙事逻辑中，勾连出一种看似存在的共变或共生关系。

正因为如此，更为全面地来看，如果不是对历史环节进行任意的截取，那就理应在有关当代东亚的历史叙述中，至少也同样去凸显出另一种共变关系，可惜那却并非在儒学和资本主义之间的正比关系，而恰恰是它们的反比关系。——也就是说，在遭到西方严峻打击的近两个世纪，儒家学说及其负载的价值体系，都曾在外来资本主义的打压下，受到了粉碎性的压制和破坏。甚至，即使到了1980年代的下半段，也就是距《边界上的孔夫子》一文的发表已不到十年，在中国大陆上仍自盛行着下述观点：

> 讽刺的是，恰是从最世俗最功利的目的出发，人们反而摆出了最神圣最超然的姿态，他们从一元论和决定论的逻辑出发，认定惟有西方文明中最超出中国人理解的神秘部分，才派生出了一切最受艳羡的现代专利，其中既包括科学与民主，也包括个人自由和"合理性资本主义"。由此就可以想见：尽管大大掉换了批判的角度，文化激进主义者仍把自身藏匿于批判的死角；就其先入为主的观念而言，韦伯学说只不过提供了某种方便的口实，来加强自己久执不改的信念——中国文化从根基处就走偏了，所以五千年的文明进程无非是一场持续的错误。①

事实上，也只有到了物质层面的"四个现代化"似已唾手可得的今天，到了现代性的负面效应已成基本共识的今天，甚至到了物欲、污染、孤独等现象已使人们不胜其苦的今天，他们才刚刚学会不再把什么都归罪给老祖宗了。缘此，也就千万不要因为它们都表现为某种热度，便把昔日的"文化热"和当今的"国学热"混为一谈。——实际上，它们所处的历史语境，和它们聚焦的要害问题，早已发生了一百八十度的掉转：如果二十多年前的那次交锋，其所以要拿传统文化来说事儿，主要是缘于对现代化的渴求与热望，那

---

① 刘东：《韦伯与儒家》，载刘东：《理论与心智》，南京：江苏人民出版社，2001年，第164-165页。

么二十多年后的这次交锋，其所以再次想起了传统文化，则主要是缘于对现代性的冷静与踌躇。

与此相应，跟那些来自外部的"雾里看花"不同，我也曾针锋相对地指出了这次"国学热"的民间性质和自发特点："这次的举国规模的'国学热'，跟以往的那几次热浪相比，还是有一个显著的不同之点，那就是典型地表现为'礼失求诸野'。也就是说，这回的这场文化运动，不再是由上层在推动下层，而是由下层在推动上层。——正因为这样，在我看来，这种热潮也就充分地说明了，在民间社会的潜在文化心理中，对于国学的内容有相应的需求，而且心情还是相当的迫切。"[①]在我看来，抓住这次热潮的"礼失求诸野"的特征，才是对之做出清醒判定的关键之点。

当然话说回来，德里克对于那种共变关系的揭示，尽管不够全面与平衡，仍不乏其独到的敏锐之处。这表现在，他以戏剧化的惊人笔锋，勾勒出了如下的反讽状态：最鲜明地挑起过"义利之辨"的儒家学说，以及由此而激发的广泛价值关切，在当下这个"天下熙熙，皆为利来"的新兴市场，居然也被人公然当成了赢利工具，遂使人不得不惊叹这种经济模式的巨大消化力！——顺便说一句，也正是出于这个原因，尽管我自认是最爱阅读儒家原著的，但恰因此，我反而又最怕碰到那些专在大众传媒上"吃儒家饭"的同行！

正是在这个意义上，我也很能理解李零在下文中的尖锐揭露："假古迹，也不少，用《红楼梦》上的话说，很多都是'从敬爱上穿凿出来的'东西。比如陕西的黄帝陵，湖南的炎帝陵和舜庙，河南的二帝陵和太昊陵，山东的少昊陵，绍兴的大禹陵，江苏的泰伯祠，还有各地的关庙，等等。这些古迹，历代翻修，本身也是古迹。但

---

① 刘东：《国学：礼失求诸野之后》，《文汇报》，2011 年 4 月 4 日。

各地公祭，烧香磕头，十分滑稽。不仅如此，为了寻根问祖，弘扬中华传统文化，各地还拆了不少真古迹，造了不少假古迹，十分荒诞的假古迹。保护真的没钱，造假倒有钱。"[①]——的的确确，眼下就连最不该沾染铜臭的地方，从大学到太庙，从书肆到私塾，从写作到讲学，从书院到山房，也全都沾满了金钱的气味，真不知还能把此心安在何处！

可即使这样，我仍然坚持认为，并没有必要又去"恨屋及乌"，再次把婴儿和洗澡水一起倒掉。事实上，从历史的前因后果来追溯，难道不正是由于失去了儒家的制衡，长期潜伏在国人文化心理中的杨朱主题，才会被当作"先进学说"而引进的个人主义所激活，从而对潜伏在传统社会中的利己主义"小传统"进行了"创造性转化"么？[②]——由此如果说，正是由儒家缺位而导致的人心大坏，才使得就连对于道德真空的批判，都裹挟了明目张胆的商业目的，那么很显然，对于这种"人心不古"状态的改善和收拾，就决不能靠着继续毁弃传统、特别是毁弃儒家传统来达到！

历史的复杂纠结，总要有个解开扣子的入手处。所以，尽管还带有初始阶段的杂乱和生涩，甚至一时间也很难防止某些趋利之徒简直像苍蝇见血般地扑将过来，但我宁愿从大体的方向上，仍然看好这次"国学热"。——我甚至不无乐观地想象着，这说到底有可能是在一个历史的紧要关口，再次以民间自发的形式来证明：对于规范中国民众的道德生活、乃至丰富中文语境的历史经验而言，中国文化固有的价值体系和言说方式，不仅仍然是最有活力的，而且可

---

①李零：《传统为什么这样红——二十年目睹之怪现状》，载李零：《放虎归山》（增订本），山西人民出版社，2008年，第227页。

②参阅刘东：《失去儒家制衡的"个人主义"：周作人案例研究》，载刘东：《理论与心智》，南京：江苏人民出版社，2001年，第88–114页。

能是最有效验的。由此，我个人也就倾向于相信，这种热潮必将对今后的历史走向，发生出独特而积极的影响。

基于这样的心念，对于李零上述文章的标题——"传统为什么这样红？"，如果轮到我来作答的话，我就会毫不犹豫地回答道：那正是因为在这块土地上，曾经激烈地作践、糟蹋、毁弃过传统，以至于生活在文化真空中的人们，普遍燃起了对于传统的渴望，并自发地对激进主义做出了抵制。这也就意味着，如果古老的中国文明命不当绝，那么在当下这个历史时刻，不仅传统原本应当这样红，而且传统中的国学也应当这样红，而且国学中的儒学更应当这样红！

当然，放眼长时段的乐观情绪，并没有构成一种口实，让我到短时段中去闭目塞听，从而忽略掉迫在眉睫的诸多困扰。一方面，我深知就连对于上文中所谓"文化"、"传统"、"国学"、"儒学"之间的关系，都还存在着很多互不相让的争辩，而这也就意味着，就连这个"国学热"到底"热衷"了什么，都还有待于进一步去澄清。另一方面，其实我此生也已遭逢过很多热潮，比如八十年代的"美学热"和稍后的"文化热"，以及九十年代的"汉学热"和现在的"国学热"，算得上是饱经寒来暑往的沧桑了。——也正是这种阅历，使得自己从下意识里就不得不防：如果缺乏理性的护持与论证，而只凭过江之鲫般的盲目跟从，那么在短暂的热闹和虚火过后，又很可能再次落入掉头不顾的冷寂，而且这种热闹之余的废墟与冷淡，将会比未曾被热捧之前，还更让人落寞与绝望。

揣着此种忧虑，面对着当前的"国学热"，首先记挂的就不会是信口开河地去宣讲，而是细细地去思忖——"国学"这种提法本身是否能够成立？记得早在几位同人于八十年代末创办民间的"国学所"时，我们就已经遭遇到类似的质疑了。① 后来则又读到，马一浮当年也曾说过："国学这个名词，如今国人已使用惯了，其实不甚适当。照旧时，用国学为名者，即是国立大学之称。今人以吾国固有的学术名为国学，意思是别于外国学术之谓。此名为依他起，严格说来，本不可用。今为随顺时人语，故暂不改立名目。然即依固有学术为解，所含之义，亦太觉广泛笼统，使人闻之，不知所指为何种学术。"② 由此，究竟"国学"是一个姑妄从众的通俗说法，或者一个人云亦云的空虚能指，还是有其真确意义的概念，而且该概念还可能在进一步的积极诠释中，获得更加丰富的内容填充？这些也都成为了亟待回答的问题。

不在话下的是，这种积极的意义诠释，自然会导致空间广阔的发挥，并由此生出理解的分歧与多元。比如，也是后来读到，蔡尚思写于1932年的著作就已注意到，当时虽说都叫出了"Guo Xue"这两个音节，但在这两个汉字的组合之下，大家心中的对象却是言人人殊："乃今之学者，或以国学为单指中华民族之结晶思想（曹聚仁），或以国学为中国语言文字学（吴文祺），还有以史学眼光去观察一切的（如章学诚、章太炎等），以及误认国学为单指国文（其人甚多，不易枚举），与中国文学的（海上一般大学多以中国文学系为国学系）。……仁者见之谓之仁，智者见之谓之智，此皆仅得其一体，而尚未得其大全。"③ 正是这种思想对象本身的模糊不定，就有可能使得围绕"国学"的争论，演变成京戏舞台上的《三岔口》。

---

① 顺便记述一句：这个可以被视作国学院前身的国学所，其最初的发起者为：刘东、阎步克、梁治平、陈平原、陈来、葛兆光、李零、王守常、钱文忠。
② 马一浮：《楷定国学名义》，马一浮著、虞万里校点：《马一浮集》第一册，杭州：浙江古籍出版社、浙江教育出版社，1996年，第9页。
③ 蔡尚思：《国学之定义及分类》，蔡尚思：《中国学术大纲》，上海：启智书局，1931年，第5页。

具体而言，我们在这里遭遇到的困境是，一方面，如果彼此都不去遵守思想的同一律，人们便只会这么不断地反唇相讥下去，而从不打算认真地相互倾听。而另一方面，毕竟又不能否认，在针对"国学"的长达百年的思考过程中，我们的思想对象本身，就处在不断的变迁滑移之中，此外在不断陡转的历史关节点上，我们自身的问题意识和关切重心，也同样处在变迁和滑移之中。——而由此一来，我们的思想使命就只能是，对抗着堕入绝对主义或相对主义的双重危险，同样也要留意让自己所使用的思想范畴本身，同步发展为在历史过程中不断漂移和发展的东西。

这也就意味着，从这些不断漂移的、家族相似的"生活形式"中，我们必须深入到语言的实际运用历史中，去细致入微甚至竭泽而渔地考察：人们在最初似乎信手引入了"国学"这个说法之后，经过他们反复的辩难和长期的阐释，究竟在这两个音节背后，创造、投射和充填了多少种意义？而这些意义经由逻辑的推演，又能否在发生学的意义上，循序渐进和首尾相顾地构成一组有机的内容，从而共同形成对于"国学"二字的多重定义？——幸而，一旦确立了这样的工作目标，我们很快就能发现，人们从清末到民国就"国学"二字所发表的文字，其实是相当纷繁丰富的。由此它们也就为我们记载了足够丰富的历史材料，并且也为下文的展开留出了足够广阔的征引空间。

二、面对文化他者的自我限定

还是在前述那篇文章中，李零又语带讥讽地说："国学虽刻意区别于西学，但实质上是'国将不国之学'。它跟西学争胜，越争气越短。"①照我看，他的这种说法，可以说是"既对又不对"。——其"对"的一面在于：只要翻开当年的各种出版物，就能够看到这方面的警觉，其实前人早已发展出来了。比如，王新命等十位教授，早在 1935 年就曾撰文惊呼："中国在文化的领域中是消失了；中国政治的形态、社会的组织和思想的内容与形式，已经失去它的特征。由这没有特征的政治、社会和思想所化育的人民，也渐渐的不能算得中国人。所以我们可以肯定的说：从文化的领域去展望，现代世界里面固然已经没有了中国，中国的领土里面也几乎已经没有了中国人。"②这大概也就是所谓"国将不国"的意思吧？

然则，既然都这般国难当头了，那么只要是华夏的子民，原都会为之心急如焚，也都希望努力有所补救，怎可反以讥诮的口吻，去指责这种紧迫的文化自救呢？——这就是其"不对"的一面了。而有趣的是，居然就连这种消极的心态，也都正像顾实早在 1923 年就撰文批评过的："昔者，隋唐之隆也，华化西被，方弘海涵地负之量。迨及逊清之季，外学内充，大有喧宾夺主之概。曾几何时，事异势殊。自非陈叔宝太无心肝，谁不俯仰愦慨？则海宇之内，血气心知之伦，咸莫不嚣然曰'国学'。"③看来，历史总在这么翻着筋斗兜圈子呀！

而顺着这个话题，也就进入了本文要引进的第一种视角，由此发现"国学"一词的发生场域，恰恰就在这种"国将不国"的危殆局面。比如，早在 1905 年的《国粹学报》上，就已刊出了这样的惊呼："海通以来，泰西学术，输入中邦，震旦文明，不绝一线，无识

---

①李零：《传统为什么这样红——二十年目睹之怪现状》，李零：《放虎归山》（增订本），山西人民出版社，2008 年，第 227 页。

②王新命等十教授：《中国本位的文化建设宣言》，《文化建设》第一卷第四期，1935 年 1 月 10 日。

③顾实：《国学丛刊发刊辞》，《国学丛刊》第一卷第一期，1923 年 3 月。

陋儒，或扬西抑中，视旧籍如苴土。夫天下之理，穷则必通。士生今日，不能籍西学证明中学，而徒炫哲种之长，是犹有良田而不知辟，徒咎年凶；有甘泉而不知疏，徒虞水竭。"[1] 同样地，还是在这份杂志上，也早已发表了如下的浩叹："海波沸腾，宇内士夫，痛时事之日亟，以为中国之变，古未有其变，中国之学，诚不足以救中国。于是，醉心欧化，举一事革一弊。至于风俗习惯之各不相侔者，靡不惟东西之学说是依。……呜呼！不自主其国，而奴隶于人之国，谓之国奴。不自主其学，而奴隶于人之学，谓之学奴。"[2]

借助于这样的前提，我们才能看清，尽管或许有日文中的两个汉字组合，来作为最初引进活动的模板或提示，但当人们在中文语境中明确提出"国学"二字的时候，其问题意识却绝对是自家的和本土的。——具体而言，他们之所以挑起了"国学"二字，并不是故步自封地要做井底之蛙，相反倒首先意味着在面对文化他者、尤其是压强巨大的西方学术时，由于已经明确意识到了对手的强大，才转而发出对于本土学术文化的自限性定义。

从本然的和未受干扰的意义上讲，学术作为一项"究天人之际，通古今之变"的追求，和"为往圣继绝学，为万世开太平"的志业，原不应受到任何具体地域的限制，哪怕那地域正是自己的父母之邦。——正因为这样，我们才会看到，钱穆在写于1926—1928 年的《国学概论·弁言》中指出，"学术本无国界。'国学'一名，前既无承，将来亦恐不立。特为一时代的名词。其范围所及，何者应列国学，何者则否，实难判别。"对于这种"退而求其次"的心态，我们应当沉潜到当年的历史语境中，去细细地品味和体贴，把它当作理解"国

---

① 《国粹学报发刊词》，《国粹学报》第一年第一号，1905 年。
② 黄节：《国粹学报叙》，《国粹学报》第一年第一号，1905 年。

学"的扎实出发点。

因为，由此也就意味着，"国学"这种说法，对当时的文人学士而言，由于首先暗含着某种有限的规定性，从而在某种程度上首先意味着自贬。作为一种迫不得已的防守策略，他们已无法再把自己过去引以为傲的思想高度，和毕生享受其间的文化素养，看作是放诸四海而皆准的价值，而无可如何地只能将其视为地域性的，或者国别性的。——更何况在这里，所谓"国学"的"国"字，还不再是传统上那种八方来仪的宏大帝国，而是作为现代世界之基本架构的，充其量只能跟别国并肩而立、一争短长的民族国家。

正是在这样的有限前提下，人们才提出了所谓"国性"的问题，来支持所谓"国学"这种提法。比如，周介弼 1916 年的下述说法，就足以让我们意识到，其实把"民族国家"当作某种文化"特性"的定语，并非始于明恩溥或鲁迅，只不过这种做法并不是逻辑地意味着——非要把"民族性"或"国性"仅仅视作民族国家的"劣根性"不可："盖国于天地，必有与立。与立者何？厥为国性。国性者，立国之精神也。国性存则国存，国性亡则国亡。我中国之能永存，必国性有不可亡之故。夫所谓国性者非他，举凡一国之历史、政教、风俗、习惯、语言、文字种种，无一而非国性之成分。而所以显扬而表彰之者，则为国学。国学者，国性之所附丽以存者也。国性本无形，而寄之于有形。有形者，即为国学。"[1]出于同样的思路，我们还会看到，顾实更举出一系列以国打头的新词，来说明"国学"如何在西学压力下，不得不勉力自强自立起来："海禁洞开，外患荐至，精神文明失其抗拒力，物质文明闯入而横行。于是复有'中文''西文''中学''西学'相对抗之名词。最近国家观念普及于人人，凡

①周介弼：《学生宜尊重国学》，《学生杂志》第三卷第三号，1916 年。

若'国文''国语''国乐''国技''国粹''国故''国货'种种冠以国字之一类名词，不胫而走，有口皆碑。而'国学'一名词亦哇哇堕地以产生。"①

上文既已提到了鲁迅的名字，循此也就不难想见，当时围绕"国学"的这种哪怕是具有明确自限性的定义，肯定还会发生面红耳赤的争辩。不过，有了上面的引证与分析，我们总算可以还原一点历史的本相：原来当时双方争论的焦点，并不在于有谁要否认和抵制西学，因为那正是"国学家"进行自我限定的前提；说到底，当时真正无法达成共识的，毋宁在于要不要否认西学价值的唯一性，并由此而承认对它的引进也同样应有个限度？——也正是因了这一点，所谓"国学"二字才被视作了眼中钉，因为如果相信自家的学术传统也有其不可替代的精神价值，那么对于它的保守、传承与光大，就势必要限制、抵触和隔离"全盘西化"的主张。

事实上，也正是围绕着是否要进行"全盘西化"的底线，才展开了对于"国学"或"国粹"之生存权的争论。1908年，在留法学生于巴黎创办的期刊中，有一篇署名为"反"的文章，它激烈地向着"国粹"提出了全盘无用论："中国之国粹，若世人之所谓种种者，尤当早于今日陈诸博物馆。是诚保守之上策，亦尊重祖先之大道也。三五学者，既得考古之道，又可借此以现进化往迹。再若热心改革者，知平民之难化，借古所已有而今亡者以引导鼓舞之，则其苦心之处，尚在崇仰之列。然若专是古而非今，尊己而卑他，标异于人，而以助国界之愈严明，梦想草昧，而使人群之日退化，则其祸群之罪，不啻应加以大辟之刑。科学超于国界，良知贯于万民，固无分于东西，更无区于黄白种也。世之学者，不察于此，专以标异为务，

---

①顾实：《国学研究会演讲录序》，上海：商务印书馆，1923年，第4页。

则亦可悲矣。"① 这种论调可以使我们醒悟到，后来列文森针对儒家话语所提出的"博物馆说"，原来也是其来有自的；而且就当时的实际语境而言，也只有身居海外的人士，由于有机会时常参观博物馆，才会生出此类文化虚无主义的联想。

由此自然又想起同样（从东洋）归国的周氏兄弟了。——鲁迅的态度前边已提到过，这里就再引证一下他的二弟吧："我想国粹实在只是一种社会的遗传性，须是好的，而且又还存在，这才值得保存，才能保存。譬如现在有一个很有思想的人，我们可以据了善种学的方法，保存他特有的能力，使他传诸后世。倘若这人已死，子孙成了傻子，这统系便已中绝，留下一部著作，也不过指示先前曾有过这样伟大的思想，在他子孙的脑里却自有他的傻思想，不能相通了。我们看中国的国民性里。除了尊王攘夷，换一个名称便是复古排外的思想以外，实在没有什么特别可以保存的地方。"② 当然不可否认，把传统文化说得如此不堪，肯定也都是在紧张的对垒气氛中，出于高声叫阵的现实需要。不过，这种说法至少也暴露了一点：休要看周氏兄弟也很有国学素养，然而就他们的内心深处而言，却从未替这种作为积习的文化，找到任何不可舍弃的立足之地。

要命的是，这种基于西方本位的激进主义，又并非仅仅体现于当时的文坛，也逐渐扩散和熏染于此后的政坛。比如，陈独秀在1918年《新青年》杂志上，鲜明地挑出了这样的立场："吾人之于学术，只当论其是不是，不当论其古不古；只当论其粹不粹，不当论其国不国。以其无中外古今之别也。中国学术，隆于晚周，差比欧罗巴古之希腊。所不同者，欧罗巴之学术，自希腊迄今，日进不已；

①反：《国粹之处分》，《新世纪》第 44 期，1908 年 4 月 25 日。
②周作人：《罗素与国粹》，《晨报副刊》1920 年 10 月 19 日，后收入《谈虎集》。

近数百年，百科朋兴，益非古人所能梦见；中国之学术，则自晚周而后，日就衰落耳。以保存国粹论，晚周以来之学术，披沙岂不可以得金。然今之欧罗巴，学术之隆，远迈往古；吾人直径取用，较之取法二千年前学术初兴之晚周、希腊，诚劳少而获多。犹之欲得金玉者，不必舍五都之市而远适迁道，披沙以求之也。况夫沙中之金，量少而不易识别；彼盲目之国粹论者，守缺抱残，往往国而不粹，以沙为金，岂不更可悯乎！"①——须要留意的是，这篇文章的写作时间，距离此后中国共产党的创立，已经只有短短三年时间了！

进一步说，这种看法又并非仅限于共产党人。从吴稚晖的下述说法中更可以看出，前边那种把"中西之争"化作"古今之别"的看法，在某种程度上真可以说是有着"两党"的基础："什么叫做国故？与我们现今的世界有什么相关？他不过是世界一种古董，应保存的罢了。埃及巴比仑的文字，希腊罗马的学术，因明唯识的佛经，周秦汉魏的汉学，是世界上人公共有维护之责的东西，是各国最高学院应该抽几个古董高等学者出来作不断的整理。这如何还可以化青年脑力，作为现世界的教育品呢？亚里斯多德之古籍，经流血而掷诸校门以外。希腊拉丁之文，至今逐渐强迫最古董之学院废除。此种彰明皎著的大改革，是世界共认为天经地义的了。梁先生（即梁启超——引者）还要开一笔古董账，使中学毕业的学生，挟之而渡重洋，岂非大逆不道？"②

如果轮到喜欢"和稀泥"的读者，或许会宽容地觉得，既然"矫枉"必须"过正"，那么在"国学"及其激烈反对派之间的合力，大概要比任何一种单独的意见，其照顾面都更为宽阔和平衡。然而，这种

---

①陈独秀：《随感录》，《新青年》第四卷第四号，1918 年 4 月。
②吴稚晖：《箴洋八股化之理学》，《晨报副刊》1923 年 7 月 23 日，后收入《科学与人生观》。

概念上的"正确性",一旦碰到具体而微的历史细节,就会显得太过抽象和空泛了。——实际上,正如上文已经述及的,"国学"的这种带有自限性的概念,其本身就是参照着强大文化他者而提出的,就已经属于某种中外之间的平衡与合力。因此,一旦人们还要对这种力图持平的观念,继续发出激烈的批判与颠覆,那么历史的后果只能是大大失衡、而不再会是不偏不倚了。

比如,那个在上文中被点名的梁启超,居然被吴稚晖如此毒辣地诅咒:"他受了胡适之《中国哲学史大纲》的影响,忽发整理国故的兴会,先做什么《清代学术概论》,什么《中国历史研究法》,都还要得。后来许多学术讲演,大半是妖言惑众,什么《先秦政治思想》等,正与《西学古微》等一鼻孔出气。所以他要造文化学院,隐隐说他若死了,国故便没有人整理。我一见便愿他早点死了。照他那样的整理起来,不知要葬送多少青年哩。"[1] 我们若只听这一面之词,还真不知梁启超在抱残守缺的方向上,到底滑出了多远呢!然而,只要回顾一下他那著名的《新民说》,就很容易重新看清历史的真相——原来梁启超本人,就很想在旧学和新知之间,维持基本的和必要的平衡。

作为率先发出"变法"要求的中国人,梁启超当然不会忘记"采补其所本无而新之"的重要性。缘此,在那篇文章中,他仍在为更深地引进西学而大声疾呼:"今日不欲强吾国则已。欲强吾国,则不可不博考各国民族所以自立之道,汇择其长者而取之,以补我之所未及。今论者于政治、学术、技艺,皆莫不知取人长以补我短矣,而不知民德、民智、民力,实为政治、学术、技艺之大原。不取于此而取于彼,弃其本而摹其末,是何异见他树之蓊郁,而欲移其枝

<hr>

[1] 吴稚晖:《箴洋八股化之理学》,《晨报副刊》1923 年 7 月 23 日。

以接我槁骸，见他井之汩涌，而欲汲其流以实我智源也。故采补所本无以新我民之道，不可不深长思也。"① ——不过问题却在于，在视野渐次开阔的梁启超看来，仅只这样还远远不够，还需在一个虽"相反"却"相成"的方向上着力："世界上万事之现象，不外两大主义：一曰保守，二曰进取。人之运用此两主义者，或偏取甲，或偏取乙，或两者并起而相冲突，或两者并存而相调和。偏取其一，未有能立者也。有冲突则必有调和。冲突者，调和之先驱也。善调和者，斯为伟大国民，盎格鲁撒逊人种是也。……故吾所谓新民者，必非如心醉西风者流，蔑弃吾数千年之道德学术风俗，以求伍于他人；亦非如墨守故纸者流，谓仅抱此数千年之道德学术风俗。遂足以立于大地也。"②

事实上，海外的后列文森时代的梁启超研究，从张灏到黄宗智再到黄克武，都正是抓住了梁启超在思想上寻求平衡的特点，来凸显和张扬他力图在传统与现代、保守与革新、启蒙与转化、儒家与自由、中学与西学、甚至中学与东学之间所实现的种种调和。③那么，梁启超为什么要做出这种努力呢？还是在《新民说》一文中，他对此给出了这样的解释："凡一国之能立于世界，必有其国民独具之特质，上自道德、法律，下至风俗、习惯、文学、美术，皆有一种独立之精神，祖父传之，子孙继之，然后群乃结，国乃成，斯实民族主义之根柢源泉也。我同胞能数千年立国于亚洲大陆，必其所具特质，有宏大高尚完善，厘然异于群族者，吾人所当保存之而勿失坠

①梁启超《新民说》，《饮冰室合集》专集四（第一册），北京：中华书局，第6页。
②同上，第7页。
③参见张灏：《梁启超与中国思想的过渡》，崔志海、葛夫平译，江苏人民出版社1993年；黄宗智：《梁启超与中国近代自由主义》(*Liang Ch'i-Ch'ao and Modern Chinese Liberalism,* by Philip, C. Huang, University of Washington Press, 1972)；黄克武：《一个被放弃的选择：梁启超调适思想之研究》，北京：新星出版社，2006年。

也。虽然，保之云者，非任其自生自长，而漫曰我保之我保之云尔。譬诸木然，非岁岁有新芽之苗，则其枯可立待。譬诸井然，非息息有新泉之涌，则其涸不移时。夫新芽新泉，岂自外来者耶？旧也而不得不谓之新，惟其日新，正所以全其旧也。濯之拭之，发其光晶；锻之炼之，成其体段；培之濬之，厚其本原；继长增高，日征月迈。国民之精神，于是乎保存，于是乎发达。世或以'守旧'二字为一极可厌之名词，其然岂其然哉！吾所患不在守旧，而患无真能守旧者。真能守旧者何？即吾所谓淬厉其固有而已。"[1]——尽管他那只著名的笔，还是一如既往的热情澎湃和文采飞扬，然而透过这些带有文学性和情感性的说法，仍不难看到一种被表达得相当经典的理由。

那么这种理由到底是什么呢？后来的学者们，或许可以借用"创造性转化"中的"支援意识"（subsidiary awareness），或者"必要的张力"（essential tension）中的"内敛力量"，来更加理论、也更加时尚地讨论梁启超当年所感受到的问题。然而对于他本人而言，那却不啻危急存亡之秋的救火活动，——这位当年的维新派领袖显然认识到了：如果不能保住基本的向心力和自豪感，而任由围绕祖国的文化认同日渐稀薄，任由各色人等去离心离德地逃离沉船，那么简直要不了多久，就干脆谈不上什么"救亡保种"的愿望了。正因为这样，从来都顽强显示出"路径依赖"的历史进程，就绝不可能退回"石器时代"重新开始，所以必须做出努力来对抗社会共同体的发散，从而在"革新"与"守旧"之间，维持一种良性的互动与平衡、一种深刻的辩证关系。

与此同时我们也看到，这种问题意识亦并非为梁启超所独有，

---

①梁启超《新民说》，《饮冰室合集》专集四（第一册），北京：中华书局，第7页。

而为当时很多提倡"国学"的人士所共享。比如，章士钊于1906年写下了这样的序文："夫国学者国家所以成立之源泉也。吾闻处竞争之世，徒恃国学固不足以立国矣，而吾未闻国学不兴而国能自立者也。吾闻有国亡而国学不亡者矣，而吾未闻国学先亡而国仍立者也。故今日国学之无人兴起，即将影响于国家之存灭，是不亦视前世为尤岌岌乎？"[①]再如，张之洞于1907年也写下了这样的奏议："国文者，本国之文字、语言，历古相传之书籍也。即间有时势变迁不尽适用者，亦必存而传之，断不肯听而澌灭。至本国最为精美擅长之学术、技能、礼教、风尚，则尤为宝爱护持，名曰国粹，专以保存为主。凡此皆所以养其爱国之心思，乐群之情性，东西洋强国之本原，实在于此，不可忽也。"[②]

　　这方面的材料不胜枚举。不过至少可以说，心怀此种忧患意识的人，不光包括清代末年的重臣、也同样包括同盟会的书生，不光包括后来成名的人士、也包括后来佚名的人物。比如，高旭于1909年写出了这样的启事："国有魂则国存，无魂则国将从此亡矣！夫人莫哀于亡国，若一任国魂之飘荡失所，奚其可哉？然则国魂果何所寄？曰寄于国学。欲存国魂，必自存国学始。"[③]再如，闻一多于1916年写出了这样的短文："吾言及吾国古学，吾不禁怒焉而悲。虽然亡羊补牢未为迟也。今之所谓胜朝遗逸，友麋鹿以终岁；骨鲠耆儒，似中风而狂走者，已无能为矣。而惟新学是鹜者，既已习于新务，目不识丁，则振兴国学，尤非若辈之责。"[④]又如，一位名姓

---

① 章士钊：《国学讲习会序》，《民报》第七号，1906年9月。
② 张之洞：《创立存古学堂折》，载《张之洞全集》第三册，第1762页，河北人民出版社，1998年。
③ 高旭：《南社启》，1909年10月17日《民吁日报》。
④ 闻一多：《论振兴国学》，原载《清华周刊》第七十七期，1916年5月17日，后收入《闻一多全集》十二卷，武汉：湖北人民出版社，1994年版。

已不可考的文人，也于 1907 年写出了这样的"社说"："中国自古以来，亡国之祸叠见，均国亡而学存。至于今日，则国未亡而学先亡。故近日国学之亡，较嬴秦、蒙古之祸为尤酷。何则？以嬴秦之焚书，犹有伏生、孔鲋之伦，抱遗经而弗堕。以蒙古之贱儒，犹有东发、深宁数辈，维古学而弗亡。乃维今之人，不尚有旧，自外域之学输入，举世风靡。既见彼学足以致富强，遂诮国学而无用，而不知国之不强，在于无学，而不在有学。学之有用无用，在乎通大义，知今古，而不在乎新与旧之分。"①

尽管该作者已是无从稽考，但细品上文最后所谓"不知国之不强，在于无学，而不在有学。学之有用无用，在乎通大义，知今古，而不在乎新与旧之分"的说法，实不难体会到，他这种不无自限性的"国学"定义，虽已不再把传统学术文化看成唯一的价值，然而它在做出被动防守的同时，仍不乏相当的挑战性。——真正的要害在于，如果人们不再套用时间向度中的、代表着历史必然律的"新、旧"概念，而代之以空间维度中的、代表着变化偶然性的"中、西"概念，那么在西风裹挟下的"浩浩荡荡"的世界史，就不能一味强势地表现为"逆之则亡"；而由此一来，就不仅为当时亟待进行的文化调适与折中，提供了思想上的基础，也为后来的文化选择与文化嫁接，提供了解释的可能性。

在这个意义上，大家万不可一味地人云亦云，再去盲目批评张之洞的"中体西用"说太过混杂，因为实际上，恰恰是空间、偶然、混杂这类的字眼儿，不仅给了西方以外的文明肌体以存活与反驳的空间，同样也给了西方文明自身以反思和解毒的余地。——更不要

---

① 《拟设国粹学堂启》，载《国粹学报》第三年丁未第一号（总 26 期），光绪三十三年（1907 年）正月二十日。

说，其实张之洞的所谓"中体西用"之说，那本身就凝聚着一种文化上的合力，本身就体现了跨文化的优势。甚至，如果恢复一点历史的真相，则不仅张之洞本人并不保守，而且他当年提出的某些政治主张，即使拿到一世纪以后的今天来，都还会被猜疑为"言论禁区"呢！

三、对于外来学术的主动反弹

还要再从张之洞的"中体西用"说起，——我最近又读了一遍他的年谱，再次体会到了什么才叫"公忠体国"，而且时常能从其字里行间，联想起陈寅恪昔日对他的经典性描述：

> 当日英贤谁北斗，南皮太保方迁叟。
> 忠顺勤劳矢素衷，中西体用资循诱。[①]

伴随着这些音节在耳鼓上的反复敲击，一段时间以来我也在不住地反思：究竟这个"中体西用"的说法有什么不好？——由此久而久之，自己也就在回答记者的提问时，不觉间牵出了这样的思绪：

> 寻常所谓的"西方文明"，其本身也是多元的甚至分裂的，而真正能跟中国文明既相通又互补的，则首推所谓"两希文明"中的希腊文明。跟中国文明的基因一样，这种文明的基因同样

---

① 陈寅恪：《王观堂先生挽词并序》，陈寅恪《陈寅恪集·诗集》，北京：生活·读书·新知三联书店，2001年，第13—14页。

既是理性的、怀疑的，又是现实的、审美的，还是人间的、乐观的；但跟中国文明不同，由于偶然发生的历史成因，它却发展出了科学文化与民主制度，而这两者都被五四先辈总结为现代文明的基本因子。在这个基础上，晚近以来我一直在思索着，应当重新阐释和激活"中体西用"之说。试想，如果我们未来的社会共同体，能够建立在"中－希文明"的文化间性之上，既保有丰厚的传统文化资源，足以修持个人的道德心性，又能借鉴从希腊舶来的民主体制，来调节这些个人之间的关系，那么将会是一幅多么和谐又活跃的图景！进而，如果将来培养出来的年轻人，都能既有"慎独"的道德操守，又有"仁者爱人"的相互关系，还更能以喜悦静观的好奇心，去探究自然物理的奥秘，那将会是一种多么成功的教育体制！如此一来，我们就将在个人与自我、个人与个人、个人与社会、个人与自然诸方面，全方位地进入良性规范，——这将是一个多么健康的、生机勃勃的文明！[1]

这番话之所以会脱口讲出来，当然是因为自己在相当一段时间的反刍中，逐渐地坚定了这样的信念——尽管长期以来，人们对那个以张之洞冠名的提法投以了那么多误解，可实际上正是"中体西用"这个文化纲领，才堪称早期清华国学院成功的关键！

本文对此还会回溯，而眼下先要说明的是，如果潜回历史的那个瞬间，实则此种"中"、"西"并列或并置关系，在当时算是非常开放的。——正如在1911年，王国维曾撰文指出："余谓中西二学，

---

①刘东：《关于当代精神困境的答问》，原载2010年8月15日《新周刊》杂志，第62—63页，但标题被改为《不要相信一切号称包治百病的解决方案》。

盛则俱盛，衰则俱衰，风气既开，互相推助。且居今日之世，讲今日之学，未有西学不兴，而中学能兴者；亦未有中学不兴，而西学能兴者。特余所谓中学，非世之君子所谓中学；所谓西学，非今日学校所授之西学而已。"①——再如1920年，陆达节也曾撰文指出："今际环舆大通之会，世界将合为一家，实开宇宙未有之奇局。欧美文化，复浸浸乎驾吾之上。于此之时，攻治学术，而犹仍持闭关时代之态度，不具有世界眼光，奚可哉。乃今之治国学者，竟罔知潮流，不顾大势，泥古非今，故步自封。于异国学说，深闭固拒，不欲取其所长。于固有学说，一概保存，不欲弃其所短。自为风气，不屑较量，殊可怪也。夫在今日，必先具有世界眼光，然后可以恢宏国学。"②这些议论，都代表着一种日渐开敞的胸襟，而又正是在此种风习的推广下，随着社会上对于"中西二学"的渐次认肯，才为后来的清华国学院铺开了路途。

此外，基于这种对于"学贯中西"的通识要求，还应当敏感地注意到：尽管当事人未必是这样刻意搜求的，然而早期清华国学院里的"四大导师"（梁启超、王国维、陈寅恪、赵元任）或"五大导师"（再加上李济），在彼时那种国门乍开的条件下，居然全都有异乎寻常的外缘学术背景，这对基于一所留美预备学校而建的研究院来说，恐怕亦并非纯粹的偶然。正因为这样，我才常常做出这样的提醒：先不要去神话"四大导师"在"国学"方面是怎样的独步天下，而应当首先转而看到，这些学人最超群绝伦的地方倒在于——"他们在当时简直是无一例外，都属于最了解西学的中国学人；而一旦得到了这种世界性的框架，再回头来反观本土学术文化，眼光终究

---

①王国维：《〈国学丛刊〉序》，《王国维遗书》第四册，第9页，上海：上海古籍书店，1983年影印，《观堂别集》卷四。
②陆达节：《论今日治国学者所应改良之十大方针》，《唯是》第二期，1920年5月。

是大不一样了……"①

在这些带头人的示范下，从清华国学院本身的师生，再到它的外围和再传学人，尽管大家都挑明了要以"国学"为业，然而他们对于外来学术的态度，却从来都是积极和正面的，——也就是说，他们充其量也只会去警觉西化的限度，却决不会去笼而统之地拒斥西学本身。对于这一点，其实吴宓早在办院之初，就已有过明确的主旨宣示："惟兹所谓国学者，乃指中国学术文化之全体而言，而研究之道，尤注重正确精密之方法（即时人所谓科学方法），并取材于欧美学者研究东方语言及中国文化之成绩，此又本校研究院之异于国内之研究国学者也。"② 而长期心仪梁任公的郑振铎，也曾针对研讨"国学"的必要西学背景，写出过下述这番论战性的文字："我们即使要整理古书，研究古代哲学，中代文学，近代历史，却也非有外来的基本知识，非参考外国文的书籍不可。他们至少可以启发你一条研究的新路。我从前曾告诉几位朋友说，你要先学会了英，德，法，日，或至少其中的二国以上的文字，然后你才能对于古书有比较正确新颖的见解与研究。"③

当然话说回来，这里毕竟还是坐落在中国的"国学院"，所以，尽管早期清华国学院的同仁，以及认同其学术取向的其他书生，乃至看法与此相似的社会贤达，都十分注重作为必修基础的西学，但他们却不愿盲从和迷信它，盖因为在他们的心底，还另有一个可以汲取力量的传统资源。——有了那样的本土资源，他们就不会鲁莽灭裂地认为，既然那个外部社会在与"中学"隔绝的情况下，也已

①刘东：《〈清华大学国学研究院·四大导师年谱长编系列〉弁言》，北京：中华书局，2010年，第1页。
②吴宓：《清华开办研究院之旨趣及经过》，载《清华周刊》第351期，1925年9月18日。
③郑振铎：《且慢谈所谓"国学"》，《小说月报》第二十卷第一号，1929年1月。

发展得如此强大，那么我们即便是尽弃自家的学术，也照样通过对于外部的学习，来获得摆脱危机的终南捷径、甚至是不二法门。恰恰相反，我们可以读到，宋恕早在写于 1905 年的书简中，就演明了这样一种逻辑："……本国之粹若微，则外国之粹自然亦格格而不相入，本国之粹若盛，则外国之粹自然亦息息而遥相通。苟其所坚守者皆非本国之粹，则其所欢迎者自然亦非外国之粹。"① 因此，"国粹之微者若不能复盛，则虚悀之毒根终不可得而拔。故欲欧侮之排去易，必先使欧化之阻力小，而欲欧化之阻力小，必先使国粹之微者复盛"。②

这也就是说，人们已经确立了这样的信念：就算想要大规模地引进西学，从而达成文化上的输血与杂交，自家也要先具备强健的体魄。——而正是为了敦实这样的底蕴，从而保持接引对方学术思想的能力，由清华国学院所代表的那种学风，也就势必转而要求对于本身的文化传统，保持着某种先定的亲近感和敬畏心。这里的人们深知，只有保持住对于本国文化的投入与信赖，坚信它并没有终结、也不可能灭亡，这种传统才有可能在西学的激荡下，并长争高地焕发出绵绵活力。我们看到，实则早在 1904 年左右，梁启超就已得出了此类的判断："近顷悲观者流，见新学小生之吐弃国学，惧国学之从此而消灭。吾不此之惧也。但使外学之输入者果昌，则其间接之影响，必使吾国学别添活气，吾敢断言也。但今日欲使外学之真精神，普及于祖国，则当转输之任者，必邃于国学，然后能收其效。以严氏与其他留学欧美之学僮相比较，其明效大验矣。"③

---

① 宋恕：《上东抚请奏创粹化学堂议》，《宋恕集》，北京：中华书局，1993 年，第 373 页。
② 同上，第 374 页。
③ 梁启超：《论中国学术思想变迁之大势》，刘梦溪主编、夏晓红编校：《中国现代学术经典·梁启超卷》，石家庄：河北教育出版社，1996 年，第 120 页。

而在如此的思想逻辑下，便生长出了这般的学术原生态：既然在"国学"的大纛底下，可以容纳林林总总的理解，也就理当包含各不相同的态度；因而，至少就早期清华国学院的取向而言，这里的"国学"不仅未曾意味着"守旧"，反而意味着极度活跃的"开新"。也就是说，"由于国学本身就意味着本土学术对于外来学术特别是西学的当代回应，所以，它从来就没有表现为故步自封和一成不变；恰恰相反，正如我们曾经在昔日的清华国学院里看到的那样，只要是具备了必备的西学知识，中国数千年历史经验的综合体，不仅不会被西学压垮，反而会在强大的外来激发下，显现出并长争高的弹性和生命力，从而反弹出具有中国特色的哲学、文学、史学，乃至政治学、法学、人类学、考古学等等。"①——由此而发人深省的则是，所谓"中体西用"的文化纲领就在这里表现为：不仅要代表着本土传统的价值体系，而且要代表着几千年文明史中的综合经验，去朝着舶来的模式做出强力的反弹，并借机攀升入中华文明的现代形态。

　　正是在这个意义上，也就引入了本文的第二种观察角度，并准此而发现"国学"一词又实实切切地意味着——中国所固有的学术文化，乃至中国文明数千年的经验综合体，在外部学术的强大挑战与激发下，所主动发出的对于现代西学的反弹与回应。

　　同样在这个意义上，也就凸显了下述辩证关系：西学一经被这样地"拿来"，它也就有可能逐渐转变成"准国学"或"国学"，从而"国学"与"西学"的界限，也就并非像以往那样壁垒森严、固若金汤了。这也正如我们后来在《国学丛刊》的《序例》所看到的——"正

---

① 刘东：《清华国学与域外汉学》，载《道术与天下》，北京：北京大学出版社，2011年，第 327 页。

名国学，自以华夏学术为依。然内外之辨，区画甚难。有如佛氏三藏，来自梵方。而六朝以还，学问文章，无不深染佛说。至如法华贤首之宗，密传心要之法，反为彼土所无有。盖已聊合为一，又发挥而光大之。则虽外来之学，亦与华夏固有者同。……是故学问之事，内外若一，新故相持。合同而化，则外者自内矣；习与性成，则新者亦故矣。斯学术变迁演化之通例也。"①

令人兴奋的是，传统，那个曾被判定为老残衰败、一无是处的传统，就这样显示出了它的开放性——它向人们的主动思考开放，更向他们的积极抉择开放。斯维特兰娜·博伊姆在其《怀旧的未来》一书中，曾经引述过这样一句妙语："现代俄语里有一句俗话说，过去变得比未来更难以预测"，而我们正可借助此语来说明"国学"这种灵动性。在这个意义上，传统本身的这种变幻莫测与包容性，以及"怀旧"和"未来"之间的这种辩证关系，实远超出了那些激进主义者和虚无主义者的想象边界。

不言而喻，"国学"由此也便是充满弹性的，便显出了澎湃欢腾的生命力。——正是在这个意义上，黄节早就说过："是故本我国之所有而适宜焉者，国粹也。取外国之宜于我国而吾足以行焉者，亦国粹也。"② ——也正是基于这种立场，针对毛子水强调"国故"乃已死之物、而"欧化"为成长之物的论点，张煊亦尝奋笔写道："若谓科学为今日人类所使用，故谓之生，则我国古代学术思想所演化之国故，现方支配我国多数人之心理，于四万万人之心中，依然生存，未尝死也。况死生本无定，今日已死，明日未始不可复生，未必生之是而死之非也。"③ 而由此一来，实际上"国学"的前途如何，

①吴承仕：《国学丛刊·序例》，《国学丛刊》第一期第一册，1931年5月。
②黄节：《国粹保存主义》，《政艺通报》壬寅第22期，1902年12月。
③张煊：《驳〈新潮·国故和科学的精神〉篇》，载《国故》第三期，1919年5月。

也就不在任何别的地方，恰在我们自己的一念之中："国故之生死，将视治之者之何如。使国人皆弃置之勿复顾，或即治之而但为陈死人之陈列，不求进步，不肯推故演新，则信乎其且死矣。使国人之治之者尚众，肯推已知而求未知，为之补苴罅漏，张皇幽眇，使之日新月异，以应时势之需，则国故亦方生未艾也。"[1]

从这样的高度与平衡出发，就不难澄清一些相关的误解了。比如，近来时常能在研讨会上听到，人们总爱对于"国学"的具体内容发出辩难，拘谨者说它只能包含《六经》或六艺，奔放者则说它也应包含诸子。而有意思的是，其实早在清末民初，这种争论就已出现了，比如邓实就曾质疑说："夫自国之人，无不爱其自国之学。孔子之学固国学，而诸子之学亦国学也。同一神州之旧学，乃保其一而遗其一，可乎？"[2]再如孙叔谦也曾质问道："以为国学者，必萃一国之思想学术也。若以一家之思想学术为教，只得曰一家之学，而不可曰国学。……不然，以儒术为国学，则若道，若墨，若法，若阴阳，若兵，若农，与邹鲁荐绅，势类水火，将屏诸国学之外乎？指为夷狄之学，盗贼之学乎？"[3]——然则，如果回顾一下早期清华国学院的成功示范，则连这些疑问都要随之化为乌有了。因为，无论是梁启超的新史学和新小说、王国维的美学和比较文学，还是陈寅恪的东方学与边疆史地之学、赵元任的语言学，以及李济的考古学，都远远超出了上述范围；然而，这些新兴的学术领域，却又都是代表着数千年的经验综合体，而对外来学术做出的积极反弹，所以，就其并未脱离文化本根而言，它们当然也都堪称新的"国学"。

---

① 张煊：《驳〈新潮·国故和科学的精神〉篇》，载《国故》第三期，1919 年 5 月。
② 邓实：《古学复兴论》，《国粹学报》第一年第九号，1905 年。
③ 孙叔谦：《国学——致〈甲寅杂志〉记者》，载《甲寅杂志》第一卷第四号"通信"栏，1914 年 11 月 10 日。

不过，另一方面又要留意：这种海纳百川的广大心态，并不意味着对于传统的完全解构，从而"价值中立"地意味着对于所有文化因子的一视同仁。——无论如何，只要还是在"国学"的范畴之内，那还是要对儒学这个价值内核，保持足够的虔诚与敬畏，否则"国学"就会从根基处被瓦解，正像以往所谓"六经皆史"的提法，在历史的实际后效中，亦无非是为"传统之终结"留下一个注脚。针对此一问题的这个侧面，我也在另一次答问中给出过论述："基于中国文化本身的主体性，我们必须再追问一句：所有的中西合璧都必是好的吗？那倒未必！照我说，只有在中外融通的过程中，本文明的独到特色和价值理性，不是被蚕食鲸吞，和逐渐化为乌有，而是在汲取了国际文化的养料之后，发育得更加茁壮，这样的跨文化效果，才是健康的和可以接受的，才有助于保持世界文化的多样性。否则，要是仅仅作为普世样板的西方文化的地方性知识，这样的国学发展之路，就会越走越窄了。所以对于国学这个概念，又必须有一个收束，必须基于或者无违于本民族的价值传统、问题意识、生活经验和审美情感。"①

总而言之，也许有点出乎意料，在人类对于现状和远景的不断筹划中，传统并不像以往误认为的那样，只是僵硬、消极和沉默的死物。相反，只要在心态上做好了准备，而在时机上也逐渐等待成熟，那么，"向前的展望必然要帮助重塑向后的回顾，正如与此同时，向后的回顾也要随时乞援于向前的展望。由此，出乎意料的是，实际上过去反而最是变化无穷的，传统反而最是丰富多彩的，历史反而最是可能无限的。"② 在这个意义上，借助于世界性眼光来反观中

①刘东：《宽正·沉潜·广大·高明》，《道术与天下》，北京：北京大学出版社，2011 年，第 180—181 页。
②刘东：《苦痛生珠》，载《中华读书报》，2010 年 12 月 28 日。

国，其文化史上的后效是，并非只是产生了一个充满弹性的"国学"、或一片足以承接世界冲击和接纳当代意识的学术领地；进而，这种积极的反弹和主动的选择，还为中国文化的下一步发展储备了能量，从而使得"新国学"的不断建立与再建立，在文明的实际演进路线中，既不失为文化保守的一种策略，更有可能成为文化复兴的一只先足。

四、作为传统学术文化的总称

还是要从前述的那种两难困境谈起。——我们已经认识到：一方面，如果只谈以往历史中的价值内核，这样的"国学"概念会嫌太过狭窄，恐怕会丢失很多宝贵的文明经验；可另一方面，如果不加分辨地扩及到过往历史中的任何材料，那样的"国学"又会嫌太过宽泛，让文明的事实变得泥沙俱下、浑浊不堪。

当然，只要文明系统本身未曾紊乱与败坏，此间的"平衡术"原是并不难把握的。可是，严峻的挑战却在于：到了西风日炽的上世纪初，随着固有文明规则的顷刻崩解，和外来参照系的骤然引入，人们对于究竟什么是历史经验的内核，以及——由此而决定的——什么是"纲举目张"的下手处，已经开始变得"见仁见智"了。正因为这样，接下来我们才会看到两个"国学书目"之争，这也可以说是"文学"与"史学"之争，而说到底则又是"薄"与"厚"之争、"研究"与"涵泳"之争、和"外部"与"内部"之争。

事情是这样的。1923年，胡适最早受《清华周刊》记者之请，为即将出国留学的青年学生，开了一份《一个最低限度的国学书目》。① 不料这份书目在列出之后，竟未能赢得清华同学的信服，一方面它的范围似嫌"太窄"，只涉及了文学史和思想史方面，而对其他方向均付诸阙如；而另一方面，又正因为只接触了那两个领域，其程度又不得不缩小得"太深"或太专，故而"不合于'最低限度'四字"。于是，学生又只好转而就教于梁启超。——梁启超当然不能同意胡适的书目，认为它根本就文不对题，随即另准备了一份"国学书目"，此即《国学入门书要目及其读法》。② 这份书目，基于一位长期涵泳其间的"国学"学者的读书经验，向清华同学们推荐了下述书籍：（甲）"修养应用及思想史关系书类"39 种；（乙）"政治史及其他文献学书类"21 种；（丙）"韵文书类"44 种；（丁）"小学书及文法书类"7 种；（戊）"随意涉览书类"30 种。

这里当然不是在做目录学研究，无意纠缠两个书目的细节。——本文真正关注的重点，还要从梁启超当年针对胡适发出的质疑开始："我最诧异的：胡君为什么把史部书一概屏绝！一张书目名字叫做'国学最低限度'，里头有什么《三侠五义》、《九命奇冤》，却没有《史记》、《汉书》、《资治通鉴》，岂非笑话？若说《史》、《汉》、《通鉴》是要'为国学有根柢的人设想'才列举，恐无此理。若说不读《三侠五义》、《九命奇冤》便够不上国学最低限度，不瞒胡君说，区区小子便是没有读过这两部书的人。"③——那么，这里到底反映了怎样的讯号？是仅仅凸显了"专深"与"淹博"之间的区别，还是进一步地凸显了别的什么分野？

人们当然可以说，从其现成的著作来看，胡适更偏重于"文学"

---

①胡适：《一个最低限度的国学书目》，载《东方杂志》第二十卷第四号，1923 年 2 月 25 日。
②梁启超：《国学入门书要目及其读法》，载《清华周刊》281 期之"书报介绍附刊"三期，1923 年 5 月。
③同上。

研究，而梁启超更注重于"史学"研究；人们当然也可以说，从其实际的读书量来说，胡适的"国学"底子尚嫌"单薄"，而梁启超的底子则较为"深厚"。然而，再去细读一下梁启超附在书名后面的谆谆解说，比如他在涉及《礼记》时曾说，"此书战国及西汉之'儒家言'丛编，内中有极精纯者，亦有极破碎者，吾希望学者将《中庸》、《大学》、《礼运》、《乐记》四篇熟读成诵。《曲礼》、《王制》、《檀弓》、《礼器》、《学记》、《坊记》、《表记》、《缁衣》、《儒衣》、《大传》、《祭义》、《祭法》、《乡饮酒义》诸篇多浏览数次，且摘录其精要语"①，再如他在涉及史籍时又说，"《史记》、《汉书》、《后汉书》、《三国志》，俗称《四史》。其书皆大史学家一手著述，体例精严；且时代近古，向来学人诵习者众，在学界之势力与六经诸子埒。吾辈为常识计，非一读不可。吾常希望学者将此《四史》之列传，全体浏览一过，仍摘出若干篇稍为熟诵，以资学文之助，因《四史》中佳文最多也"②，大家就不难从中体会到，其实胡适与梁启超更深刻的区别，还在于挑明了"研究"与"涵泳"的不同。——也就是说，上述两位学者中间，一个是为了进行"研究"才开始进入"国学"，而另一个则因为已经进入了"国学"才想进行"研究"。由此又不免联想到，古人所谓"说书必非古意，转使人薄。学者须是潜心积虑，优游涵养，使之自得。今一日说尽，只是教得薄。至如汉时说下帷讲诵，犹未必说书"③，所挑明的也是同样的分野罢？

这也就把我们带入了方才所讲的最后那个分歧，即"外部"与

<hr>

① 梁启超：《国学入门书要目及其读法》，载《清华周刊》281 期之"书报介绍附刊"三期，1923 年 5 月。
② 同上。
③ （宋）朱熹、（宋）吕祖谦编：《近思录·卷十一》，上海：上海古籍出版社，2010 年，第 313 页。

"内部"之争。——说到底，胡适根本就不认同中国文化的价值，由此他才会毫无保留地说："我们应该了解两点：第一，国学是条死路，治国故只是整理往史陈迹，切莫以为这中间有无限瑰宝！第二，这种思路，要从生路走起；那不能在生路上走的人决不能来走，也不配来走！"[1] 而从这种对于本土文化的消极判定出发，这位现代中国思想中典型的科学主义者，[2] 自然就要引进一种源于外部的价值支点，那正是作为西方主要精神奥秘的"科学"："我们所提倡的'整理国故'，重在'整理'两个字。'国故'是'过去的'文物，是历史，是文化史；'整理'是用无成见的态度，精密的科学方法，去寻求那已往的文化变迁沿革的条理线索，去组成局部的或全部的中国文化史。不论国粹国渣，都是'国故'。我们不存什么'卫道'的态度，也不想从国故里求得什么天经地义来供我们安身立命。"[3]

由此，胡适"国学"研究的出发点也就是——根本就不承认有什么"国学"，而只承认有所谓的"国故"，因为前者自然要伸张一个自圆自洽的统合系统，而后者则可以借助外来的科学精神去重新排列组合。由此我们也就看到，胡适所主张的"整理国故"运动，很自然地也就会是"以西格中"运动，而且是在以西学中的"科学"来生硬地整理中学中的"人文"。正因为这样，实则胡适对于传统学术文化的研究，也就并不像他自己宣称的那样，是价值中立的和不带成见的，而是正如他又在别处所形容的，其研究的主旨无非是要来"捉妖"与"打鬼"："用精密的方法，考出古文化的真相；用明

---

① 《研究所国学门第四次恳亲会纪事》，《北京大学研究所国学门月刊》第一卷第一号，1926 年 10 月。

② 参见郭颖颐：《中国现代思想中的唯科学主义》，雷颐译，南京：江苏人民出版社，1993 年版。

③ 引自《研究所国学门第四次恳亲会纪事（节选）》，载刘东、文韬编：《审问与明辨》下册，北京：北京大学出版社，2012 年，第 726 页。

白晓畅的文字报告出来，叫有眼的都可以看见，有脑筋的都可以明白。这是化黑暗为光明，化神奇为臭腐，化玄妙为平常，化神圣为凡庸：这才是'重新估定一切价值'。他的功用可以解放人心，可以保护人们不受鬼怪迷惑。"①

不待言，以胡适为代表的这种态度，也曾受到过更激进学风的指斥。比如正处在其履历巅峰的陈独秀，就曾在 1923 年毫不留情地挖苦和奉劝说："国学是什么，我们实在不大明白。当今所谓国学大家：胡适之所长是哲学史，章太炎所长是历史和文字音韵学，罗叔蕴所长是金石考古学，王静庵所长是文学，除这些学问以外，我们实在不明白什么是国学？……现在中国社会思想上堆满了粪秽，急需香水来解除臭气，我们只须赶快制造香水要紧，可是胡适之、曹聚仁这几位先生，妙想天开，要在粪秽里寻找香水，即令费尽牛力寻出少量香水，其质量最好也不过和别的香水一样，并不特别神奇，而且出力寻找时自身多少恐要染点臭气……"②

不过，如果从更主流的方面来看，胡适的主张却得到了学界新潮的积极反响，并且由于获得了相对的制度保证和经费支持，而逐渐演变成了具有官方色彩的后起范式。由此一来，这种"整理国故"运动的历史结果，就不免要把传统的"四部"式分类，转变成了舶来的"七科"式分类，③从而把本土的"国学"收纳进了一个准西式的知识系统中。正是在这个关节点上，毫不夸张地说，原本作为有机一体的传统学术，才被从外部给"掰开了"和"揉碎了"，化作了

①胡适：《整理国故与"打鬼"——给浩徐先生信》，载《现代评论》第五卷第 119 期，1927 年 3 月 19 日。
②陈独秀：《寸铁·国学》，载《前锋》第一期，1923 年 7 月 1 日，署名"独秀"。
③参见左玉河：《从四部之学到七科之学：学术分科与近代中国知识系统之创建》，上海：上海书店出版社，2004 年。

依附在某种准西式知识系统上的局部与枝节。——而说到底，这种在总体知识布局上的西学东渐，实则又要比任何在细碎问题上的变形，都更能反映作为强势文明的现代西方，是如何在"物之序"（order of things）的基本范畴的层面上冲击和改造了本土学术。自那以后，由于有了那一层外来知识之网的隔离，即使是生活在中国本土上的后起学子，也只能跟故有的传统相距遥远，而很难接受到原汁原味的"国学"教育了。

当然，如果还愿意把"国学"视作自成一统的体系，那么即使是呼应着现代化的递进要求，也并不是没有较为贴合本土规范的替代方案，它至少也可以对那种"请君入瓮"式的外来体系，保持一定的折中、存疑与警惕。——比如，沈兼士于1922年当着胡适的面，"提出规画规则草案，并说明本学门研究应打破学系观念。本学门虽由中国文学、哲学、史学三系组成，而国学范围所包甚广，研究上不应限于三系。"[①] 这就对外来的那种"瓜分豆剖"式的割裂，从学术通才的立场上提出了一定的异议。——再如，胡朴安于1923年在讲演中，把中国学问分成了六类，即"一、哲理类。二、礼教类。三、史地类。四、语言文字类。五、文章类。六、艺术类。"[②] 虽然这里所用的术语如"哲理"、"艺术"都已蜕变成新义，却仍是循着故有图书的种类而划定，而并非主要考虑如何贴合外来的框架。然而，凡此种种的声音，在当时都既微弱又"过时"。

说到吃紧处，原有知识分类和西式知识分类的最大区别，乃在于它们对读书人的期望值本来就不尽相同——前者想要教育出来的，乃是尽享了现有文明成就、从而具有"治国平天下"之潜能的

---

① 《研究所国学门委员会第一次会议纪事》，《北京大学日刊》第968号，1922年2月27日。
② 胡朴安：《研究国学之方法》，载《国学周刊》第六期，1923年。

文化人；而后者想要培训出来的，乃是在学科上有所专攻、从而具有"知识创新能力"的学术人。从这种微妙的区别出发，尽管看上去都是对既有的学识进行了划分，然而原有的知识分类，比如经、史、子、集四部，尽管往往也会鼓励具体个人去皓首以穷一经，却终究属于一个人肚子内的五脏六腑，少了哪一样，这个有机整体都难以为继，而西式的知识分类，比如文学、史学、哲学，乃至于政治学、法学、社会学、人类学，尽管往往也会鼓励进行学科交叉，却终究只属于个别人的业余兴趣，而且弄不好还会招来"不务正业"之讥。

然则令人扼腕的是，在当时的历史语境中，传统文化对于学术通识的高妙要求，反成了"国学"被认定不能成立的理由。比如，何炳松于1929年就写文章批评道："我觉得国学两个字犯了我国向来囫囵吞枣的大毛病。我们中国人向来最大的毛病就是人人要想做到'万物皆备于我'的圣人。结果往往弄得本身一物亦不备。这种精神最是违反现代科学的精神。现代科学的精神在事业上注重绝对的分工。在学术上注重绝对的分析。庄子所说的'吾生也有涯而知也无涯'，原是一句人类经验上的格言。我们中国人始终要以'有涯'去拼'无涯'，所以弄得始终在'殆矣'的境界里过活。我以为国学两个字，就是我们这种反科学精神的流露。"[1]

尽管依照持这类观点的学者看来，传统学术也未必全然无用，不过它的用处却已不能取决于其自身，而要取决于它被"创造性西化"的程度。——比如一方面，若依郑振铎之见，就它不能被编排进西式系统而言，"国学"原无资格被称作一个专门的学科："'国学'成了一个专门的学问，'国学系'成了一个专门的学系，'国学

---

[1] 何炳松：《论所谓"国学"》，载《小说月报》第二十卷第一号，1929年1月。

家'成了一个专家的称号。然而'国学'其实却不是一种专门的学问；他不能与植物学、动物学、矿物学、天文学、化学……相比肩；'国学'其实却不能成为一个专门的学系；他没有与植物学系、动物学系、矿物学系、天文学系、化学系相对立的资格。"[①] 然而另一方面，若依许啸天之见："那国故里面，自有他的真学问在。倘然后代的学者，肯用一番苦功，加以整理，把一个囫囵的国故学，什么政治学、政治史、社会学、社会史、文学、文学史、哲学、哲学史，以及一切工业、农业、数理格物，一样一样的整理出来，再一样一样的归并在全世界的学术界里，把这虚无缥缈学术界上大耻辱的国故学名词取消。"[②]

从学界的内部因素而言，恐怕再没有比这种不断削足适履的过程更足以昭示传统学术是如何式微的了。——最为惨痛的历史教训就在于，由于人们对于西方还只是一知半解，就急于比照西学的格局来重组自己，所以久而久之，虽然终究未能使得中国的学术体系比西方还要西方，却终于摆弄得它比西方还要偏颇。对于此一过程，我也曾在另文中进行过描述："我们的本科教育走上了这种偏颇，其深层的文化根源还在于，打从两大文明彼此相识之初，就出现了对于文明事实的漫画般处理。打个比方，如果人类的知识构成，在任何堪称正常的传统社会，其所谓'专'和'通'或'约'与'博'的比例，大概都只会是三七开，那么，到了工业革命以后，这两种学识间的比例，就率先从西方开始滑坡，逐渐发展到了五五开、甚至六四开；按说，这样的一种现象，已经是够不正常的了，——而我们竟还要变本加厉，基于对西方文明的偏颇总结，继续朝一个明

---

①郑振铎：《且慢谈所谓"国学"》，载《小说月报》第二十卷第一号，1929年1月。

②许啸天：《〈国故学讨论集〉新序》，群学社，1927年出版。引自刘东、文韬编：《审问与明辨》下册，北京：北京大学出版社，2012年，第759页。

显的偏向滑落，终于滑到了七三开、八二开，甚至九一开！"[1]

相当讽刺的是，这种原本由"崇洋"而导致的文化滑坡，却又是转而把"通识"鼓吹成了西学的奥秘、从而再次验证"崇洋"确有必要的口实。而进行这类鼓吹的人，真是罔顾最起码的历史事实，即无论在中西碰撞之初的中华文明，相形之下曾经短缺过什么，它也绝不缺乏对于通识的强调。对于这一点，我们最好再来重温一遍钱穆的说法："中国自古亦即有所谓专家畴人之学，如天文历法算术医药之类，此皆近代谓属于自然科学方面者，此等诸学，每易使人隐于学，而不能以学显人。故中国古人传统，每若对此等诸学较近忽视。实非忽视，乃求矫人之专于此等诸学，各不相通，而易起其他之流弊。即如孔门六艺，礼乐射御书数，亦莫不然。一若此诸艺皆独立在人之外，人乃从而学之，此则学为主而人为从，乃为孔子所深戒。……故孔子教人学六艺，乃必曰志于道，据于德，依于仁，游于艺。艺与道不同。苟徒知游于艺以为学，将使人没于艺，而终必背于道。"[2]

只可惜，在那个国势疲弱、国步艰难的时刻，总有人要把那场亘古未有的文化危机，归罪给任何一种独特的中国性，以致无论其中有道理的还是没道理的、看得清楚的还是看不清楚的，统统都被判定成为无道理的。正因为这样，恰如众所周知的，孔子所提出的"君子不器"的概念，便正是被马克斯·韦伯和列文森反复从外部进行批判的，从而也就难免是被很多新派学人引以为耻的，似乎这种无所不包又样样业余的通识要求，就是中国传统不能集中精力去寻求文化突破的主要败因。——然而，唯其到了现在这个可怕的"小

①刘东：《诸神与通识》，《道术与天下》，北京：北京大学出版社，2011年，第402页。
②钱穆：《中国学术通义·序》，台北：学生书局，1975年，第5页。

人皆器"的狭隘时代，我们才能借着反面稍微看得清楚些："原来孔子之所以主张君子不器，恰恰是鉴于除此以外的社会群体，都已被各自的有限社会角色，固化成了器物般的定型之物，再无什么拓展的弹性可言！换句话说，正因为具体的社会科层与劳动分工对于人格的限制与影响，已经造成了很大的损害，才更需要有人挺身而出，号召以自觉的人格修养来对抗这种历史的宿命，所以沿着孔子这种思想倾向发展下去，孟子自然要讲出'无恒产而有恒心者，唯士为能'那句话来，而为此后的士大夫阶层所心仪。"①

行文至此，就可以水到渠成地引入第三种视角和第三重定义了。原来，正由于中西文化的近代碰撞以来，在外部势力的强大打击下，曾经不断从文化根基处进行"以西格中"，使得故有的文明惨遭外来范畴的割裂，从而使得原有的文化规则难以自我复制，并由此导致了积重难返的价值紊乱，才使得"国学"这个概念在日常应用中，作为一种对于机械割裂的反弹，越来越被当作对于传统学术文化的总称，以吁求对于传统文化的通盘了解和通识教育。——在这个意义上，我们也就不难看出，"国学"之所以在当今的西式体系中找不到学科代码，从而尖锐地凸显了现有学科体制的重大局限，也正是由于它的这一重定义，越来越被人们无意中强调出来。

无论如何，此刻应当牢牢记取的是，如果当年不是对西学太过盲从，且又仅仅满足于一知半解，而在文化取向上采取持中和调适的态度，那么，在以往的历史中就并非真有必要去选择执意要"矫枉过正"的道路。比如，梁启超针对"整理国故"的科学主义态度，曾经同时指出过它的强项与限度，而如果当年大家真能听得进去，

---

① 刘东：《"文胜质则史"的真义：历史与现实中的佞史传统》，载刘东：《我们的学术生态：被污染与被损害的》，杭州：浙江大学出版社，2012年，第86页。

则中国文化的可以而且应当保留之处，或许还能至少部分地守护下来——"近来国人对于知识方面，很是注意，整理国故的名词，我们也听得纯熟。诚然，整理国故，我们是认为急务，不过若是谓除整理国故外，遂别无学问，那却不然。我们的祖宗遗予我们的文献宝藏，诚然足以傲世界各国而无愧色，但是我们最特出之点，仍不在此。其学为何？即人生哲学是。"①

由此这种惨痛的历史教训，也就应当成为今后躲避知识缺陷和心智陷阱的鲜明路标。——换句话说，在从今以后的治学与教育实践中，应当时时记取陆懋德到1942年所发出的痛陈："……自民国初年以来，一时学者忽倡'为学问而治学问'之说，由是全国风靡，群趋于考证名物，而轻视明体达用。真有如汉人所谓'讲说曰若稽古四字而至数万言'者。此固是国学之一端，而究非国学之正统也。……民国以来，治国学者，多循一时之尚，而入于琐碎考证之学，故三十年之结果，竟无全才可用。"② ——由此，无论再从哪个环节入手而进入"国学"，也都应记住马一浮到1938年显然已是话有所指的论述：

诸生欲治国学，有几点先须辨明，方能有入。

一、此学不是零碎断片的知识，是有体系的，不可当成杂货。

二、此学不是陈旧呆板的物事，是活鲜鲜的，不可目为骨董。

三、此学不是勉强安排出来的道理，是自然流出的，不可同于机械。

四、此学不是凭藉外缘的产物，是自心本具的，不可视为

---

① 梁启超：《治国学的两条大路》，1923年1月在东南大学的演讲，后收入《饮冰室合集》文集第三十九册。

② 陆懋德：《论国学的正统》，载《责善》半月刊第二卷第二十二期，1942年2月。

分外。[①]

五、中国研究领域的对峙一峰

从上文有关马克斯·韦伯和列文森的回顾，我们的视线自然转移到了另一种视角：的确，曾经自信无所不包的"中学"，在外来学术的强大参照系下，已经不再表现得那么"至大无外"了，——哪怕仅就对于这个古老文明的自身体认而言，也同样不能像以往那样自足与自主。于是乎，"汉学"这种外来的"中国学问"，也就对我们从心智到认同都构成了尖锐的挑战。

正是出于这个缘故，何炳松才会在呼吁"西式转变"的同时，以一种急切的语气逼问或抢白道："我们既自命为国学专家，为什么要让瑞典的安特生（Anderson）来代我们研究中国古代的石器？为什么要让美国的卡德（Carter）来代我们研究中国印刷术的西传？为什么要让法国的伯希和（Pelliot）来考订敦煌石室的古籍？为什么要让法国的考狄厄（Cordier）来代我们编《中国通史》？为什么要让日本的桑原骘藏来代我们研究蒲寿庚，来替秦始皇帝伸冤？我们研究国学的人为什么要等到西洋人赏识《大唐西域记》，才去研究慈恩法师？为什么要等到西洋人赏识《诸番志》，才去研究赵汝适？我们既然自己有国学，为什么要从荷兰出版的《通报》（*Toung Pao*）这类出版物中去翻译中国的史料？像这一类问题，真是可以无限的写下去，我们应该请求我国的国学家给我们解答。"[②]——而实际上，

①马一浮：《论治国学先须辨明四点》，马一浮著；虞万里校点：《马一浮集》第一册，杭州：浙江古籍出版社、浙江教育出版社，1996年，第4页。
②何炳松：《论所谓"国学"》，载《小说月报》第二十卷第一号，1929年1月。

根据我们后来对于国外同行更为真切的交往，那主要是因为来自外部的研究家，面对一个未曾生长其间的陌生文明，无法凭着生活感受去更广地环顾它，还做不到一上来就从森林去聚焦于树木，故其研究当然也只能从小处着眼，以求逐渐从树木去扩展到总体的森林。唯其可叹的是，就连人家这点研究上的无奈，在当年"样样不如人"的落后心态中，也都被当作"天大的好处"来领教了。

无庸置疑，这种外来刺激也不乏积极作用。正如前文所述，迎着挑战而崛起的"国学"研究，在很大程度上也正是被外部的中国研究激发出来的。而综合起来看，这样的一种文化冲击，尽管也有消极的影响，却并不是全然消极的，它往往在本土学术活动处于冷寂落寞时，带来了新颖的学术规范，新鲜的观察视角，和高涨的研究热情。比如，不光陈寅恪的边疆史地之学，肯定是受到了当时作为国际显学的"蒙学"的激发，也不光赵元任的方言调查，肯定是延续了传教士昔日为传教而进行的初始纪录，甚至就连刚刚兴起的考古发掘和文物保护，也难说没有受到斯坦因和伯希和那种文化劫掠活动的刺激。——同样在这个意义上，我们还能看到，实际上"整理国故"运动的兴起与开展，在很大程度上也是呼应着国外汉学的相应做法："近来欧美学者，已稍稍移其注意于吾国固有之学术，顾转虑吾国固有之学术，无以给予欧美学者之前，何则吾国固有学术，率有浑沌紊乱之景象使持，是以供欧美学者之研究，必易招其误解，而益启其轻视之念，故非国人自为阐扬，必无真相以供欧美学者之研究，故阐扬吾国固有之学术，本校尤引为今日重大之责任"。[①]

此外，无论那种交流曾经表现为怎样的不平等，终究还是属于

---

① 《国立北京大学研究所整理国学计划书》，连载于《北京大学日刊》第 720 号和 721 号，1920 年 10 月。

学术的交流。——由此我们才会看到，自打现代意义上的"国学"成型的那一刻起，在"国学"和"汉学"之间就已出现了切磋与借鉴，甚至它们彼此在知识的形态上，还远比后世的分化类型更为靠近。比如，罗振玉曾在《海宁王忠悫公传》中，就这样历数过曾被王国维所看重的学术圈子："国内则沈乙庵尚书、柯蓼园学士；欧洲则沙畹及伯希和博士；海东则内藤湖南、狩野子温、藤田剑峰诸博士，及东西两京大学诸教授。"[1]我们从中不难发现，由于国内的相关研究才刚刚起步，所以多数够格同王国维切磋的学者，居然不是来自西洋，就是来自东洋。

由此也就不难从宏观上，顺势找到对于"国学"的又一重定义：这种对于中国文化的内生的学术理解，注定要和对于中国文明的外缘的知识探索——也即域外的狭义"汉学"以及后起的"中国研究"——共同构成当今"中学"中的主要成分与分野。在这个意义上，所谓"国学"与"汉学"，其双峰对峙和相持不下的态势，就天然构成了研究中国的两极，而双方立场的并立与共存，也就浑然组成了有关中国的知识总体。换句话说，正由于共同意识到了对方的存在，所以无论"国学"还是"汉学"本身，也都无从再去垄断对于中国的知识和话语，——正如我在多年前就已指出的："应当看到，中国人虽久有自家的以'经史子集'分类的学问，但倘非在近代发觉别家也有自成谱系的学问，'国学'二字便绝无提出的必要。在此意义上，'国学'从一开始便是作为'不完备'的对待物问世的，意味着国人已意识到从未将天下学识'尽入彀中'。如此，'国学'在本质上不仅不排斥属于外缘知识系统的'汉学'，还坚信凡'旁观'者必

---

①罗振玉：《海宁王忠悫公传》。见《罗雪堂先生全集续编》第一册，台湾：大通书局，1989年，第363页。

有其'清'的一面。"①

　　然而也要看到，由此带来的危险却又在于：正由于这两种看似雷同的学术领地，虽然共同指向了同一种研究对象，却在话语上互为对方的边界和限制，并由此同时构成了对于对手的存疑与解构，因而也就从知识的总体上，几乎动摇了任何有关中国的确定论证。——在这样的意义上，真正重要的就不在于仅仅去关注，它们两边又在哪个具体的历史细节上，发生了歧义、摩擦与纷争，而在于应从知识生产的更深层次看到，这两种有关中国的学术文化，由于受制于不同的研究立场、思考习惯、问题意识和学术传统，从来就不曾获得过、也根本达不成完全统一与贴合的意见。

　　当然，也正因为这样，在"国学"与"汉学"的此种持续对话中，所谓"中国性"也就永远要表现为变异与漂移的，而在此种瞬息万变的演进中，则又势必出现一种新的危险平衡，需要以很高的技巧来进行小心把握。——事实上，由于在整整三十年的时间里，自己一直在主持着中文世界最大的汉学迻译工程，所以对于其中正反风险的反复提醒，也简直就成了我本人的日常功课。比如，针对那种仍在坚执"土老师是洋学生的唯一标准"的井蛙之念，我曾经这样去当头断喝："如果借用康德的一个说法，我们可以尖锐地揭露和批判说，人们对于生于斯长于斯的文明环境本身，往往会产生某种'先验幻象'，以致对那些先入为主的价值或事实判定，会像对于'太阳从东方升起'之类的感觉一样执信。……在这个意义上，我们必须毫不犹像地挑明：任何人都不会仅仅因为生而为'中国人'，就足以确保获得对于'中国'的足够了解；恰恰相反，为了防范心智的

────────────

①刘东：《国学与汉学》，载刘东：《理论与心智》，南京：江苏人民出版社，2001年，第184页。

僵化和老化，他必须让胸怀向有关中国的所有学术研究（包括汉学）尽量洞开，拥抱那个具有生命活力的变动不居的'中国'。"①

基于这样的开放心态，再来回顾成仿吾当年所写的下述文字，至少会警觉到其论证还是远不充分的："……颇有因为外国人近来喜欢研究我们的国学而沾然自喜的。这种外国 Exotics 不满意于科学（实是因为他们不知道什么是科学）妙想天开，以为极东的苍天之下有一块常青的乐土；他们不再想起做过他们的幻想之背景的，和在科学上做过他们的先生的阿拉伯或印度，却更很远很远地画出一个这样的 Paradise 来，虽不免出人意外，然而他们这样满足他们的幻想，是谁也不能干涉的，不过我们在这极东的苍天之下的人若偏信以为真，那却是非狂即盲了。不懂什么是科学的人，我们尽可任他们胡说，然而我们当知数千年来的疲弊之后，科学不仅为我们的素养最紧要的命脉，而且是恢复我们的生命力之唯一的源泉，我们当对于科学维持我们的信仰。"② ——由此，我们甚至会遗憾地联想到：无论怎样好端端的东西，一旦被吹涨成为甚么"主义"，再对其表现出"信仰"式的盲从姿态，都有可能毁掉基本的虚心和听德，无法从上文所自供的所谓"意外"心情中，突围到更高一层的思想进境了。

但与此同时，又至少要以同等的力度来指出，僵化的另一面却是泡沫化。也就是说，如果又反过来唯"汉学"的马首是瞻，只顾着去投合别人的话语霸权，那也会悲惨地丧失思考的主动性，乃至去恣意歪曲同胞的切身体验，从而暴露出在学术上的失语与失明。——正如自己的同一篇序文紧接着就指出的："汉学毕竟既是中学的一支，更是西学的一支，那中间潜伏着许多未曾言明的外在

---

① 刘东：《序〈阅读中国〉丛书》，后收入刘东：《用书铺成的路》，北京：北京大学出版社，2010年，第113页。
② 成仿吾：《国学运动的我见》，载《创造周报》第28号，1923年11月18日。

预设，本质上跟本土的国学判然分属于两大话语系统。正因为这样，尽管中国传统早在西风中受到过剧烈震撼，可一旦大规模地引进作为完整系统的汉学，它仍然要面对着新一轮的严峻挑战；我们甚至可以说，此间的挑战竟还大过对于主流西学的引进，因为它有可能直接触及和瓦解原有文明共同体的自我理解，使国人在一系列悖反的镜像中丧失自我认同的最后基础。"①

　　考虑到这样的危险，再考虑到前述的对应关系，那么即使是像下文中那小小的反调，也应当被听成"逆耳"的"忠言"，——既然它提示学术研究中不可或缺的主体性："他们以为整理国故的目的，只是要减少外人的轻视中国的程度，只是抬高中国民族的人格，只是要予'研究东方文明的西方学者'以便利！……他们以整理国故为国际政策，视国故学者为欧洲学者的了头！这种即不是奴隶或至少是政治式的国故论，实在有些不敢闻命！我们应该明白，要不要整理国故是一件事，外国学者研究不研究中国的学问，又是一件事。如果国故有整理的必要，那末虽然外国学者不来研究，我们也是要整理的。如果国故没有整理的必要，那末无论外人怎样的赞美，怎样的颂扬，我们也不该盲从！"②无论如何，要是忽略了这一层，而总是等着他国学者来领先"发球"，甚至总是先意承旨地去逢迎别国的发言语境，那么，"国学"和"汉学"的良性对峙局面，就终究会萎靡成海外"中国研究"的一言堂。

　　需要特别说明的是，由于在综合国力和教育投入上的差距，国际上这种"中国学问"的主流，早已从欧、日式的传统"汉学"，转

①刘东：《序〈阅读中国〉丛书》，刘东：《用书铺成的路》，北京：北京大学出版社，2010年，第113页。
②吴文祺：《重新估定国学之价值》，许啸天辑：《国故学讨论集》第一集，上海：群学社，1927年，第33页。

移到了美式的"中国研究",所以在我们这个时代,实则广义的"汉学"对于本土"国学"的渗透,要远比在王国维的那个时代更具疏离感和压迫性。——尽管从表面上看,大洋对岸的"中国研究"同行,已在自觉强调"中国中心观",[①] 但由于他们的"进入中国"的知识努力,反而要借助于更加"先进"、因而更为"欧化"的新潮理论,所以他们越是进行这种努力,往往就越会暴露出——所谓"汉学"归根结底仍然属于"西学"的一支,正如我在其他文章中要坚持去道破的:"一方面,人们越想钻进中国进行更加深入精细的研究,就越是要借助于专业化的理论知识;然而另一方面,鉴于当今世界知识生产和理论创新的实际情势,人们越是想仰重这些理论知识,就越是脱离不开当初产生这些理论的西方语境,于是这些理论框架的自身局限就越会显现出来,它限制得这些研究者更加难于真正进入中国的语境。"[②]

　　无论如何,认识到了这样的知识态势,也就认识到了新的知识窘困。如果我们都还了解,中国文化精神的博大,主要就是来自先哲的"极高明而道中庸",如果我们都还记得,早期清华国学院的梁启超,原本就渴望在"传统与现代、保守与革新、启蒙与转化、儒家与自由、中学与西学、甚至中学与东学之间",去寻求和实现折中与调和,那么"汉学"这种知识形态的存在,便对我们学术活动的预设与动机本身,都构成了巨大的理论挑战。——也就是说,这种来自外部的"中国学问"的存在,其本身就在提示着我们的自我想象的界限,因为针对"中国"这同一个学术对象,居然天然就存在"外

① 参阅柯文:《在中国发现历史:中国中心观在美国的兴起》,林同奇译,北京:中华书局,2002年。
② 刘东:《中国研究领域的测不准原理》,《道术与天下》,北京:北京大学出版社,2011年,第316页。

部研究"和"内部研究"的双重视角,而且"如果前者必然是外在的,那么后者就可以是内省的;如果前者必然是价值无涉的,后者就可以是同情的;如果前者必然是冷静或冷漠的,后者就可以是同情和体验的;如果前者必然是实验或解剖的,后者就可以是涵泳其间的;如果前者必然是专科的,那么后者就可以是通识的;如果前者必然是分析的,那么后者就可以是综合的;如果前者必然是僵硬的,那么后者就可以是灵动的和充满弹性的。"① 由此一来,我们几乎有可能在任何问题上,都陷入莫衷一是的困扰。

在这里,真正难以回答的问题在于:尽管主观上想要做到不偏不倚,然而我们所进行的"国学"研究,究竟是只属于"二分之一"的偏向呢,还是属于"执两用中"的合题?——对于如此尖锐而微妙的疑难与困惑,在我看来,就需要从"动机"和"效果"两个方面,来进行充满辩证精神的解答。也就是说,一方面,我们要尽量在自我视野上进行拓宽,决不拒斥任何能够说服自己的道理,哪怕这种道理来自我们论辩的敌手,以避免和改进主观上的狭隘与盲点;但另一方面,我们也必须要尊重自己的经验与心智,决不盲从任何未能说服自己的外部权威,哪怕由此被别人认为固执、偏颇与保守,并且由此而丧失了获得廉价"国际声誉"的机会。

惟其如此,在我们手中正不断发展着的"国学"乃至正不断发展着的总体中国文化,才可能在同"汉学"的持续对话中去做到:既不失为现代的,又不失为中国的;既不失为世界的,又不失为本土的;既没有愚蠢地故步自封,又没有悲惨地被别人吞并掉……让我们稍感有点信心的是,只需回顾一下从现代新儒学到现代文人

---

① 刘东:《清华国学与域外汉学》,《道术与天下》,北京:北京大学出版社,2011年,第324页。

画、①从梅兰芳的京戏改良到袁雪芬的越剧创造，②我们就足以从刚刚落定的史实中验证：上述描绘其实不光是一种可欲的前景，还更是一种既成的实践；不光是一种理论上的可能性，还更是一种扎实的现实性。

六、全球化中的本土价值支点

从上文所凸显出的"国学"相对于"汉学"的殊别性，我们自然要升入另一层更为高远的视角，去考察它的另外一种殊别性。

正如前面已经提到的，这种以"民族国家"来冠名"学术文化"的做法，其暗中带来的有限与褊狭的含义，曾经让即使是像钱穆和马一浮那样强烈认同中国文化的学者，也不能不对之多少有所保留。——由此，就更不要讲并不认同中国文化的人士了！比如前文提到的何炳松，更在这个何以要"以'国'名'学'"的问题上，来继续他的逼问或抢白："我们大家都知道现代德国、法国、美国、英国和日本等国的学术都是很发达的，而且我们中国人都已经公然承认自己不及他们的。那末何以世界上并没有什么德国学、法国学、美国学、英国学和日本学？而我们中国独有所谓'国'学？我们知道德国对于世界学术上最大的供献是科学和史学，法国对于世界学术上最大的供献是文学和哲学，美国对于世界学术上最大的供献是各种新的社会科学，英国对于世界学术上最大的供献是文学、经济学和政治学，日本对于世界学术上最大的供献是东洋的史地学。他们对于世界的

①参阅万青力：《并非衰落的百年》，桂林：广西师范大学出版社，2008年。
②参阅何恬：《比较视野中的越剧文化》，北京大学博士论文打印稿，2009年。

学术都是各有供献；但是他们都绝对没有什么国学！我们试问自己既然自命有一种国学，那末中国国学的特质是什么？他的真价值究竟怎样？他对于世界学术究竟曾经有过一种什么供献？"[①]

　　也许有人会反驳说：谁说日本没有自己的"国学"呢？难道现代汉语中的"国学"二字，起初不正是引自东瀛的外来语么？然而，要害却不在这么点知识瑕疵，而涉及了一个更为根本的判断。绝非凑巧的是，何炳松提到的那些并无"国学"的国家，在当时的国际格局中都属于列强，它们正信心满满地望着自家的文化，表现出既"发达"又"先进"的普适性，——自然想不到要用国界来限定它，而自缚其文化急剧扩张的手脚。不过，由此也就从反面看出，大凡以"民族国家"去冠名其文化的社会，都正反向地面对着一个急迫的任务，那就是去努力抵制把"文明与文明"之间的空间对待，仅仅简化成"传统与现代"之间的时间次序，以期在几乎要灭顶的单线西学之外，还能为自己保留一块喘息之地，从而也为所有的非西方共同体，保留一个多元分布的生长园地。——而由此一来，民族国家的框架尽管有限，仍不失为眼前暂时有效的篱笆。

　　由这一点，也就顺势引入了本文的第五种视角，从而凸显出了下述事实：原来，在这个"全球化"和"后殖民"同时勃兴的、具有两种对冲力量的当代世界，由于无论多么古老的文化传统或者如何新兴的本土特色，都必须要以民族国家的形式出现，才能获得关注和承认，所以，所谓"国学"即"民族国家之学"在西方压力下的广泛生成，如从全球史的角度来看，就属于整个非西方世界的普遍潮流，——也就是说，世界上存在着多少被冲击成的民族国家，

---

①何炳松：《论所谓"国学"》，载《小说月报》第二十卷第一号，1929 年 1 月。引自刘东、文韬编：《审问与明辨》下册，北京：北京大学出版社，2012 年，第 800-801 页。

就有可能被迫产生出多少种"国学"！

事实上，只需朝周边国家随意望去，那么，从日本的"近代超克"运动，到俄罗斯的斯拉夫主义，再到印度的甘地主义，就都属于各个民族国家朝向西方文化的、不约而同的反弹，从而它们也就都跟我们自己的现代新儒学运动一样，分属于各个民族国家的"国学"。此外，从历史的实际后效来看，也正是这些虽经过创造性的现代转换、却仍保有鲜明民族特色的本土学术，既分别维持了对于原有共同体的文化向心力，又共同筑建了同西方文明进行集体对话的阵线。——在这个意义上，我们这个被迫"伪装成的"（白鲁恂语）民族国家的"国学"，就不仅具备了历史的意义，而且具备了现实的意义，而绝不是可有可无之物。

不过，或许恰恰因了这一点，反而有人会对此感到不屑，认为这种看似独特的民族文化，骨子里却跟其他民族国家的"国学"一样，都属于传统社会对于现代性的失意反弹，根本就没有什么新鲜的东西。——实则大谬不然！这里的真正微妙意义，潜藏在我刚刚就《红轮》中的传统取向所发表的评论中："在索尔仁尼琴那里，虽说沙皇时代的俄国，和普京时代的俄国，也未见得就怎样的好，然而相形之下，却只有斯大林时代的苏联，和叶利钦时代的俄国，才是千真万确地糟透了！由此，他就必须在心念中，回到那个未被红轮碾过的过去，哪怕它说穿了也难免是'发明的传统'，甚至正因为那在后世也只能表现为'发明的传统'，以期为祖国和人类的未来，保护选择的多样性、进路的歧异性，和发展的开放性。"① 也就是说，如果冷战期间的无论"全盘苏化"还是"全盘西化"，都是由对于各自现代性方案的理想化出发，而从绝对的正面推向绝对的负面，并借由

---

① 刘东：《苦痛生珠》，《中华读书报》2010 年 12 月 29 日。

此种立场来否定索尔仁尼琴；那么，"逃回传统"对于这位俄罗斯大作家来说，则是从针对当下世界之恶劣现状的总体评价出发，从最坏的负面推向比较"不那么坏"的正面，并借由此种立场来遥想和发明传统。——正因为这样，所谓"怀旧"的心态才会指向未来，而"过去"的意义对于当今的世界来说，才会表现为闪烁不定的。

同样的逻辑当然也适用于这块国土。其实早在 1927 年，毕业于清华国学院的杨鸿烈，就已尝试着从更为开阔的世界视野，来反观和高扬本土文化的跨国地位了：

> "国学"是世界文化之一，世界文化共分五派：
>
> 1、希腊文明：从埃及经爱琴海传入希腊，所以是"东方文化"的后进，着重表面，故称是"肉的文化"。此派代表上古的文化，但现已灭亡。
>
> 2、希伯来文化：讲精神，故称"灵的文化"。就是现在基督教的代表。这派是中世纪的宗教文化。现在业已消灭。
>
> 以上两派，混成现代的欧洲文明，势益昌明。
>
> 3、摩罕谟德文明：就是土耳其文明，中世纪时，阿拉伯的科学，特别进步。对于天文数学，很有研究。但他的文化守旧，自国体改后，已被土总统加玛尔推翻。
>
> 4、印度文明：是"哲学思想"。但现在已亡国。
>
> 5、中国文化：统看以上四国，都已灭亡，文化消散。现在世界上，能保存世界文化的，只有中国一国，硕果仅存，弥足可贵。维持最后的文化，不愧世界文化之一。吾们是何等光荣，但同时还须不忘责任的奇重。①

----

① 杨鸿烈：《国学在世界文化的位置》，连载于《南开大学周报》的第 44 期和第 45 期，1927 年 11 月 16 日、11 月 30 日。

而到了 1935 年，黄毅民更从文化比较的宏观角度，强调了唯有"国学"才堪称中国的"立国"之本："大凡立国于大地之上的民族，无不有其必然存在的条件，在背后以支撑某生命。同时，我们知道这种条件，不是属于物质的创造，而唯一的是属于精神文明的收获。然而，在国与国之间，为了民族性之不同，立国环境的各异；其精神文明现象，亦显然各有其特色。如希腊、犹太长于哲学，印度长于佛学，德国长于科学，法国长于美术，都是在这种原则之下所形成的特殊文化精华，而代表他们民族或国家的特殊精神。也就是说：唯有这种精神才能启示民族的发展，鼓舞民族的奋进。所谓'国学'，Sinology 便是这样的一个天使。"[①] ——凡此种种，虽然经过近百年的时光磨洗，已经需要对其具体的论据和语气进行更新，不过此中的基本用心方向，却仍然应当被我们继承下来。

　　基于此种广角的对比，我们或许会不无惊喜地发现，"国学"由此而凸显出来的意义，又同它在跟"汉学"形成对照时有所不同。——如果说，"汉学"作为"西学"内部的一种"地区研究"，所要对应的不过是作为某种民族文化的自我意识，那么"国学"在升入更广阔的世界体系后，所要对应的就已是作为某种学术系统的"西学"本身，而不是它的某个具体分支了。换句话说，中国的"国学"作为和"西学"具有同等地位的价值系统和完备性学说，所要加入的就不再是边缘性的对峙与争雄，而是在马克斯·韦伯意义上的、围绕着更深价值合理性的"诸神之争"了。

　　正是在这个崭新的跨国框架之下，我们的"国学"也就凸显出了崭新的、更为深远的意义——它不仅不应再被误解成是在"固执"一隅之见，相反，倒恰恰是在为世界本身计，反而更应当大力鼓励

---

①黄毅民：《国学丛论·自序》，北平：燕友学社，1935 年 7 月，第 1 页。

它去坚守自己所代表的中国文化的殊别性，因为，坚持和保守这样的精神独特性，也就是在为人类文化去护持和推荐选择的多样性和思想的丰富性，从而也就是在为整个地球表面的人类文明圈去敞开自己的未来。

由此就必须注意到，也正是在这个更高的境界中，又突出了一种更高的平衡关系。一方面，当然要去自觉守护本土文化的殊别性。正如章太炎早在1908年便已看清的："释迦氏论民族独立，先以研求国粹为主，国粹以历史为主。自余学术，皆普通之技，惟国粹则为特别。譬如人有里籍，与其祖父姓名，他人不知，无害为明哲；己不知，则非至童昏莫属也！国所以立，在民族之自觉心，有是心，所以异于动物。余固致命于国粹者，闻释迦氏言，知梵、汉之情不异，窃沾沾自欣幸，常以语人……国粹尽亡，不知百年以前事，人与犬马当何异哉？人无自觉，即为他人陵轹，无以自生；民族无自觉，即为他民族陵轹，无以自存。然则抨弹国粹者，正使人为异种役耳！吾尝以为洞通欧语，不如求禹域之殊言；经行大地，不如省九州之风土；搜求外史，不如考迁、固之遗文。"[1]

可另一方面，既然已是身属整个世界的比较框架，"国学"就不能只去关注自身的殊别性，相反倒是要时刻牢记住，在自己的价值关怀和切身经验中，都还应当有远为公共性和普遍性的一面。——如果说，当它同"汉学"对话的时候，"国学"的学术关注点是聚焦在"中国研究"，那么，当它升格为"诸神"之一的时候，"国学"的学术关注点则要顺势扩展到形上研究和人生探究。也就是说，跟最初仅被限定为某种地域性特产的情况恰好相反，为了避免被贬低

---

①章太炎：《印度人之论国粹》，载《章太炎全集》第四册，上海：上海人民出版社，1986年，第366页。

为全球化时代的、只是作为西方普世文化之可有可无补充的"地方性知识","国学"现在反而必须要突出其自身的所谓"吾侪所学关天意"（陈寅恪语）的品格，紧抓住足以安身立命的人生根本问题，并努力给出具有中国传统特色的解答，以此来回绝那种只用西方规则去"通分"其他文明的简单做法，——尽管这并不妨碍我们也同样承认：西方文明作为一种同样具有自身特点的独特文化，同样对于人类文明做出了重大贡献。

事实上，即使是在西方世界本身，在晚近的这几十年里，也逐渐出现了像赫伯特·芬格莱特、郝大维那类希望从价值层面来理解中国的职业哲学家，[①] 更不要说随着中国影响的日增，和汉语在世界范围内的普及，还又出现了像阿拉斯代尔·麦金太尔、查尔斯·泰勒那样的主动来同中国进行对话的顶级哲学家。[②] 所以，在既如此令人紧张、又如此令人兴奋的对话状态下，"国学"就更没有理由再去自说自话，而必须把以往形成了内部张力的所谓"'照着讲'还是'接着讲'"，更新成构成了外部张力的"'接着讲'还是'对着讲'"，——而且还必须是价值理性与价值理性的"对着讲"！

从深层的学理来讲，也只有这种更为灵动的"对着讲"，才能凸显"国学"对于人类精神的发散意义，从而去吁求世界文化朝向更高层面的蜕变："以往那种仅限于某一脉络内部的'接着讲'，在显出相当的开放和灵活的同时，毕竟也还有其狭隘和独断的一面，——因为无论打算接续着何种精神传统来开讲，这样的主讲人都已先入为主地设定了，所有的真理都已穷尽于此一传统的基本取向，而后

①参阅赫伯特·芬格莱特：《孔子：即凡而圣》，彭国翔等译，南京：江苏人民出版社，2005年；郝大维、安乐哲《通过孔子而思》，何金俐译，北京：北京大学出版社，2006年。
②参阅万俊人：《儒家美德伦理及其与麦金太尔之亚里士多德主义的视差》，《中国学术》第六期；查尔斯·泰勒：《历史维度中的社会想象与民主转型》，《中国学术》，第十七期。

人与时俱进的诠释工作，哪怕再充满灵感和再富于创意，也不过是把真理从以往的隐性推演到应时的显性罢了。受这类前定预设的无形制约，即使外来文化构成了某种刺激，也只能刺激得固有的文化更加强劲和周到。所以骨子里，在对于文明价值的此种本质主义的理解中，各文明的原教旨根本是老死不相往来的。……所以，正是为了克服片面围于某一传统的'接着讲'，我们就必须把它进一步解放为'对着讲'！……它不仅不再把精神圈闭于某一特定的统绪，甚至也并不担保仅靠两种或多种传统间的对话与激发，就一定能够帮助摆脱深重的文明危机；它唯一可以承诺的是，文化间性至少会带来更多的头脑松动和思想选项，使得我们有可能挣脱缠绕已久的文化宿命论，从而有可能进行并不事先预设文化本位与文化归属的建构。"①

进一步说，非常重要的另外一点是，上面主张的这种"对着讲"，还应当包括这样一种活跃的态度：即站在传统伦理与审美的视点上，来同日益西化的现代日常生活进行不间断的切磋、磨合与对话。而且，这种从"国学"立场发出的、对于当代生活的独特文化研究，也照样要被涵括在"国学"的范围之内，而决不要把它看得与学术无干。——要是我们还能时时念及，其实孔子当年也首先要进行当代研究，要对社会风习进行调查与干预，那么我们就不难理解，当今的"国学"研究也并非只意味着去"钻故纸堆"，相反倒必须从身边生活去汲取灵感和激发。在我看来，也只有拿古代生活与当代生活进行如此充满激情的对映，才会使我们的心情进入更为广远的时空，从而领悟出人类文化的多样性、路径依赖的偶然性、当代生活

①刘东：《从"接着讲"到"对着讲"》，《道术与天下》，北京：北京大学出版社，2011年，第192页。

的矛盾性和重新选择的可能性。由此，我们的"国学"才能表现得日日常新。

七、建构文化间性的主体一极

顺着前述话题还要指出："国学"本身也有可能在"对着讲"的过程中，面临着逐步递进式的、却又出人意表的蜕变。如能对历史本身也富于历史感，原本并不难领略到：尽管从历史的"短时段"来看，文化碰撞从来都是以强凌弱、倾轧碾碎，甚至势同水火、血雨腥风，可一旦放眼到历史的"长时段"，只要这个文明肌体还能熬得过去，那么恰是在各方碰撞最剧烈的地方，由于用来糅合和互补的各种信息的丰富性，反而更可能嫁接和杂交出更高的文明样式来。——有意思的是，我们读到，胡朴安居然早在1923年便以此来自励了："顷岁以来，隐忧之士，鉴于国学之衰落，以为国学将绝也，而不知国学已动复兴之几。一种学术，必有他种学术，与之接触，始能发生新学术之径途。因欧洲哲学之影响，研究诸子学者日多；因欧洲言语学之影响，研究六书学者日多；因欧洲美术学之影响，研究诗画学者日多；因欧洲历史学之影响，研究群经古史学者日多。不过草茅初辟，而途径未分，孚甲已萌，而灿烂未现。苟努力不已，则民国之学术，必能迈前世而上之，夫学术进步者也。"[1]

只有看不到这种历史趋势的人，才会对"国学"话语生出杞人之忧，误以为这种传统学术文化的上升，要么会转而煽起民族主义

———————————

[1]胡朴安：《民国十二年国学之趋势》，《国学周刊》国庆日增刊，《民国日报》1923年10月10日。

的高涨，要么其本身就已经属于高涨的民族主义。然而，做出这类错误判定的人们，首先是误判了民族主义的思想与实践本身，也就是说，他们一方面未能看到它作为一种"衍生的话语"，相对于被殖民社会所显出过的多义性和阶段性，正如帕尔塔·查特吉（Partha Chatterjee）就此给出的历史性描述——"在反对殖民统治这个限度之内，民族主义对某种特殊形式的城市资本主义支配形成了制衡。在这个过程中，它对那些狂妄的种族统治口号，诸如'西方负有开化的使命'，'白人的负担'之类，施以了致命的一击"[1]；而另一方面，他们也未能看到它仍然对弱势族群所具有的现实积极意义，正如克雷格·卡洪（Craig Calhoun）曾经撰文指出的，"不归属于任何社会团体、社会关系或文化是不可能的。那种可以选择自己所有'身份'的纯粹的抽象个人观念极具误导性。然而，这一观念的种种变体却充斥着自由主义的世界主义。它们反映了从社会的界定逃向更大自由空间，从文化特殊性走向更大的普世性这样的引人入胜的幻想。可是，它们却是相当不现实的，而且极端抽象，以至于几乎无法为生活在特定的归属关系网中、只能接触到特定其他个体而非人类全体的真实之个人提供下一步应当采取的社会行动的指南。"[2] 该作者还接着写到，由于这一层原因，尽管在"世界主义中还包含着许多值得记取的思想，比如说人人在价值上是平等的，而且（至少潜在地）认可文化和社会多样性的价值。然而我们应当试图改善它，因为依据其通常的建构，尤其是它最个人主义的形式，它系统地阻挡了人们的视线，让他们看不到人们所依靠的团结体的多种形式，以及这些团结体对于那些较少特权和受到资本主义全球化的排挤和挑战的

---

① 帕尔塔·查特吉：《民族主义思想与殖民地世界：一种衍生的话语？》，范慕尤、杨曦译，南京：译林出版社，2007年，第236页。
② 克雷格·卡洪：《后民族时代来到了吗？》，《中国学术》第二十一期，2005年，第25页。

人们进行斗争的特殊意义。"[1]

其次，对"国学"抱持上述忧心的人，也是闭锁了"国学"本身的发展空间。也就是说，他们同样缺乏这样的远见：在不断混杂与互渗的过程中，这种沿着传统走来的学术话语，还有可能既参验着当代生活的启迪，又汲取着外来文化的精华，从而像破茧前的蚕蛹那样暗中积攒着生命力，等待着同其他民族的"国学"一道，最终升入"后民族国家"的文化层次与形式。——而形成鲜明对比的是，实则王新命等十位教授，却早在1935年就展望到了"国学"的开放前途："不守旧，是淘汰旧文化，去其渣滓，存其精英，努力开拓出新的道路。不盲从，是取长舍短，择善而从，在从善如流之中，仍不昧其自我的认识。根据中国本位，采取批判态度，应用科学方法来检讨过去，把握现在，创造未来，是要清算从前的错误，供给目前的需要，确定将来的方针，用文化的手段产生有光有热的中国，使中国在文化的领域中能恢复过去的光荣，重新占着重要的位置，成为促进世界大同的一支最劲最强的生力军。"[2]

回望以往的中外交流史，我们的古人经过长期和辛勤的引进，曾经切实把来自西域的另一种"西学"（印度佛学），逐渐融入到自己的精神视域，并以主动精神去体会、参证和创造它，使之在经过排异性的吸收后，终于化作了中国文化的一部分，甚至在某种程度上化作了"国学"本身。——而引人深思的是，正是出自对于类似"合题"的憧憬，张树瑱才会在1935年重提到张之洞的著名纲领，认为它虽然一时间未被人们领会，却终要展现为文化发展的远景："西学之优长者，既为世界所公认，即非吾人所能摈斥，中学之平实者，

---

①克雷格·卡洪：《后民族时代来到了吗？》，《中国学术》第二十一期，2005年，第28页。
②王新命等：《中国本位的文化建设宣言》（1935年1月10日），引自刘东、文韬编：《审问与明辨》下册，北京：北京大学出版社，2012年，第1018页。

自有不易之定则，亦非西人所能拒绝，中西学术会合，镕铸而成一种新文化，十年之后，必然实现。此大自然之所安排，非人类谁何之力也。张文襄中体西用之说，为国人所垢病者，或且实现于将来。主持国学之人，宜乘机利导，研取国学主要成分，以成世界学术转变之大业也。"[1]

由此，我们的思路又不觉转了回来，再次回到了"中体西用"的纲领。——的确，从文化间性的角度来考量，对于如此统摄性的文化纲领，终究是只能越过去、而不能绕过去的！所以，这里的关键就不在于是否要在基本路向上另起炉灶，而在于应当从历史的向度和学理的层面上，对于这种既要求"中国气派"又要求"世界眼光"的跨文化愿望，给予充满同情的理解、评估与发挥，以期再次焕发它的理论含量。——惟其如此，我们才能既不拘泥其初始形态的某些知识漏洞和盲点，也不计较其起步阶段的某些生涩辞令和语气，而真正把握住这个文化纲领的架构与神髓，并且参验着当今时代的学识、眼界与体悟，来重新为之贯注精神内容和思想活力。

仔细检思之下，张之洞等人提出的"中体西用"纲领，尽管在大方向上并没有出错，然而在当时国门乍开的闭塞条件下，相比起这个学说的有价值内核而言，围绕在其外部的、那些拉卡托斯（I. Lakatos.）意义上的保护性阐释，[2] 还是显得太过单薄和孤立了，而由此也就难免给人留下只是简单划定了"西方物质、中国精神"的印象。——比如我们从许守微当年的文章中，就看到了这样的简单二分法："要而言之，国粹者，精神之学也。欧化者，形质之学也（欧化亦有精神之学，此就其大端言耳）。无形质则精神何以存？无精

---

①张树瑛：《国学今后之趋势》，载《国光杂志》第 12 期，1935 年 12 月。
②参阅伊·拉卡托斯：《科学研究纲领方法论》，兰征译，上海：上海译文出版社，2005 年。

神则形质何以立？……是故国粹以精神而存，服左衽之服，无害其国粹也。欧化以物质而昌，行曾史之行，无害其欧化也。如理弓然，弛而不张则瘚，张而不弛则折。如鼓琴然，独弦不能操缦，一音不能合乐。"①而不待言，张之洞的下述说法，则更是典型地代表了这样的二分法："要之，孔子所言'温故而知新'一语，实为千古教育之准绳。所谓故者，非陈腐顽固之谓也。盖西学之才智技能日新不已，而中国之文字经史万古不磨，新故相资，方为万全无弊。若中国之经史废，则中国之道德废；中国之文理词章废，则中国之经史废。国文既无，而欲望国势之强，人才之盛，不其难乎！"②

如果非要钻这个空子来苛求前人的话，上述说法当然也并不是无懈可击。不过，要是能更深地看进一层，反过来却也不难发现：这样一种刚刚起步的、从而难免失之简单说法，无论在细节上有多少出入和差池，仍不失为一种萌芽和尝试状态的、对于西方学术的具有主动精神的甄别与选取。——其实这一点才是最关键的！

说穿了，由"两希文明"所接壤和杂凑而成的"西方文化"，从它于四百年前被利玛窦率先传来的那一刻起，就注定要给深受"先秦理性主义"所主导的汉民族，带来相当困惑和矛盾的印象。——它一方面表现为最先进的科学，另一方面却又表现为最落后的迷信；一方面表现为最清醒的理性，另一方面却又表现为最狂热的说教；一方面带来了最人性的民主理论，另一方面又带来了最狡诈的政治权谋；一方面带来了最繁荣的市场经济，另一方面又带来了最飘摇的未来风险；一方面带来了最发达的物质生产，另一方面又带来了

---

① 许守微：《论国粹无阻于欧化》，《国粹学报》第一年乙巳第七号"社说"，光绪三十一年（1905 年）七月二十日。
② （清）张之洞：《创立存古学堂折》（1907 年），《张之洞全集》第三册，石家庄：河北人民出版社，1998 年，第 1762 页。

最异化的个人生活；一方面带来了最活跃的社会流动，另一方面带来了最单调的休闲活动；一方面带来了最活跃的精神创造，另一方面又带来了最无聊的文化垃圾……面对如此复杂怪异的情况，只要本国还没有彻底沦为殖民地，只要自己的文明还不乏主动性，难道就不许进行"为我所需"的文化选择和利用么？

而为了做到这一点，就必须坚定不移地咬定，面对如此复杂缠绕的外部情势，无论我们想要"选择"和"利用"的是什么，或者无论具体的"西用"对我们意味着什么，都必须首先在思想上明确：最不能舍弃的还是那个"中体"。——甚至，无论当年在这方面的具体表述，是否还有待修正、阐释与更新，都必须要从大原则上认识到，一旦从总体上舍弃了这个"中体"，那就会丧失自我认同的核心，和丧失道德价值的基础，而中国文化本身也终将会化为乌有。

当然，从总体上做出这种肯定的判断，并不妨碍我们从具体的行文中，看出在中西碰撞的初始阶段，对于所谓"中体"的题中应有之意——或干脆说是"中国文明的主体性"——表述得还相对粗糙、生涩和简陋。比如，我们从一篇写于 1915 年的文章中，还能看到诸如此类的说法："科学者，唯物界之学也。国学者，唯心派之学也。发扬国性，振奋心志，国学之长也。故览帝王之宏规，诵圣哲之嘉言，睹卿相之谋猷，缅英雄之慷慨，以及流连美人名士，涉猎草木鸟兽，未尝不神飞色舞，目悦心愉，令人向往崇拜，思欲翱翔追逐于其间也。而覈核群伦，推察物理，则科学之长也。故探赜索隐，惊宇宙之奇妙，钩深致远，知物竞之奥秘，又未尝不浮白拍案，距跃曲踊也。斯二者，皆于人生社会有密切关系，所谓不相悖害者也。"[①] 不过，如能平心而论的话，又应看到此类说法在它们自己的时代，已属较

---

①萧公弼：《科学国学并重论》，《学生杂志》第二卷第四号，上海，1915 年 4 月。

为开明和包容的言论了；既是如此，又何必非要沿着文化激进主义的逻辑，反把这些旨在保障社会变迁之可靠基础和稳健次序的主张，曲解成什么异端邪说和洪水猛兽？

只有在奠定了上述主体性的前提下，才能谈得上文化的选择和利用，也才有资格去充满辩证精神地思考：究竟什么才能算得上"西用"，和究竟什么才能被拿来继续充填"西用"？——不待言，这里最首当其冲的，就要算是对于西方"科学"的困难态度了：一方面，前边在讨论胡适和成仿吾的文化态度时，已经相当不赞成地提到了那种反又把"科学"吹涨为"主义"和"信仰"的做法。但另一方面，若能从心情上回到中西碰撞之初，那么由于西方屡次兴兵的恶性刺激，而且此番应战的武器，又必须空前艰难地谋之于挑战者，所以最早与"中体"相对的"西用"，会在前人那里首先意味着"船坚炮利"背后的科学，也并不是没有来由的。

正因为这样，我们又能从文献中读到，不光邵作舟早有"治国之杂艺不逮泰西，而道德、学问、制度、文章，则复然出于万国之上"①的说法，而冯桂芬也早有"以中国之伦常名教为原本，辅以诸国富强之术"②的主张，即使是江起鹏发表于1905年的言论，也要早于张之洞的相关论说："我国学术之性质，大抵多哲学思想而少科学实验。我孔子之学说又为教育家、政治家言，而非宗教家言，故今日而言学问，广求世界之智，以证我固有之哲学，以补我未及之科学，而无用断断与他宗教家争短长，致失我孔子之真相。此则欧化主义与国粹主义，有相得益彰者已。"③毫无疑问，这类对于"科

①邵作舟：《邵氏危言》，中国近代史丛书编写组：《戊戌变法》（一），上海：上海人民出版社，1972年，第182页。
②冯桂芬：《校邠庐抗议》，郑州：中州古籍出版社，1998年，第211页。
③江起鹏：《研究国学之方法》，《国学讲义》第一章，上海：新学会社，1905年。

学"层面的太过关注，确曾带来过不小的文化偏失，也因此而长期遭到了人们的诟病。——不过平心而论：尽管这类尚嫌生拙的中外对比，还不能照顾得面面俱到，却毕竟未曾忘记去叩"西用"与"中体"之两端，故而它对于西学中之"科学"的有选择采用，仍不失为一个主动接触西学的有效入手处；甚至公正地讲，也正是拜它的强大历史效验之赐，我们到了百年之后，才得以更从容地反思和矫正身后的历史，这些也都是不容抹煞的！

无论如何，此间的要义在于，即使只是鉴于"西方文化"的上述错位和矛盾，就算以往曾在"取西法以自强"的过程中，由于太过专注而导致过偏颇，那也并不自动地转而又意味着，从此就必须为"全盘西化"大开绿灯。——不错，以"两希文明"为基本分野的"西方文化"，尽管裹挟着前述的紊乱与矛盾，尽管难免"雅典还是耶路撒冷"的困惑与内伤，却的确是从利玛窦的年代开始，就被"全盘"夹在一起传给了中国。可即使如此，我们仍应细致和精明地看到，西方对希腊精神和希伯来精神的推广，从动机上却有"消极"和"积极"之不同。——"如此'先进'和如此代表'时代精神'的自然科学，其实在利玛窦那里仍然是很古旧的，也就是说，它的功能仍然只是某种药引子，是他权宜和实用的传教方法。他本人从来都没有讳言这一点：'多少世纪以来，上帝表现了不止用一种方法把人们吸引到他身边。……任何可能认为伦理学、物理学和数学在教会工作中并不重要的人，都是不知道中国人的口味的，他们缓慢地服用有益的精神药物，除非它有知识的佐料增添味道……'要说真有什么出乎意料或事与愿违的话，那也不过是弄到后来，这种药引子本身反而显示了巨大的药力，以致于与其说由利玛窦所开启的传教事业大获成功，倒不如说中国人反而把科学本身当成某种普世宗教了。"[1]

在我看来，梁启超在他那个时代，是一位难得的文化通人，他或许会在一些细小问题上不够精准，可一旦涉及宏大的架构问题，其判断力却是很少出错的。由此，他也就早从西方文明的纷乱内部，看出了哪些因子跟我们血型相通，哪些因子跟我们格格不入，甚至哪些因子根本就是不可理喻："今之持保教论者，闻西人之言曰，支那无宗教，辄怫然怒形于色，以为是诬我也，是侮我也，此由不知宗教之为何物。西人所谓宗教者，专指迷信宗仰而言，其权力范围，乃在躯壳界之外，以灵魂为根据，以礼拜为仪式，以脱离尘世为目的，以涅槃天国为究竟，以来世祸福为法门。诸教虽有精粗大小之不同，而其概则一也。故奉其教者，莫要于起信。耶教受洗时，必诵所谓十信经者，即信耶稣种种奇迹是也，佛教有起信论，莫急于伏魔。起信者，禁人之怀疑，窒人思想自由也。伏魔者，持门户以排外也。故宗教者非使人进步之具也，于人群进化之第一期，虽有大功德，其第二期以后，则或不足以偿其弊也。孔子则不然，其所教者，专在世界国家之事、伦理道德之原，无迷信、无礼拜，不禁怀疑、不仇外道，孔教所以特异于群教者在是。质而言之，孔子者，哲学家、经世家、教育家，而非宗教家也。西人常以孔子与梭格拉底并称，而不以之与释迦、耶稣、摩诃末并称，诚得其真也。夫不为宗教家，何损于孔子？孔子曰，未能事人，焉能事鬼？未知生，焉知死？子不语怪力乱神，盖孔子立教之根柢，全与西方教主不同。吾非必欲抑群教以扬孔子，但孔教虽能有他教之势力，而亦不至有他教之流弊也。"[2]

---

①刘东：《利玛窦的三棱镜》，载《道术与天下》，北京：北京大学出版社，2011年，第201页。
②梁启超：《保教非所以尊孔论》，《饮冰室合集·文集·第4册》，北京：中华书局，2015年，第803页。

正是基于此类的认识，在此后的中西交流与碰撞中，也就确曾交织地上演过"被动抗拒"和"主动追求"的两台大戏。我们看到，如果在一方面，"整个中国近代史的轨迹，尤其是在它的剧烈拐弯处，都和基督教的冲击分不开。比如，人们经常把近代史中的'三大高潮'，讲成三次来自本土深处的主体性高涨，然而实际上，恰恰是这三大高潮，才更加印证了外来宗教的强力输入"①。——换言之，如果所有这些本土文化的失序与紊乱，全都源自希伯来精神的强行灌输，那么在另一方面，那些真正以普罗米修斯式的勇气所盗来的精神火种，那些构成了现代中国主导价值的外缘思想，那些至今仍然同恶劣现实构成了巨大悬念的理性标尺，其中当然也包括北京大学"德先生"和"赛先生"的口号，却大体是来自对于希腊遗产的主动索求。——正是冲着历史中这种势同冰炭的区别，我才在前文中提出让"中－希文明"继续深度化合的命题！

当然，如以现在的认识条件来看，则古代中国和希腊之间的文化亲和性，要远比在上世纪初所认识到的为多，并非仅限于"科学"一端。屈指数来，尽管它们在每一个共享因子上，也都还同时显出了相当的差异，②然而，在这两大古代文明之间，毕竟罕见地分享着一系列诸如多元、人间、现实、经商、感性、审美、乐观、怀疑、有限、中庸、理性、争鸣、论理、伦理、学术、讲学等至关重要的关键词。——进一步说，事情的辩证法则还又在于：也正是在这一长串"可比性"或"相似性"之下，那些确乎又同时存在的、由各种历史契机（包

---

① 刘东：《美国汉学的传教之根》，载《道术与天下》，北京：北京大学出版社，2011 年，第 256–257 页。

② 实际上，这些差异也正是笔者长期聚焦的对象，对此可以参阅我的《西方的丑学》，北京大学出版社 2005 年版，特别是我的《悲剧在中国的诞生》，北京大学出版社即出。不过，对于这些差异的确认，却并未妨碍我从更大的参照系中认识到，两种文明仍从观念上有着相当的可以接壤之处。

括地理位置）所导致的文化发展落差，才构成了优势互补的基本条件，从而在基因水平上确保了文化间的输血，不是带来冲撞、变形和紊乱，而是带来滋补、强健与舒泰。其实，也正是因为这个，从希腊遗产中获取宝贵资源的选择可能，才吸引得百年来的中国前贤，总爱去主动迎娶那个爱琴海上的精神近亲，以利用它先期发展出来的各种精神和制度因子，这才是人们当年提出"中体西用"之说的真正神髓。事实上，如果当代中国确乎是在崛起，那么这种崛起本身，原本就是在"中－希结合"的路径上发展起来的，——如果考虑到这一点，就更没有理由不从自发走向自觉，就更要明确地坚守这种跨文化的发展战略。

而进一步说，也只有既如此积极地善待自己，又这般主动地分析别人，在中国文化和外来文化之间，才可能出现堪称良性的历史化合。——甚至，就连在最让前人心仪的"科学"的问题上，身属清华国学研究会的王天优，也早在1912年就同样指出了文化主体性的重要："二十世纪，一物质文明之世界也。立国于抟抟大地中，欲与人争短长，西学尚矣。虽然，国学岂可得而忘哉。吾国古籍中举凡哲学医学及他科学，亦有深发其秘，道人之所不能道，驾西学而上之者。吾人苟专心而求之，发扬蹈厉，以与西学相融汇，采人之长，补己之短，以己之有，助人之无，辟五光十色之新文明，为亚东生色，是国非特不至于亡，且将因之以兴。世界牛耳之持可指日而待也。"①

而由此就更加见出：真正合理的"中体西用"纲领，对于我们到底意味着什么？——一方面，必须首先充满自信地确认，正是在自家的文化传统中，包含着很多弥足珍贵的智慧种子，尽管它并不

①王天优：《国学研究会宣言书》，载《国学丛刊》（清华国学研究会主办）第一期，1914年6月1日。

见得会囊括与涵盖全部；另一方面，也只有在这个基础上，才能进而充满热情地展望，即使是自家文明所包蕴的慧根，在当今的开放条件之下，也同样需要在与外缘文明的讨论、切磋、制衡、互补和共生之下，才能更充分地激发和显现出来。事实上，对于潜伏此间的种种精义，张东荪早在1935年就已指出过了："我主张必须恢复主体的健全，然后方可吸取他人的文化。所谓主体即指重心在内而言。倘使重心在外便不知有我。于是不仅在个人为失了自主性，且在一个民族，亦是失了自主性。一个民族失了自主性，决不能采取他族的文明，而只有为他族所征服而已。两种不同的文化的接触有各种式样，有的是吸收了他族文化而自己更发扬起来，有的却是从此征服了下去，不能自振，前者可名之曰吸收；后者只是征服罢了。我们现在所要讨论的是前者而不是后者，所以必须要恢复中国人对于西洋文化的反应力。倘失了自主性，便没有反应力。其结果只是西方文化的注入而已。"①

而紧接着，张东荪更是充满远见与乐观地写道："一方面输入西方文化，同时他方面必须恢复固有的文化。我认为这二方面不但不相冲突，并且是相辅佐的。……我以为复古不能代替欧化。因为复古与欧化二者不是对立的与相反的，换言之，即二者不是不并立的。有许多方面，例如政治经济等，是非用欧洲的方法不行。其实中国对于这些方面向来就没有办法。可见凡是采取欧化的方面都是中国本来缺少办法的方面。至于做人，中国本来最多讲求，不妨保留其精华。所以我以为保存国粹与从事欧化乃是根本上不相冲突的，而一切争论都是因为有些人们把这个不相冲突的误会为两相冲突

①张东荪：《现代的中国怎样要孔子》，载《正风半月刊》第一卷第二期，1935年。

的。"[1]——看到这里，又不免痛感到前边提到的"倾听"的问题了：原来中国人自己也是向不缺乏思考的头脑，而倒是时常缺乏倾听的耳朵呀！

进而，也只有既如此自重地善待自己，又这般主动地倾听别人，才能指望在整个地球的人文世界中，进一步去构成真正良性的互动。这意味着，在这种由全体地球居民共同参与的对话进程中，不光所有民族的"国学"都可以指望获得飞跃，而且，借助于各种"国学"之间的"对着讲"，整个人类文明都可能获得向上的跃升。——说到这种至少潜藏在逻辑中的前景，就让我也先来乐观地畅想一下其发展程序吧：首先，就应在这种持续的文明对话之中，把具有弹性和张力的世界文化，打造成一场不间断的圆桌讨论，而且允许任何具体和殊别的文化，都可以站立在圆桌的一角上，朝向圆心发出一个独特的矢量。其次，就应在这些矢量的交汇与角力中，允许任何一个特定的思想概念，都借着不同发言角度对它的坚持和丰富，而获得一组密切相关、又有机漂移的义项，由此发展成由各种对冲力量撑起的、具有内在张力的知识谱系。而最终，就应让所有这些灵活思想概念的总和，倚靠在文化间性的宽广基础上，最终编织成一张既严整又包容的大网，也即多元一体的总体人类文化之网……

也正是在这一乐观的展望中，才引进了本文计划中的第六种、也是最后一种借以前瞻的视角：由于多种"国学"的多元并立，既凸显了文明冲突的紧迫性，也凸显了文明并存的可能性，所以任何特定民族的"国学"，都不应表现为一成不变的，因为全体人类的智慧种子，乃至整个人类的救度之路，绝不会仅存于哪个单一的"国学"之中；相反，倒是各种"国学"经由不断的对话，不断去发挥优长

---

[1] 张东荪：《现代的中国怎样要孔子》，载《正风半月刊》第一卷第二期，1935年。

和克服局限，从而共同走向文化间的上升，才是这个小小地球村的唯一出路。

八、发生学意义上的六重定义

终于写到总结的部分了。不过，在这篇旨在澄清"国学"之内涵与外延的文章中，如果想要合乎学理地总结前边涉及的各种不同"定义"，那就必须基于上述有关概念制定活动的特定理解，先对这种"定义"活动本身，也尝试给出新的"定义"。

本文曾在开题的部分中写道："我深知就连对于上文中所谓'文化'、'传统'、'国学'、'儒学'之间的关系，都还存在着很多互不相让的争辩，而这也就意味着，就连这个'国学热'到底'热衷'了什么，都还有待于进一步去澄清"。——这确乎是当今学界的一大实情！几乎每次参加或召开相关的会议，都能听到围绕"国学"定义的往返争辩，而且争辩者大概除了忙着到各处表态，也很少真正下心去倾听别人的理解，只是任由这个概念从各位的口中，忽大忽小地把外延变来变去。正因为这样，本文才不得不接着写道："由此，究竟'国学'是一个姑妄从众的通俗说法，或者一个人云亦云的空虚能指，还是有其真确意义的概念，而且该概念还可能在进一步的积极诠释中，获得更加丰富的内容填充？这些也都成为了亟待回答的问题。"

面对如此困难的任务，就不免会转念想到：既然"国学"的词义在人们头脑中总是这般含混，那么，与其让这些纷争的意见总是照原样杂陈，总是来扰乱视听和妨碍研讨，倒不如从以往针对"国学"的发言中，选取那些最具代表性的意见，使其串连和生发成一组"发生性的定义",从而使得我们既可以藉此还复人们对于"国学"的理解历程,也可以藉此勾连各种悖反意见的内在关联。当然,——本文并没有天真地指望,只凭这种殚精竭虑的历史考掘,就能彻底弥合思想的裂缝,特别是当人们似乎更在意自己的发言姿态的时候。不过,如果确实能使各方所执的一词,都表现为此种"发生过程"的特定侧面,并把他们表面上针锋相对的论辩理由,也都转化为某条整一思路的各个具体环节,那么至少在客观上,他们的立场还是要靠近一些,而且,如果他们更想在主观上靠近,那么也至少会容易一些。

不待言,要想完成如此独特的思考任务,在方法上就需要一种特殊的"定义"形式。而如果读者们还记得,那么这种所谓"发生性的定义",也正跟上节末尾循序推导出的意义生成过程,有着相同的形成规则和发展逻辑。——也就是说,它们都是站在后期维特根斯坦的立场上,把作为生活形式的日常语言,理解为一组不断漂浮、且家族相似的游戏规则;而在这一语言学基础上,它们又都把关键概念所涵盖或下辖的种种义项,以及由这些义项所并列地展示的位移轨迹,理解为不同的"解释矢量"在角力、交汇和妥协中的产物;而这样一来,它们也就都不再把任何这类概念所包裹的词义,理解为僵硬的、单一的和天成的,而只把它理解为由各种对冲力量所支撑起来的、由具有内在差异的一连串阐释在历史中所构成的义项复合体。

如此也就豁然开朗了!一旦装备上了这样的理解程序,我们以往所熟悉的所谓"定义"活动,也就不再总是如亚里士多德所说,仅仅意味着去寻找最本质或最典型的"种加属差"了,——那种看似比较简易的认知活动,其实正是引起各种争端的肇因,因为它会把原本希望走向清晰的"定义"活动,偷换成围绕着言人人殊的"关键属差"的思想交火。所以,与之刚好相反,我们眼下对于"国学"

的"定义"活动，已经不再意味着去加入喋喋不休的现有战团，而意味着要把形形色色的既有论点，统统纳入到正在发生着的脉络和轨迹中，让它们在思想的诸多环节上各安其位，去共同组织起对于这个概念之沿着历史线索的刻画、摹状与认识。

所幸的是，有了上面的史料与思想铺垫，我们眼下已经很容易点算，本文在不厌其长的前七节中，都依次论及过"国学"概念的哪些侧面。——我们还会从中清楚地看到，其实人们在各自特定的历史语境中，围绕着"国学"所发的种种议论，都是基于他们当时所站在的特定视点，换言之，他们彼时就此所给出的种种"定义"，都有其特殊的和相对的参照系，也都有其特定的和具体的针对物。而进一步说，与那些特定"定义"产生特别"对待"关系的特定观察角度，其本身也总是随着情势的变迁和主体的位移，而不断呈显出显著的位置变迁，从而使得此后的史料阅读者，好比是走到了"散点透视"的国画之前，唯有也把自己的观察心境给移情进去，才足以同时体会到在历史与人物间的互动与适应，——与此同时，也才足以既看到外在的语境史、又看到内在的概念史，还更看到在这两者间的博弈与磨合。

而基于这样的思想方法，再来回顾长期以来的各执一词，也就突然记起一种经典性的思想表达方式来了。比如，关于孔子的事迹有着很多耐人寻味的记载："子贡问于孔子曰：'昔者齐君问政于夫子，夫子曰"政在节财"；鲁君问政于夫子，子曰"政在谕臣"；叶公问政于夫子，夫子曰"政在悦近来远"。三者之问一也，而夫子应之不同。然政在异端乎？'孔子曰：'各因其事也。齐君为国，奢乎台榭，淫于苑囿，五官伎乐，不解于时，一旦而赐人以千乘之家者三，故曰"政在节财"；鲁君有臣三人，内比周以愚其君，外距诸侯之宾以蔽其明，故曰"政在谕臣"；夫荆之地广而都狭，民有离心，莫安其居，故曰"政在悦近而来远"。此三者所以为政殊矣。'"① 当然无可否认，尽管孔子面对着弟子或访客的答问，也会因时而异地鉴于某种特定语境，去突出思想的某个特定侧面，可一旦他回过头又想去整合那些思绪，他也决不会缺乏"一以贯之"的思力！——既然如此，我们眼下也学学先哲的样子，来对前述的思想环节进行整合吧：

在前边的行文中，我们所遭遇的第一层历史语境是，实则"国学"概念的提出本身意味着，在"国将不国"的危殆发言场域中，人们面对着空前强势的文化他者，已经明确意识到了对手的压力，由此才被迫对本国的固有学术，做出了一种自限性的、甚至不无贬损性的"定义"，以期尚能在这样的有限名义之下，对其进行相应的保护和拯救。——正因此，此种想要来"定义国学"的活动，就并不意味着要去做井底之蛙，相反它本身就是参照着西学而提出的，就已经凝结着中外文化的某种合力。

在前边的行文中，我们所遭遇的第二层历史语境是，由上面的外部情势又决定了，"国学"概念的提出实则转而意味着，本土学术针对外来学术特别是西学，发出了不乏相对主动性的回应。正因为这样，"国学"概念从其提出的那一刻起，其宗旨就未必注定要意味着抱残守缺，相反，至少在以早期清华国学院所代表的取向中，这种被迫生成的学科范畴，不仅并不意味着一味"守旧"，反而意味着极度活跃的"开新"。不过，前贤在这里既注重作为必修基础的西学，并由此而获得了世界性眼光，又从未盲从外来的任何规范与信条，因为在他们幼承的家学中，还另有可以从中汲取力量的传统资源。——而正是在这种凑巧形成的、稍纵即逝的平衡中，中国数千年历史经验的综合体，反倒在强大的外来激发下并长争高，转变为

---

① 《孔子家语·辩政第十四》，北京：中华书局，2009 年。

具有中国特色的哲学、美学、比较文学、历史学、语言学、人类学和考古学等，使得具有弹性力量的"国学定义"充满了生机与灵动。

在前边的行文中，我们所遭遇的第三层历史语境是，惜乎在此后逐渐加强的西风东渐中，随着外来的示范效应越来越大，"以西格中"的效法也不得不层层加码。正因为当年的时新学者，其实对西学也只是一知半解，他们反而更急于祭起这种简单化的模板，比照着西学格局来重新配置自家的学术文化；谁想久而久之，虽未能使中国的学术体系比西方更西方，却终竟把它摆弄得比西方更偏颇，甚至使后来的学子即使生长在中国，也无法经由现行的教育体制，来优游涵养地从人格和心情上潜回传统。——而正因为痛感到此种弊病，也就刺激得"国学"概念在晚近的日常应用中，作为一种对于外来机械割裂的反弹，更常被用作"传统学术文化的总称"，以此来吁求富有中国特色的通识教育。

在前边的行文中，我们所遭遇的第四层历史语境是，"国学"既然作为对于本土"中学"的通识或总称，已经囊括了来自内部的所有中国知识，那么在这一知识共同体的界面之外，就必然要对峙于来自外部的知识对手——国际汉学。由此一来，它作为对于中国文化的内生学术理解，也就势必跟对于中国文明的外缘学术理解，构成当代中国学识中的对峙两极。这两种"中学"由于受制于不同的研究立场、思考习惯、问题意识和学术传统，从未达成、也不可能达成统一的意见，而"国学"由此也就既从中看到了增益自身见识的机会，又从中看到了解构自身确定性的危险。

从前边的行文中，我们所遭遇的第五层历史语境是，"国学"不光要跟西学中的某种"地区研究"（中国研究）构成对应，它在升入更广阔的世界体系后，还要跟作为学术系统的西学本身构成对应。在这个意义上，前人要提出"国学"概念就更没有什么好奇怪的了，因为世界上有多少被冲击成的民族国家，就可能产生出多少种"民族国家之学"，而中国的"国学"只不过是其中之一；而且，它和其他国家的"国学"一道，作为和"西学"具有同等地位的价值系统，所要加入的就不再是边缘性的对峙，而是在价值合理性层面上的"诸神之争"。——就此而论，"国学"也不应再被误解为"固执"一隅之见，正相反，反倒恰是在为世界本身计，更应当去为人类总体文化而护持它所蕴涵的选择多样性。

在前边的行文中，我们所遭遇的第六层历史语境是，来自各国的多元"国学"既已在当今的世界中并立，那么任何单独一国的"国学"——其中既包括中国的"国学"也包括西方的西学——就都不应一成不变，因为真理不可能仅仅存在于某种单一的学术文化之中；相反，众多的"国学"经由激烈的对话而走向文化间性，才是整个人类唯一可能向其乞助的救度之路。而在这个意义上，就又要去重估和激活"中体西用"的文化纲领，并且在参验着现代史的实际效验，把它主要落实为中国文化对于希腊遗产的主动索求。——这种文化纲领虽曾备受误解，但它历久不磨的精义却在于：一方面必须首先确立自信，在自家的文化中包含着很多智慧种子；另一方面又必须准此而张望，即使是自家文明所包蕴的慧根，也需要在与外缘文明的讨论、切磋、制衡、互补和共生之下，才能更充分地激发出来。

归纳到此处，至少在从清末到民国的这一时间段中，围绕着"国学"概念而摆出的种种正反理由，就都被沿着类乎黑格尔式的叙述方式，被历史性地排进了循序发生的一组定义中。当然，这里应当提请注意的是，既然这属于某种黑格尔式的叙述，那么其间所排定的先后次序，尽管也尽量照顾到了时间先后，却更属于逻辑上的先后。也就是说，即使是某些"共时"发出的议论，由于发言人的注视焦点或观察眼光不同，也有可能显出历时性的层次差别。此外，同样不可讳言的是，既然这属于某种黑格尔式的叙述，那么虽则也是尽量在让史料说话，以便能基于所有出现过的视角，来更加宽广地环顾这一概念，以期获得尽量全面的把握，可无论如何，这里从命题立意、叙述结构到意义阐发，都仍然不可避免地，要浸透了我本人在这方面的接续思考。

不过，就算纯之又纯的客观性，不单是我们从来做不到的，而且根本就是我们无从想象的，我仍然希望能通过上面的工作，帮助读者达成下述两点共识：其一，在阅读本文所摘引的大量语录时，大家都能不无惊异地发现，原来很多后来人自以为"匠心独运"的看法，甚至很多以惨痛代价换来的警世结论，居然在我们的前辈学人那里，早已是白纸黑字地统统说过了，——这既使我们更加感受到了前贤与后辈的相通，也使我们更为那些并非不可避免的失误而痛惜。其二，在阅读本文渐次铺开的各个思想环节时，大家也都能心怀宽容地想到，上代学者之所以会对"国学"各执一词，而且争论得不可开交，自然是因其都抓住了某一方面的道理，——唯其因为他们都各有道理，所以即使是其中的偏激之论，也同样都值得去悉心倾听，但反过来说，也唯其因为其中的很多道理，如果拿到更加广阔而复杂的宏观语境中，均未必能单独构成自洽的完备性，所以它们也都在相互的牵制中，等待着在一次决定性的思考中，共同获得理性的升华。

当然，无论我们在围绕"国学"的问题上，相对于前辈学者们能够多看到些什么，也无论在已经落定的历史中，围绕着"国学"问题曾经闪失了些什么，我们都应当公正地承认：如果就总体的历史后果而言，又恰恰是因为他们一直在思考着这些问题，才逐渐靠着前赴后继的奋斗，而逐渐为我们搭起了眼下这个更高的思考平台。在这个意义上，不光是很多历史的弯路，居然都被前贤们"不幸而言中"了，所以理当引起我们的浩叹，还更有很多前辈学者，尽管其作古的时间并不算长，而且其表达的见识亦卓然不凡，却居然连生平都已无从稽考，就更应引起我们的感慨。——是啊，当历史结构坚持去拒不倾听的时候，言说者竟然就这么容易被埋没；可反过来说，当发言者铁了心去坚持言说的时候，历史结构本身也未始可能被撬开一个小小的缝隙。

这就是我们所唯一享有的小小自由！——而且，为了纪念所有曾经坚持去论说"国学"的近代学者的这种小小的自由，请允许我把这篇同样小小的论文献给他们，无论他们的名号还能否被历史所记忆！

2011 年 2 月 3 日于三亚湾双台阁

国学如何走向开放与自由

（一）

我们都知道，孔子曾经向着"德之不修"和"学之不讲"的状况，表达出特别深切的忧虑。而如果再参照他那个年代"礼崩乐坏"的现实，我们就不难由此体会出，对于学术话语的"讲说"或"讲谈"，至少从孔子的角度来看，对于文化传统的传习与发展来说，具有相当关键的乃至不可或缺的作用。——这是因为，一旦这样的"讲说"或"讲谈"被冷落了下来，载有文化精义的经典就要被束之高阁了，而文化的内在运脉也便要渐渐式微了。

正因此，对于学术话语的这种持续"讲说"或"讲谈"，便应被视作支撑起一种文化传统的、须臾不可稍离的深层推力。更不要说，这种来自主体内倾的文化动力，对于由孔子所开出的这个文化类型而言，又具有远较其他文化更为重要的意义。这是因为，此种文化的特点恰在于"无宗教而有道德"；也就是说，它决定性地舍弃了在它看来并不可靠的、至少也是属于未知的外在神学支点，转而去向更有把握体会到的、来自主体的仁爱之心去寻求支撑。——正是在这个意义上，我才曾这样来总结此种文化模式的独特贡献："善于自我救度的、充满主动精神的人类，实则只需要一套教化伦理、提升人格的学术话语，去激发和修养社会成员的善良天性，就完全可能保证日常生活的道德判断，从而不仅维系住整个社会的纲常，而且保障人们去乐享自己的天年！"①

我们知道，到了两千多年以后，为了维持这种话语本身的生机，以保持"苟日新，日日新，又日新"的状态，现代学者冯友兰又在他的《新理学》一书中，把儒家后学对于它的"讲说"或"讲谈"活动，区分成了"照着讲"和"接着讲"两种。而沿着他的这种思路和句式，我跟着又把从"照着讲"到"接着讲"的关系，发展到了再从"接着讲"到"对着讲"的关系。——回顾起来，我当时正在北大比较所工作，也就是说，当时我正集中关注着发生在文明边界上的问题。所以，按照自己当时的心念，如果能把上述两组辩证关系再串联起来，那么，借助于这三种接续产生的、针对全部既有人类智慧种子的，既严肃又灵动的讲说态度，就有可能牵出一条足以把我们引领出"诸神之争"的红线。

正是为了克服片面囿于某一传统的"接着讲"，我们就必须把它进一步解放为"对着讲"！事实上，每天都摞向我们案头的西方学术译著，和林立于我们四壁书架上的中国古代典籍，已经非常鲜明和直观地提示着我们，如今不管谁想要"接着讲"，也至少要承袭着两种精神传统去开讲，——而且是两种经常在相互解构和解毒的传统！由此很自然地，如果我们自信还并非只是在以西方传统或中国传统为业，而是在以思想本身为自己的事业，那么两种传统之间的"对着讲"，就无疑是一种更合理

---

① 刘东：《意识重叠处，即是智慧生长处》，《思想的浮冰》，上海：上海人民出版社，2014年，第62-63页。

也更宽容的学术选择。①

　　在那以后，我虽然又调到了清华国学院，工作的重心也随之有所调整，可自己在这方面的持续关注，却没有发生过丝毫的转移或变迁。毋宁说，我倒是发现了这种种从"照着讲"到"接着讲"再到"对着讲"的、越来越丰富和细腻的讲说方式，对于如何开展国学本身的"讲说"或"讲谈"，也同样具有重要的方法论意义。——而为了能充分展开这种想法，我又需要在开头的这一节里，先来讲清在这三种"讲说"方式之间，究竟是如何渐次升华和不可分割的。

　　首先应当看到，学者们所以会一再地提出和细化这类区分，而先从"照着讲"走到了"接着讲"，又从"接着讲"走到了"对着讲"，当然是因为大家都在具体"讲说"的过程中，不断意识到列在后面的那种"讲说"方式的必要性。——比如说，即使只打算去"照着讲"，实际也不会只是在老实巴交地照本宣科，而必须充分调动起阐释者的积极性，否则就什么想象力都发挥不出来，什么新意和创见都"讲说"不出来，从而也就势必要被后人所忽略或淘汰了。正因为这样，正像伽达默尔早已向我们展示过的那样，在作为一种有机过程的"讲说"活动中，真正称得上卓有成效的"照着讲"，就只能是充满参与精神的"接着讲"，哪怕有人挑明了要严格地采用汉学（汉代之学）的方法。

　　进而言之，由于文化之间越来越密切的交流，已使得任何统绪都无法单独自闭，又使得任何想要在哪条单线内进行的"接着讲"，都会不自觉和程度不一地变成了"对着讲"。——比如，如果只看

---

① 刘东：《从"接着讲"到"对着讲"》，《道术与天下》，北京：北京大学出版社，2011年，第239页。

其表面的宣示，唐代韩愈口中的"道统"曾是何等的森严和排他，所谓"斯吾所谓道也，非向所谓老与佛之道也。尧以是传之舜，舜以是传之禹，禹以是传之汤，汤以是传之文、武、周公，文、武、周公传之孔子，孔子传之孟轲"①，可在实际的文化操作中，等到这个"道统"在后世真被继承下来，获得了被称作宋代"道学"的精神后裔，却不仅没对佛老进行"人其人，火其书，庐其居"，②反而被后者打上了不可磨灭的烙印。

难道不是这样吗？如果没有印度文化的传入与接受，其立论重心原在仁爱之心的儒家，顶多也只会以康德式的"主观的合目的性"，去虚拟地提出《易传》中的天地解释，以充当自家学说内核的、拉卡托斯意义上的"保护性假说"。而宋明理学的那些基本命题和图式，什么"格物／致知"，什么"主敬／主静"，什么"天理／人欲"，什么"道心／人心"，什么"天地之性／气质之性"，就不会照后来的样子被诱发出来。——尽管话说回来，又必须是沿着儒家学术的基本理路，和不失这种人生解决方案的基本特色，这类的诱发才会显出积极的效果；正因为这样，在先秦时代曾经看似平分秋色的"儒分为八"，也就没有办法获得同样的思想史地位。

既然说到了这里，就不妨再跟着补充说明一句，人们以往在这方面，似乎未能以同等的注意力看到，理学家之所以能顺利汲取当时的"西学"（西域之学），则又是因为早在他们的时代之前，中原文化便已针对着外来的佛学话语，而长期采取了"对着讲"的文化策略，从而既逐渐化解了其外在性，又悄悄把它转化为可以优势互补的思想材料。而这也就意味着，不光是在理学家那里，实则早从

---

①韩愈：《原道》，《韩愈文集汇校笺注》第 1 册，北京：中华书局，2010 年，第 4 页。
②同上。

佛学刚刚传入开始，这种"对着讲"的过程就起始了。——这也就从另一个重要的角度，益发证明了我所提出的"对着讲"的普遍化和有效性。

更不要说，尽管在一方面，正如我以前已经指出过的，"冯先生当年想把'接着讲'跟'照着讲'划分开来，其本意无非是赋予后者以学术合法性，以便名正言顺地对经典进行创造性的发挥。——这样一来，如果他在'贞元六书'中想要代圣人立言，就只需照顾这些言论是否贴合儒学的内在走向，而不必计较是否确有先贤的语录可供征引"①，可在另一方面，这位自觉要来做个"宋学家"的现代学者，实则又在宋明理学的基础上，进一步揉进了西方哲学的要素，于是在这个意义上，他当年借以自况的这种"接着讲"，也就属于一种照顾面更广的"对着讲"了，也即又不光是在中印文化之间来"讲说"，还更是接续着中、西、印三种文化的统绪，来进行水乳交融的、你中有我的"讲说"。

出于同样的道理，现代中国著名的"新儒学三圣"，也即性格既鲜明、贡献亦突出的熊十力、梁漱溟和马一浮，这些学者从一个方面来说，当然也都是"接着"宋明理学来讲的，而且或许正因为此，他们才如此不约而同地，全都突显了自己的佛学渊源，而这自然就已经属于"对着讲"了；可从另一方面来说，他们所共同发出的学术话语，还又在同时回应着西学的强烈冲击，而或隐或现地回应着外部世界的挑战，——甚至，即使是在那些看似未涉西学的命题中，如果细绎其立意的初衷亦莫不如此，而这就更要属于自觉的"对着讲"了。

---

① 刘东：《从"接着讲"到"对着讲"》，《道术与天下》，北京：北京大学出版社，2011年，第238页。

（二）

接下来要说的是，上一节文字中的这一番考察，又鉴于晚近以来急转直下的思想情势，而显出了更加要紧的方法论意义。

说实在的，如果我们的国学还像以往那样，既受到了普遍的忽视，又受到了普遍的蔑视，那么，尽管其中的问题仍很要命，却至少不会照现在的这个样子表现出来。然而，晚近以来的戏剧化变化却是，随着综合国力的戏剧性增长，我们的传统文化，特别是作为其内核的学术文化，也在对于"礼崩乐坏"的再次惊呼中，并且在作为一种西学的后殖民主义的强力助阵下，突然表现出了全面的复振之势。——而由此一来，作为沉重历史的某种惯性表现形式，长期受到文化激进主义熏陶的人们，就难免要生出嘀嘀咕咕的狐疑，误以为这只是在简单地走回到过去，和径直地恢复已被抛弃的传统，包括其中所有曾被认作"悖理"的东西。

要是果然这样的话，那么即使我本人也必须坦率地承认，别看它在表面上又被普遍追捧着，可国学却不啻陷进了另一种危机中；而且这种危机，也并不比国学当年被毁弃时更轻，因为这会使它的研究者太过飘飘然，再也意识不到一味抱残守缺的坏处，想不到再到交互文化的思想场域中去澡雪自己。——不过，也还有一种可能是，这类危机更多地只是出自"国学热"的批评者本身，因为只要是对照一下前文中的论述，大家也就不难发现，这些人的方法论仍嫌太过陈旧，以致还是把对于学术话语的当代"讲说"，只是狭隘地理解为"照着讲"，充其量也只是在"接着讲"。

不待言，正像我以往明确指出过的，休说只打算去"照着讲"了，就算只打算去"接着讲"，这样的文化诠释活动都显得狭隘，从而，它最终也只能把我们引领到"诸神之争"甚至"文明冲突"的沼泽地中：

以往那种仅限于某一脉络内部的"接着讲",在显出相当的开放和灵活的同时,毕竟也还有其狭隘和独断的一面,——因为无论打算接续着何种精神传统来开讲,这样的主讲人都已先入为主地设定了,所有的真理都已穷尽于此一传统的基本取向,而后人与时俱进的诠释工作,哪怕再充满灵感和再富于创意,也不过是把真理从以往的隐性推演到应时的显性罢了。受这类前定预设的无形制约,即使外来文化构成了某种刺激,也只能刺激得固有的文化更加强劲和周到。所以骨子里,在对于文明价值的此种本质主义的理解中,各文明的原教旨根本是老死不相往来的。而由此展现出来的世界图景,也就好比是存在着许多生存竞争的文化物种,它们尽管从未拒绝过相互撕咬和吞食,但这种彼此消化却很难有助于共同的进化,而只能表现为一场撕咬——猫若咬了狗一口就长出一块猫肉,狗若咬了猫一口就长出一块狗肉,直到文化食物链的哪一环被戛然咬断为止。[1]

然而,无论是当真想要这么做的人,还是亟欲批评这种做法的人,显然都没有能与时俱进地意识到,对于任何文化传统的言说环境,都已发生了根本不可逆转的变化,而且这种变化的最大特点,就是在这样一个全球化的时代,任何学术性的话语言说,都只能发生在交互文化的大环境下。——缘此,正如我以往在论述梁启超时所指出的,他在《欧游心影录》中对于祖国文化的回望,其实并不像汉学家列文森所说的那样,只是反映了一种眷恋故土的顽固怀旧情感;恰恰相反,他当时实则已经明确地意识到了,从更为广远的

---

①刘东:《从"接着讲"到"对着讲"》,《道术与天下》,北京:北京大学出版社,2011年,第239页。

世界性的"大空间"来看，从各方水土中接引出来的各种殊别文化，都注定会使人类意识中的那个叠合部分受益。也正因此，梁启超才会在他这本意识大大超前的著作中，对于自己未来的运思进行了这样的筹划：

> 第一步，要人人存一个尊重爱护本国文化的诚意；第二步，要用那西洋人研究学问的方法去研究他，得他的真相；第三步，把自己的文化综合起来，还拿别人的补助他，叫他起一种化合作用，成一个新文化系统；第四步，把这新系统往外扩充，叫人类全体都得着他好处。[①]

更加"巧合"的是，基于前文中给出的方法反思，尽管我在北大比较所时并没有关照到，然而照现在看来，实则在梁启超所筹划的这些运思步骤中，便已然不仅包涵了"照着讲"和"接着讲"，还包涵了"对着讲"。由此可谓心同此理的是，原来在我目前任教的这个清华国学院，从来就有人在心怀远大地憧憬着，靠着这三种循序渐进的"讲说"或"讲谈"，或者说，循着自家文化本根的逐步扩张与生长，文明历史的过往进程不仅不会被戛然中断，而且其中各种智慧种子反倒会在交互的合力下，不断地发生碰撞、嫁接、交融和共生，并最终发扬光大为足以为人类共享的精神财富。

无论如何，惟其有了这种延续中的上升，从地球各个角落中生长出来的智慧种子，才有可能同时去向某一个中心集聚，并最终在我们的哪一代后人的宽大头脑中，被决定性地熔铸为真正足以被普

---

① 梁启超：《欧游心影录·节录》，《饮冰室合集·专集之二十三》，北京：中华书局，1989年，第37—38页。

世接受的"普适"精神。——不管这种辉煌的未来远景,只照眼下来看是怎样的模糊虚渺,然而也只有等到了那一天,才能最终化解掉"文明冲突"的内在根源,从而最终消除掉正要毁灭整个人类的心魔;而马克斯·韦伯所深刻刻画的、令人绝望的"诸神之争",也才能真正转化为整个世界的"诸神之合"。

这当然是谁都愿意接受的前景。——不过,正是为了逐渐地走向这种前景,我在这里却要平衡地再度提醒:一方面理所当然的是,对于任何严肃的思想者来说,无论他最初出生于哪个具体的时空,他由此所属的那个特定思想场域,尽管会向他提供出阿基里斯般的力量,却不应构成他不可克服和摆脱的宿命;恰恰相反,他倒是正要借助于从"照着讲"到"接着讲"再到"对着讲"的学术言说,借助于不断拾级而上的、足以"一览众山小"的文化间性,而不断地攀越着文明的高度,和走向思想的合题。

然而,另一方面也需更加注意的是,即使是在这种交互文化的场域中,或者说,恰恰是为了稳健踏实地踏进这种场域,我们又必须不偏不倚地看到,一种入土很深和基础强固的、足以作为充沛泉源的文化本根,对于任何一位具体的历史主体而言,都仍然具有非常关键的、不可或缺的意义。

而这也就反过来意味着,即使是生在这个日益全球化的时代,那种误以为自己可以不凭任何文化本根,便能游走和投机于各个文化场域之间的"国际人",尽管可以自诩为"最超然"或"最先进"的,并且还往往会据此而轻视本国的国学,可在实际上,都不过是最没有力道和最缺乏理据的。——这样的人,除了要频频地返回本国来拾人牙慧之外,也就只能再到国外去进行有意无意的逢迎,以经过刻意掐头去尾的本土案例,去逢迎地验证那些由别人所创造的、似乎"必由一款会适合你"的"先进"理论。而由此一来,即使原本是在别家土壤中生长出来的智慧资源，一旦到了这些国际学术掮客口中，也就只能被变成唇齿之间的无根游谈了。

这些人彻底忘记了，那些被他们舞来弄去的"最先进"的理论，其本身也有一个生存和生长的特定语境，从而也必须如剑桥学派的"历史语境主义"所示，要自然而然地从本土的文化土壤中产生出来。——正是在这样的意义上，一种可以不属于任何具体文化的理论，从根本上来说就是并不存在的，正如一个可以不属于任何特定社群的个人，从根本上来说也是不存在的。

这些人也彻底忘记了，任何一位具体的历史主体，只有基于他本身的文化语言，也只有基于他自己亲切的生活经验，才有可能对一个无所不包的文化语境，获得真正周全、鲜活而微妙的把握，而一旦丧失了这种全面的、涵泳其间的把握，那么，要是单靠对于某种外文材料的生吞活剥，他本人对于某种外缘文化的理解，也就只能是干巴巴的和教条式的。——正是在这样的意义上，我们就绝不可忽视埃德蒙·柏克特别强调的那种"根植于一地"的人类情感，相反倒把它视作由此而去拓宽心胸的、必不可少的精神出发点。

这些人更是彻底忘记了，如果他们可以用如此轻慢的态度，来对待自己故国历史中的古人，那么，他们自己的后人也就有了同样的理由，来以同样的态度对待曾经活在当下的自己，从而使得自己也同样变得什么都不是，并且终究把人类的历史糟蹋成一系列不相连的断点，变成永远在向外发散、而决不会集聚起来的一片空虚。——回顾起来，也正是在这样的意义上，以赛亚·伯林才令人印象深刻地讲述过：那位自以为已经充分"国际化"的、不再以犹太人自居的奥托·卡恩，曾经朝着纽约街头上的犹太教堂悔不当初地说："我以前也曾在那里做过礼拜"；而既身为犹太人、又身为残疾人的著名发明家施泰因梅茨，则语气坚定地、毫无愧色地向他回敬："而我以前却是个驼背！"

　　还是在这样的意义上，我才在解说儒家有关"格物、致知、正心、诚意、修身、齐家、治国、平天下"的"八条目"时，指出了文化本根与人格成长之间的正比关系——"它不光是首尾相顾地指示了修身的目标，还又通过把人格境界的高度与个人认同的广度依次相连，而脚踏实地地规定了人格成长的确定意涵，以及推动这种成长的来自主体之间的道义力量。如果说，近代那种把全体同胞都视作黑暗势力的个人主义或唯我主义理念，其本身就是一种执迷的幻觉，那么，儒学所传播的却是另一种暗示：在这里，心理空间和社会空间、内部世界和外部世界、为己之学和利他主义均已合而为一；从而，越是敞开心胸去拥抱更加广阔的天地，越是跟此身所属的社群息息相通，自我的主体性反而会越发强韧，个体的生命境界也就会呈显出一种同步的增长。"[①]

　　说到这里，也就有必要再来回味一下。——前面在"照着讲"、"接着讲"和"对着讲"之间所做出的那些区分，毕竟都只是相对而言的，也就是说，它们毕竟都属于对于学术话语的同一个"讲说"过程，而且也只是在这类"讲说"的自我递进中，才逐渐从其内部分化和升华出来。正因为这样，如果前文中更多的是从解释学的角度，来阐明这种学术言说的"发散"一面，那么到了本节的结尾之处，则需要再从古典学的基本预设，来强调这种学术言说的"聚敛"一面。无论如何，惟其有了这种基于经典文本的、不可随心所欲的向心力，后人对于学术话语的"讲说"，才不会成为随风飘走的、断了线的风筝，而文化的统绪才有可能成为有机发展的线索。在这个意义上，

_____

①刘东：《个人认同与人格境界》，《道术与天下》，北京：北京大学出版社，2011年，第184页。

正如我以前就已指出的那样，这三种层层递进、不断开敞的"讲说"态度，又表现为从来都不能彼此分离的："正像'接着讲'的态度从未把'照着讲'简单撤弃一样，'对着讲'的态度也不会把'接着讲'简单撤弃，因为连'照着讲'都不会的人当然就谈不上'接着讲'，而连'接着讲'都不会的人也同样谈不上'对着讲'。"① 既然如此，我们也就只有在一种小心翼翼的平衡中，才能确保既不会固步自封，也不致丧失自我。

（三）

我们沿着上述理路又不难推知，这条从"照着讲"到"接着讲"再到"对着讲"的阐释线索，决不会仅限于对于中国文化传统的"讲说"或"讲谈"。从理论上讲，它肯定是具有着更加广泛而普遍的适用范围。——正因为这样，当我把以赛亚·伯林的思想过程，描述为下面这种开拓与延展时，我事实上也同样是在指，他是沿着从"照着讲"到"接着讲"再到"对着讲"的言说过程，而循序渐进地发展到了后来的立场：

> 跟那些把自由主义说成"规则之母"的意见相反，我个人反而倾向于认为，伯林思想进路的主要里程碑，反倒应当沿着这样的理路：跨文化→人类学→不可通约的多样性→选择的优先性→自由主义的宽容原则。说得更明确些，我个人反而倾向

---

① 刘东：《从"接着讲"到"对着讲"》，《道术与天下》，北京：北京大学出版社，2011 年，第 238—239 页。

于认为，如果就其潜在的心理关联而言，所谓自由主义或政治自由主义——即使是部分的或不系统的自由主义——其实并不是伯林思想的起始之处，反而只是其意识的最终落脚之点。①

我当然知道，按照时下某种过于自信的观念，一旦说到了伯林的这个"最终落脚之点"，那么，正因为他曾经写过那本著名的《自由论》，也就差不多就等于是在走向"普世性"了。可我自己却不这么认为，因为在我看来，与其用哪个既成的现代政治哲学概念，无论它是否符合一时的潮流或时尚，来判定某种观念是否具有"普世性"，从而免不了要暗中裹挟了文化的偏见，还不如另创一套更加中性的术语，以此来涵盖交互文化的实际过程，以便更为客观地来审视各个文明的价值理念，是否都可以通过这样的交流性言说，从而在一种水涨船高的铺垫中，逐渐走向真能被公共认同的"普世性"。

出于这种考虑，我在这里要再尝试提出的术语，就是一组可以称作"大空间"和"小空间"的概念。——而这也就意味着，在一方面，鉴于露丝·本尼迪克特和米利福德·格尔兹所提出的文化相对性，我们至少应当在进行文化对比时，慎用类似"普世性"这样的概念；可在另一方面，这种"退一步"而言的文化相对性，又不应当把我们拖入难以自拔的相对主义，因为我们总还可以在相对而言的意义上，借助于像"大空间"和"小空间"这样的概念，来历史性地描述不同的文化因其内在的特性，而在传播方面所展示出的优势或劣势，乃至在传播范围上所实际达到的广远或偏狭、普遍或逼仄。

早在二十年前，我就曾在退而认同"文化相对主义"的同时，

---

① 刘东：《伯林：跨文化的狐狸》，载刘东、徐向东主编：《伯林与当代中国：自由与多元之间》，南京：译林出版社，2014年，第150页。

又在上述的意义上，进而指出了这种立场的巨大缺陷，——而从现在的角度来回顾，我当时又要转而予以捍卫的，也正是同样属于自己的文化"大空间"：

> 扪心自省：尽管百余年来的中国现代史中的确充满了冲突与对抗——甚至可以说恰恰是由于有了这些冲突与对抗——我们中间究竟又有哪一位的人格不是被杂揉难分的多元文化因素滋养起来的？正因为这样，如果有人想要剥夺我们阅读康德、莎士比亚、威尔第和米开朗基罗的权利，那已经会跟想要抢走我们的苏东坡、王阳明、王羲之和吴道子一样令人痛惜；而再进一步说，如果有谁想要把我们对外来文化的醉心贬斥为"文化侵略"下的"亡国奴"心态，正好象有人曾经疑心柴可夫斯基、德沃夏克和格里格全都是莫扎特和贝多芬手下的"第五纵队"一样（我确曾读到过这种可笑的论调），那我们真可以把他看作是不折不扣的"迫害狂"患者了！[①]

那么，既然从这些人笔下流出的音乐已经传遍了全球，而且已经被形容为最"没有国界"的，为什么还不能把广受钟爱的莫扎特和贝多芬，索性就称为具有"普世性"的作曲家呢？——事实上，正是在这类以往特别容易滑过的地方，才显出了我这种"大空间"和"小空间"的理论，具有它特别谨慎和弹性的优点，因为惟其如此，我们才不致在所谓"普世"-"殊别"的简单二分法下，要么就把某种文化因子率然判定为彻底"普世性"的，要么就把某种文化因子粗暴判定为单纯"地方性"的。

---

① 刘东：《文化观的钟摆》，《近思与远虑》，杭州：浙江大学出版社，2014年，第20页。

比如，有了由此所带来的一分谨慎和弹性，即使对这两位如今已经广被接受的西方音乐家，也不必过于急躁地将他们全然归入"普世性"的范畴，而可以再对他们作品的内容进行小心的细分，看看其中究竟哪些有资格进入公共的"大空间"，而哪些则只属于他们自己的独特"小空间"。——这样一来，就算我们内心中再喜欢莫扎特，或者再钟爱贝多芬，也仍然足以清醒而警觉地意识到，这种对于音乐的爱好实则是先行经过了自家诠释的，并且只有这样才能在内容的"过滤"之后，而被顺利地接纳到公共性的"大空间"中。也正因为这样，我们至少也就不必再跟从着他们的音乐，并且沿着其歌词的内容去无穷下探，一直下探到他们各自的"小空间"去。

比如，就以本人生平最爱的贝多芬为例，我们一方面当然应当意识到，即使以往只被抽象理解的《第九交响乐》，仍有暗中的文化之根和宗教之根，而不能对它用人声所推向的乐曲高潮，只认定是利用了某种"高级的乐器"。但我们另一方面也应注意到，尽管这两者几乎就是前后脚完成的，而且《贝九》还肯定是挪用了《庄严弥撒》中的人声要素，但由于其宗教意味的浓淡不同，毕竟只有前者才是属于"大空间"的，而后者则只能是属于"小空间"的。——换句话说，在非西方的或非基督教的世界中，人们也许可以接受贝多芬的《第九交响乐》，却未必就可以领教他的《庄严弥撒》，因为至少在前者那里，特定宗教的意涵并不是以一种劝世口吻而道出的，而是以一种稀释的和人间的形式而表现的；甚至，人们即使在接受《贝九》的时候，也未必就是全盘接受了它的"文化之根"，而只是接受了它能跟自己的文化意识相互重叠的那个部分。

正是在这样的意义上，我最近才在一篇讨论西学的文章中指出："在交互文化的全球化进程中，必须要分清哪些东西属于'文化之根'，和哪些东西属于'文化之果'，从而知道哪些东西只能属于'小空间'，而哪些东西则可以属于'大空间'。也就是说，由于任何特定的具体文明，都在它的特定起源之处，有其独特而隐秘的、人类学意义上的根源，所以，在这个全球化的时代，真正能够提供给跨文化交流的，便只是从那些根底处长出来的、作为'文化之果'的东西。反之，对于那些隐秘而独特的'文化之根'，凡是居于特定文明之外的人们，充其量也只能去同情地了解，力争能够既'知其然'，也'知其所以然'，而绝不能亦步亦趋地再去学习。"①

应当说明，这种方法并不是在针对哪种特定文化的，而毋宁说，它的原则乃是"四海皆准"的或"普世性"的。正如我在前述那篇文章中所指出的，有了"大空间"对于"小空间"内容的"过滤"，即使已经清楚地认识到了，在印度佛教哲理的背后，也还有作为隐秘身体态度的瑜伽修行，或者在希腊悲剧文化的背后，也还有作为民间孑遗形式的献祭节礼，正如在中国岐黄医道的背后，也还有作为身体想象的吐纳导引之术，我们在当下这种全球化的"大空间"中，也只能理性地收纳佛教哲理、悲剧文化，和岐黄医道，让它们到未来的世界性文化中，去构成具有普适意义的文化因子。——而如果缺乏这种方法上的这种谨慎，一旦认识到了曾经发生在某个特定"小空间"中的、曾经展现于某个特定历史阶段中的因果关系，就急于要沿着这种关系溯源回去，甚至恨不得让自己从文化上"脱胎换骨"，那么，这样一种过了时的、不无可笑之处的"返祖"心理，就仅仅意味着在步步地误入歧途了。

惟其如此，我们才能基于"大空间"和"小空间"的区分，再进一步去厘清什么只是"文化之根"，和什么才是"文化之果"。这

---

①刘东：《总体攻读与对话意识》，《自由与传统》，北京：北京大学出版社，2015年，第185—186页。

也就意味着，对于居于某个独特"小空间"之外的人们来说，那些具体的"文化之根"当然也是重要的，正如中国本土的"国学"对于我们自己一样；然而，它们这种独特的重要性，却毋宁表现在各自的"小空间"中，而不在这个同属于全人类的"大空间"中。——正是这一个个既不可置换、又不可替代的"小空间"，在一个方面，需要在自身共同体的"必要的张力"中，维持住自己固有的生活世界，和看护好既有文明的路径依赖；而在另一个方面，也要为彼此共享的、多元一体的"大空间"，提供出源源不断的、借以持续对话的精神动力；更不用说，在它们之间所发生的摩擦、冲撞和协商，还要为世界文化的进一步发展，提供出作为互动与互渗之结果的未来方向。

然则，沿着这样的逻辑又不难想到，真正需要我们去完成的文化使命，就显然不是钻进别人的"小空间"去，而是要守护住自己的"小空间"，和照看好自己的"文化之根"，再把它由此生长出的"文化之果"，顺利地带到全球化时代的"大空间"去，使之构成世界性文化的普适因子之一。换句话说，我们当然不是不需要去同情地了解，居于世界其他"小空间"的人们，究竟是沿着什么线索思考到了这里，但我们却决不可以拘泥于还原主义的死板逻辑，并且沿着历史决定论的不可靠线索，打算回到别人未曾祛除巫魅的那个"原教旨"去；否则，一旦把倒车开到了别人的"小空间"里，那也就等于是掉进了思想的陷阱里，——那里对我们乃是深不见底和漆黑一团的，是属于神秘主义和特殊主义的，是对于各大文明都无法通分的。

回顾起来，这实则也正是为什么，我在那篇论述伯林的文章中，一方面要力主"文化之根"对他本人的重要性，另一方面又要劝止他的读者们，只去满足于他在思想上提供的"文化之果"——"既然这只'跨文化的狐狸'想要平衡地立足于各种观念的叠合之处，那么，他自然就要提防任何'不厌其深'的追问，因为任何这类刨根究底的、不见棺材不掉泪的追问，都自然要乞助于某种罗尔斯意义上的'完备性学说'，从而触及隐藏其后的这个或那个文明的幽深之根。正因为这样，渴望生活在各个文明的哪怕是空泛公分母之上的伯林，也就宁肯漂浮在一个虽表浅却平静的外层上，也不愿陷入那个充满岩浆的黑暗地心了。"[1]

（四）

有意思的是，借助于"照着讲"、"接着讲"和"对着讲"，"大空间"和"小空间"，"文化之根"和"文化之果"这一系列彼此关联、渐次生发出来的概念，以及由它们所共同构成的、既开放和进取又谨慎而弹性的理论立场，我们在文明进程中对于学术话语的"讲说"，已经表现为不仅是启发性的、而且是协商性的，不仅是批判性的、而且是自反性的。

这中间的"启发性"意味着，一方面，当我们把对于学术话语的持续言说，通过"对着讲"而拓展到国际的"大空间"之后，它当然会大大开拓我们的心胸与视野，从而以一种崭新的阐释语境与角度，激发出解说经典文本的新型灵感。于是，也正是在诸如此类的"对着讲"中，传统的中国文化虽未曾失去固有的风神，但它却会在一种世界性的眼光下，被不断地进行发掘、评估和重组。——也正因为这样，某些以往被压抑或忽视的潜在线索，如今就有可能在"对着讲"的语境下，被重新赋予了思想的力量和生机，从而，

---

[1]刘东：《伯林：跨文化的狐狸》，载刘东、徐向东主编：《伯林与当代中国：自由与多元之间》，南京：译林出版社，2014年，第157页。

某些曾经被判为先哲"短板"的外缘观念，如今也有可能在"对着讲"的激发下，而以"正中下怀"或"早该如此"的惊喜口气，被从自身的精神历程中接引出来。

　　为什么偏偏是坚守儒生气节的陈寅恪，反会奋笔写下堪称"清华校魂"的名言："来世不可知也，先生之著述，或有时而不彰。先生之学说，或有时而可商。惟此独立之精神，自由之思想，历千万祀，与天壤而同久，共三光而永光"？又为什么偏偏是被称为"一代儒宗"的马一浮，反而会在反驳章学诚的考据时，沿着儒家的思路发挥出这样的思想："今人言思想自由，犹为合理。秦法'以古非今者族'，乃是极端遏制自由思想，极为无道，亦是至愚。经济可以统制，思想云何由汝统制？曾谓三王之治世而有统制思想之事邪？惟《庄子·天下篇》则云：'古之道术有在于是者，（某某）〔墨翟、禽滑厘〕闻其风而说之。'乃是思想自由自然之果"？[①]

其实，也正是沿着这样的思想逻辑，人们当年才可能又从梁启超的笔下，读到类似下面这样的激辩文字："夫天地大矣，学界广矣，谁亦能限公等之所至，而公等果行为者？无他，暖暖姝姝，守一先生之言，其有稍在此范围外者，非惟不敢言之，抑亦不敢思之，此二千年来保教党所成就之结果也。曾是孔子而乃如是乎？孔子作《春秋》，进退三代，是正百王，乃至非常异义可怪之论，阐溢于编中。孔子之所以为孔子，正以其思想之自由也。而自命为孔子徒者，乃

<hr>

①刘东：《再造传统：带着警觉加入全球》，上海：上海人民出版社，2014年，第209–210页。

反其精神而用之，此岂孔子之罪也？呜呼，居今日诸学日新、思潮横溢之时代，而犹以保教为尊孔子，斯亦不可以已乎！"①

但另一方面，这种文化言说的"协商性"又意味着，即使已经坚定地步入了国际的语境，我们的学术言说也仍能保持它的谨慎，并且就在持续"对着讲"的研讨氛围中，即使对于已然涌入了"大空间"的文化观念，也仍能保持着自己的独立思考，乃至保持着要求重申和剔除的权力。无论如何，既然迄今为止的全球化进程，仍在很大程度表现为"西方化"的进程，那么，对于这种"单极化"的不无偏颇的全球化，我们就有权利去进行反思、改造和重塑。——事实上，也是惟其如此，这种在"大空间"中对于叠合意识的寻求，才能够具有足够的弹性和活力，才容纳下所有人类部落的持续对话，也才能向今后的历史保持敞开。

摆在我们面前的"全球化"，毋宁是一种相反相成的运动。——在无可回避的外来文化冲击下，我们只能是虽然并非全然被动地，却又是心怀警觉地，既是要去加入、又是要去抵抗，既在从本土中抽离、又在朝向它再嵌入，既是在领受其裨益、又是在疏离其损害，既接受了它的标准化、又启动了传统的再发明，既去拥抱着普世化、又去向往着在地化，既在进行着向心运动、又在发展着离心趋势，既去享受均质化的好处、又去欣赏个性化的特色，既看到了历史的断裂、又努力要让文明延续，既在跨越有限的国界、又要回归文化的本根……宽广而全面地看，正是这种带有杂音的双向发展，才较为理想和包容地，

---

① 梁启超：《保教非所以尊孔论》，载《饮冰室合集·文集之九》，北京：中华书局，1989年，第55—56页。

构成了所谓"全球化"的全部特征。[1]

回顾起来，也正是因为这样，至少在我本人的解释中，以赛亚·伯林才既不是专主"自由"观念，也不是专主"多元"观念，而毋宁是把自己的立足重心，安顿在"自由与多元"之间的张力上。而且进一步说，在渊博而灵动的思想家伯林那里，作为一只"跨文化的狐狸"，他是既在向"多元"去寻求"自由"的文化支撑，也转而在以"自由"去划定"多元"的底线。——这样一来，居于思想两极之间的弹性张力，便使得彼此都能给对方带来自身规定性，也使得彼此都要接受对方的规定性，从而才能在不断的消长、辩难和协商中，逐渐地走向一种保持紧张度的融合。

看来，我们国学的前途也正是如此，而且，我们也没有理由不让它如此。我从来都不像我老师那样，哪怕是用半开玩笑的口气，去自叹一句"百无一用是书生"。相反在我看来，正是在我们这一代学者身上，担负着如何"讲说"国学的重大使命。严重的双重危机表现在，我们当然也有可能，只还打算去"照着讲"和"接着讲"，从而也就继续把它局限在这个"小空间"中，从而使它自然而然地萎缩下去，越来越失去它在"轴心时代"的巨大权重；但另一方面，究竟怎样在"对着讲"的持续进程中，既把它顺利地接引到国际的"大空间"中，又能同时发挥出它的"批判性"和"自反性"，从而既不让它显得消极、又不让它显得固陋，既不让它格格不入，又不让它化为乌有，那同样不是轻而易举之事。

与此相应的是，在自己那篇反思"通识"概念的文章中，我曾对未来"大空间"中的应有通识，给出过基于这种"对着讲"的规定性：

---

①刘东：《再造传统：带着警觉加入全球》，上海：上海人民出版社，2014年，第204页。

"长远来看，作为全球共同努力的目标，则需要在持续的文明对话中，经由艰苦而平等的商量与研讨，共同制订出多元一体的、全球化时代的人类通识，那通识必须建立在各民族的国学（包括西学）之上，而保证它们既相互重叠、又各有侧重，——而且，那相互重叠的核心部分，必须具有足够的确定性，以确保人类的和平共处；那各有侧重的部分，又必须具有足够的浓度，以确保每一种宝贵文化的原生态与生命力。"①

正是在这种具有"自反性"的"对着讲"中，我们在把自己的国学带入那个"大空间"的同时，也应当头脑清醒地意识到，自己身后的传统无论多么厚重和伟大，都绝不是什么僵硬的、刀枪不入的死物；恰恰相反，它会在我们同世界进行持续对话的同时，不断借助于这种对话的"反作用力"，而同整个国际文化展开良性的互动，从而不断地谋求自身的递进，也日益地走向开放与自由。如果宏观地展望，实际上全世界各个民族的"国学"，都在百川归海地加入这场"重铸金身"的运动，而我们的传统当然也不能自外于它。——从深层的学理而言，也只有在这样的意义上，这次从民间自然兴起的、正待被充满热情与远见地因势利导的"国学热"，才不致沦为一次毫无前途的、简单孤陋的当代复古，或者对于被毁传统的一种单纯情绪性的追悔懊恼；恰恰相反，正如一棵枯木逢春的大树一样，当我们的文明之树把根须扎向身下土地时，它反而是为了让居于最顶端的树梢，更加挺拔地指向和冲向蔚蓝的天空。

2015 年 1 月 31 日于三亚湾·双台阁

---

① 刘东：《诸神与通识》，《道术与天下》，北京：北京大学出版社，2011 年，第 508 页。

世俗儒家与精英儒家

"儒家"这个称谓，究竟是指一种学理体系，还是指一个文明结构，抑或两者都可以包括，这仍是一个有待认清的问题。在中华文明尚能自成一体的年代，或曰在全球化的冲击到来之前，依据"诸子百家"的内部参照系，"儒家"当然属于学理体系的一种。但是，一旦来到了跨文化的视野中，我们的文明就根据它的价值内核，也被冠上了"儒家"的称谓，从而成为跟"佛教文明"、"基督教文明"并称的一大文明了。

李泽厚老师在其创造的盛期，曾经发表过一篇《孔子再评价》，[①]此文在一个侧面上、或在某种程度上，应当算是接触到了这个问题。他在那里既把孔子的思想描述为"个人人格"和"人道主义"，也把它描述为"血缘基础"和"心理原则"，由此，这位先秦思想家及其身后的影响，大体就属于这四种因素的混成了。尽管引导的方向并不确定，但这些想法当年对我们是有所启发的。

不过，李老师的这篇文章却未能澄清，在那些纷然杂陈的要素之间，到底存在着怎样的内部关联，——比如属于特殊主义的"血缘基础"，究竟怎么和独立自主的"个人人格"相统一，又怎么去同属于普遍主义的"人道主义"相联系？正因为这种解释上的疏漏或

---

①参见李泽厚：《中国古代思想史论》，北京：生活·读书·新知三联书店，2008年。

断裂，他的这种"兼收并蓄"倒又让人觉得，儒家的思想显得过于庞杂与矛盾，似乎就连孔子当年也没能打通过。

进一步说，就本文的主要关切角度而言，李老师的这篇文章同样未能澄清，在那些纷然杂陈的构成要素中，到底有哪些是属于"世俗儒家"的，又有哪些是属于"精英儒家"的。当然，如果就我们阅读的印象而言，尽管也不能判然地划分开，但是李老师所讲的"血缘基础"，大概更贴近于"世俗儒家"；而他所讲的"个人人格"或"人道主义"，则大概更贴近于"精英儒家"；此外，他所讲的"心理原则"以及由此养成的心理结构，大概就共属于整个的文明。

以往对于孔子之后的学派分化，主要是根据韩非子的说法，把孔子的后学分作了八个门派，即所谓"自孔子之死也，有子张之儒，有子思之儒，有颜氏之儒，有孟氏之儒，有漆雕氏之儒，有仲良氏之儒，有孙氏之儒，有乐正氏之儒。"[1]如果基于这样的划分，那么，按照要么"学理"、要么"文明"的标准，则偏于强调"心性"的孟子，就更是在探讨一种学理，而偏于强调"王制"的荀子，就更是在支撑一个文明。——我们由此也就可以理解，为什么当儒家文明被西潮所解构之后，在同时舶来的"哲学史"的话语中，更容易留有一席之地的，自然也就会是思孟学派了。

不过，我们也很容易再联想到，既然上述各家都共属于儒家，那么它们在相互拉开距离的同时，又必然有其内在整合的一面。——这中间，既包括上述"子思之儒"与"孙氏之儒"的整合，或曰"内圣之学"与"外王之学"的整合，也包括儒家在其中心与边缘乃至上层与下层之间的整合。不管怎么说，当儒学从一种观念或学理，

---

① 《韩非子·显学》。《韩非子集解》，(清) 王先慎撰，钟哲点校，北京：中华书局，2016 年，第 490 页。

逐渐扩展成为一个有影响的学派，乃至于一个占主导的思想流派，而终至于整个文明的内核与骨架时，就必然发育出复杂的内部架构。

正因为这样，我们才会看到，主要在操心着文明架构的荀子，会依据他本人的道德理想，在一个儒家社会的内部，视人们各自修为的不同，而设想出了相应的社会分工，——用他的话来说正是，"志不免于曲私，而冀人之以己为公也；行不免于污漫，而冀人之以己为修也；甚愚陋沟瞀，而冀人之以己为知也：是众人也。志忍私，然后能公；行忍情性，然后能修；知而好问，然后能才：公、修而才，可谓小儒矣。志安公，行安修，知通统类：如是则可谓大儒矣。大儒者，天子三公也；小儒者，诸侯、大夫、士也；众人者，工、农、商贾也。礼者，人主之所以为群臣寸、尺、寻、丈检式也。"①荀子还在同一篇文章中提到过"俗人"、"俗儒"和"雅儒"的区别，略等于前述"众人"、"小儒"和"大儒"的划分。当然从感情上来说，荀子是不会倾向于"小儒"的，而且他写作这篇《儒效篇》的主旨，也还是在像主张"哲学王"的柏拉图那样，去想象、美誉和推举"大儒"。

不过，仍需特别留意的是，这样的"小儒"在荀子那里，却无论是怎样的"小"，怎样的尚嫌不够"理想"，也还终究还是要属于"儒"的范畴。而我们由此又可联想到，孔子当年在教诲子夏的时候，也早就说出过类似的话——"汝为君子儒，无为小人儒"②。这段话当然大家都很熟悉，但不知有谁更仔细地想过，"谦谦君子"和"儒者"这两者，在大家心中当然是并不排斥的；可反过来，既属于"小人"又属于"儒者"，则毕竟显得有些矛盾，而这到底又意味着什么呢？

---

① 《荀子·儒效》，《荀子集解》上册，(清) 王先谦撰，沈啸寰，王星贤点校，北京：中华书局，2016 年，第 172 页。着重号为引用者所加。
② 《论语·雍也》，《十三经古注》第九册，北京：中华书局，2014 年，第 1974 页。

然而，这种由不同水准的儒者所组成的群体，以及由不同层次的儒者所组成的结构，却又是一种现实存在的事实。也正是因此，儒者们自身就构成了一个社会，所以我们从清朝吴敬梓的笔下，也才能生动地看到那个同样是纷然杂陈的"儒林"。尽管他那本愤世嫉俗的小说，主要是在夸张地讽刺与暴露，可我们仍可以从它的行文中，既看到范进、匡超人、马二先生的形象，也看到庄绍光、杜少卿和迟衡山的形象……由此一来，我们对于如此庞杂变异的儒林，便已不能再保持道德上的洁癖了；然而反过来，我们对于儒者群体的构成，却又增强了相应的层次感。

　　上述纷然杂陈的人物谱，与其说是在互不相容地对立，毋宁说更像一排具有连续性的光谱。再联系到我在《论儒杨互补》中的论述，我们就应当转念去想到，如此林林总总的各色人等，应当是既参差不齐、又错落有致地，排列在从"大儒"（或"雅儒"）到"众人"（或"俗人"）的两个极点之间，几乎有着万花筒般的变幻可能。不过即使如此，一方面固然可以说，如果就社会层次和地位而言，世俗儒家是跟"俗人"（或"杨朱"）处在同一层面；另一方面却又可以说，世俗儒家在关切和操守上，毕竟还是属于儒家的范畴，尽管他们是"志忍私，然后能公；行忍情性，然后能修；知而好问，然后能才"，无法自律且需要进学，却仍跟"拔一毛而利天下，不为也"[1]的杨朱有着本质差别。不言而喻，在这两者之间所拉开的差距，大体也就等于荀子所说的在"小儒"（或"俗儒"）与"俗人"（或"众人"）之间的不同。

　　由此在一方面，如果就儒家自身的结构分化来看，应当是精英

---

[1]《孟子·尽心上》，《孟子正义》下册，(清)焦循撰，沈文倬点校，北京：中华书局，1987年，第915页。

儒家与世俗儒家的层次在并存，且在两者之间形成了依托与互动。而在另一方面，如果就整个社会的内在结构来看，则又有儒家思想与杨朱观念的双方在并立，且在两者之间同样构成了竞争与互补。毕竟，无论从传播学的角度看，还是从社会科层的角度看，在少量"雅儒"和海量"俗人"之间，由于在层次和境界上拉开的距离过大，并不可能经常发生直接的关联；所以儒家的价值取向，恐怕更多地还是要通过世俗儒家，才能"二传"到"俗人"或"众人"的层面。

另一种复杂的缠绕性、或曰历史的螺旋性又在于：一方面毫无疑问，科举制度到了后世的创立，是既顺应了孟子"人皆可以为尧舜"①的理想，也贴合着荀子尊崇"大儒"的理想；可另一方面又不无吊诡，一旦科举制变成了基本的制度和主要的进身之阶，那么，得以爬过这样的晋升阶梯乃至能高居于庙堂之上的人物，却仍可能暗中怀有"杨朱"之念，从而在本质上仍属于"俗人"或"众人"；或者说，充其量也只能算作"小儒"（或"俗儒"），远远达不到"不欺暗室"或"自在充满"的境界。我们从前述《儒林外史》的刻薄描画中，甚至从《二十四史》的各种记载中，可以清晰地看到这种复杂的发展。

由此可知，即使在一个以儒家为主导的社会中，在观念上处于创造性地位的儒学学者，却未必就能在社会上居于高层。这种现实中的脱节与错位，就要求我们的思想界定也做出相应调整。这就导致，荀子当年所提出的"上、中、下"三分法，在反映着一般理解的日常语言中，已经越来越像是一种"理想类型"。——当然也可以说，既然就连在孔门的弟子中，也只有颜回才能"其心三月不违仁"，

---

① 《孟子·告子下》，《孟子正义》下册，(清)焦循撰，沈文倬点校，北京：中华书局，1987年，第810页。

而其余人等更只能"日月至焉而已矣"①，那么，像荀子所说的那种"志安公，行安修，知通统类"的大儒，原本就只属于一种"理想人物"。

正因为这样，越是发展到了古代社会的后期，我们就越是只能从思想层面来进行区分了：一方面，身为"精英儒家"的学者，会更加关切儒学的内部问题，更忧心这种学理的不稳定，更要澄清这种学理的模糊之处，并且在需要考验大节时，更有可能为之"舍生取义"；而另一方面，身为"世俗儒家"的人士，则更加恪守儒学的基本原则，更在意怎样去维护这样的原则，包括怎样去利用这样的原则，以达到个人"扬名立万"的潜在目的。可惜就一般而言，跟那类柏拉图式的"理想"正相反，但凡书生气比较重的素心人，由于有更加内在和持续的兴奋点，就较少在意是否还身着布衣；倒是那些并无思想冲动与抱负、只关心现实荣宠的世俗人，往往会更着意和算计官场上的升迁。

不过，即使有过此类的偏离或异化，可在以往的实际历史进程中，由于儒家理想的价值范导，在社会的中心与边缘、上层与下层、官学与私学之间，仍然存在着相对的制约与平衡。无论如何，总会有耕读的世家，总会有世外的高人，也总会有民间的书院，来保藏更为纯粹的针对学理的兴趣。而一旦在那些原属于边缘的地带，又形成了公认的教育和学术中心，则它们在学术和道义上的权威，又会广泛地发出社会辐射，也包括向科场和官场输送去新人，即使是以激愤的语气和批判的形式。正因为这样，相对于结构功能主义的视角而言，我现在更愿关注冲突本身的社会功能；也就是说，正是在中心与边缘的冲突之间，形成了某种相对的纠正与平衡，而这种状态又有着显著的社会功效，或者用荀子的话说正是"儒效"。

---

① 《论语·雍也》，《十三经古注》第九册，北京：中华书局，2014年，第1973页。

此外又要看到，既然所谓"精英儒家"和"世俗儒家"，只属于一种方便的"理想类型"，那么，一旦把它带进现实的生活中，哪怕就是在书院和学堂中，便会发现更多界限不清或犬牙交错的情况。仅就后世道学先生的内部而言，尽管程朱理学未必就属于世俗，可是它既然更偏于普遍主义，足以对引车卖浆者都进行约束，也就更能够囊括和渗入世俗的一面；尤其是，一旦这种理学的内容变成了科举的主题，它也自然就会更流于下层和世俗。而另一方面，同这种夫子庙中的膜拜行为相比，更倾向于神秘主义、而不是理性主义的心学，大体上就会更具有精英的倾向，——当然即便如此也并不能保证，在这种流派中就不会学着六祖慧能而出现如王艮这样或许可以算是"大俗大雅"的泰州学派。

顺便再说一句，当我在论述中国民间戏曲的功能时，也曾从其他侧面涉及过这方面的问题。比如，在提到"大团圆"结构中的道德关切时，我就曾经从艺术社会学的意义上，指出过这种艺术现象的社会层级："也许，这还不是李贽、黄宗羲和龚自珍之流的心理——那会表现得更加激愤、透彻与敏感——而只是芸芸众生和市井小民的心理，他们更加安分、妥协、平和与顺遂。不过，也正因为这样，像戏曲与评话这样的艺术创造，才不是发生在精英中国，而是发生在民间中国；而这样的意识活动，势必会顺应着观众的口味而改动，逐渐积分成与正统文本二水分流的、更加贴合下层心理的文化形式。"[1]

另一层吊诡又表现在，正因为程朱理学更偏于普遍主义，所以，尽管当年的文化激进主义者曾经大批儒家，以为这种思想不能够匹

---

[1] 刘东：《冲突与团圆的文化功能》，《思想的浮冰》，上海：上海人民出版社，2014年，第239页。

配现代化，然而那些激进分子却并不了解，其实从江户时代的日本开始，到后来又雁阵起飞的"四小龙"，都正因为这种世俗的儒家伦理足以对贩夫走卒们都进行约束，反而支撑起了日益活跃的市井经济活动。而相形之下，倒是在儒家思想的大本营，由于这种较为外在和僵化的信条并不能满足士大夫的心智要求，而要到王学中去寻求心灵的自由，便反倒不那么容易进行转型。

无论如何，一旦置身于边缘的儒家社会，人们所获的观感是会有所不同的。所以，正如涩泽荣一有过"论语加算盘"的说法，金耀基后来也有"儒家伦理与经济发展"的说法，而后者已属于"反对韦伯的韦伯主义"了。不过，即使也存在着这样的历史线索，当余英时又沿着这条思路，再提出"中国近世宗教伦理与商业精神"的时候，他还是把韦伯利用得太生硬、也太过火了。——问题不光在于，既然有了这种虚拟的"准新教伦理"，又如何去解释儒家的核心区在现代化转型上的困难？问题更其在于，又必须从另一个维度提出，即使提倡"明道义而讲功利"的世俗儒家，可以在某种程度上去移植现代化，然而强调"义利之辨"的精英儒家，仍不能苟同这种仅在名义上"合理"的营私行为，而且从长远的文化发展来看，这种"不能苟同"仍有深刻的道理。

否则的话，在海外学者的那类时髦解释中，儒家到头来就什么价值都没有保留，只不过如盐入水般地化入当代资本主义了，而这样一来，中华文明几千年的文化实践，也就没给未来留下任何解毒的良药。——正如我曾经针对林毓生的"创造性转化"之说，而委婉提出的询问和反思："到底要把传统'创造性转化'成什么样子，即究竟是'中国文化的现代形态'呢，还是'西方文化的东方形态'？毕竟，那是属于另一个层面的问题。在那个层面里，传统完全有理由被价值理念化，故此决不可以被当作过完河便不妨拆掉的桥，而应被视为须臾不可稍离的安身立命之本；而且，即使有一天全部的传统都被在现实层面碾得粉碎，这种对传统的价值理想也完全可以合法地传承下去，而决不会被任何文字上的论述证伪。"①

可无论如何，撇开这些更深层面的学理不谈，借助于上述正反两面的历史经验，我们总算是把握到了事态的复杂性："一方面，一个完整的儒家体系，不仅不会原生地产生'合理性资本主义'，还会对这种所谓的'合理性'进行价值挑战；另一方面，一个破碎的儒家社会，特别是其中被外援因子激活的世俗成份，却足以移植和继生这种资本主义。"② 照此来说，我们也就不难顺势来看出，在一个"破碎的儒家社会"中，其实前文所讲的"世俗儒家"，也正好属于它所残留下来的部分。

如此特定的文化残留，也就水到渠成、让人茅塞顿开地解释了，为什么在这个"后儒家社会"中，至少是经济向度中的现代化，反而会以膨胀的速度发展起来。——正如我前不久在回答记者时讲过的："作为底层的社会心理，世俗的儒家毕竟还残存着，它克勤克俭、隐忍平和、重视教育、讲求信用、看重血缘、尊敬权威。所有这些文化心理要素，都被人们视作了理所当然，其实也包括那些否定传统文化的人，却不知那正是他们的文化前理解，而且也正是这样的文化特性，才支撑了对于现代化的移植，才构成了当代生活的隐秘地基。"③

别的不说，只要把"克勤克俭"和"重视教育"这两条给叠加

①刘东：《创造性转化的范围与限制》，《近思与远虑》，杭州：浙江大学出版社，2014年，第33页。
②刘东：《韦伯与儒家》，《理论与心智》，杭州：浙江大学出版社，2015年，第172页。
③刘东：《传统的毁弃与更生：关于当代文化问题的答问》，《复印报刊资料·精神文明导刊》，2016年第7期，第25页。

起来，那么，凡是搞经济的人都知道，这会给社会的生产带来多大的后劲，而凡是搞教育的人也都知道，这会造成规模何等可观的教育市场，——事实上，它已经让整个国际教育界都为之垂涎了。凡此种种，都属于那个"破碎的儒家文化"的隐形存在。甚至，正因为世俗儒家仍然残存着，其相应的道德直觉也同样残存着，而它又跟严峻的现实构成了悖反，才造成了那些留给媒体去大肆炒作的话题，正如我在同一次访谈中所说的："传统一方面确实被毁了，可另一方面还仍然残存，而这又是我们的基础与转机。实际上，对于能不能扶老人，人们之所以感到纠结，就是因为现在的沉重现实，跟他们的道德情感在打架，而这种情感正好来自传统。"①

无论如何，世俗儒家之强韧而隐忍的存在，以致社会的确在顺应着它的企求，表现出了"礼失求诸野"的势头，当然都不能被视作消极的发展。我在其他场合也曾明确地说过，只要现在的孩子都能部分恢复蒙学教育，那么，我们这一代的晚年，就应当会比现在的老年人要好："很有可能，就凭下一代人这么普遍念诵着'人之初，性本善'，他们就远比文革中成长的一代，和改革中成长的一代，更能意识到为人处事的标准和底线，而不再总是做好准备去冲破它和蹂躏我们的神经。——果真如此，我们就完全可以把这种常识的恢复，视为对人心的一次有效的收束，甚至视为业已残缺的中国文明，对于本有功能的再一次顽强的自我修复。"②

但与此同时，我们也应当警醒地看到，正因为当下的这种"国学热"还只是受到了世俗儒家的支撑，所以人们对于儒家学理的心

①刘东：《传统的毁弃与更生：关于当代文化问题的答问》，《复印报刊资料·精神文明导刊》，2016年第7期，第25页。
②刘东：《"礼失求诸野"之后："国学热"的冷思考》，《思想的浮冰》，上海：上海人民出版社，2014年，第155页。

仪，也基本上还局限在世俗儒家的水平上。这方面最为昭彰的例证，就是人们并不会由此拾级而上，而只是停留在对于"心灵鸡汤"的热衷上，和对于某些学界外围人物的追捧上。事实上，也正是为了提示此中的危机，我才会挤出时间来撰写这篇文章。——无论如何，在这方面都不要太过沾沾自喜，倒要从当前失衡的"国学热"看到，精英儒家的折损、式微乃至衰亡，仍然使我们的文明损失惨重，也仍然使我们残损的文化难图恢复。

如果我在前边对于世俗儒家的特征是这样描述的："克勤克俭、隐忍平和、重视教育、讲求信用、看重血缘，尊敬权威"，那么，我眼下就要再补充一句，跟某些自由主义者的误解相反，精英儒家倒并不怎么"服从权威"，至少是不会去盲从外在的权威，盖因为他们内心还另有学理的权威。惟其如此，他们才有可能在过去的岁月中，哪怕条件和时机仍属有限，也仍要去做出努力去"驯化君主"。——纵观人类的政治文化史，曾在世界范围内领先的监察制度，以及前边提到过的科举制度，也都是在这种"驯化君主"的过程中，经由精英儒家的接续奋争才得到的，而这切切实实地，就属于具有儒家风范的制度创新，也曾经相对促进了政治文化的清明。

另外，同样重要的侧面是，如果世俗儒家可以去移植现代化，乃至可以支撑一场同全世界的商战，那么，却只有精英儒家才可能更进一步，去同全世界的思想文化进行深层的对话。换句话说，它不是去服从和利用现代化的规范，而是去质疑、反思和化解这样的规范。正是在这样的过程中，尽管它并非为了"说不"而"说不"，然而它真正到了如鲠在喉的时候，还是要建起具有儒家风范的文化批评、社会批评和政治批评。惟其如此，它才能同现实生活乃至兴起这种生活方式的西方世界，进行良性而富有成果的对话，从而保持儒家学理的自身弹性。相反，一旦只是躲进了高楼深院中，用研究"哲学史"的遁词来自保，那么尽管也在"文物保护"的消极意义上，获得了相对狭隘的学术合法性，却会在现实层面上失去生命力。

最后要说的是，为了支撑起足够的内部张力，和保守起充分的发展空间，真正有识并且有志的儒学学者，必须保持一种高贵而独立的社会姿态，记住所谓"志安公，行安修，知通统类"的古训，也记住陈寅恪的"独立精神，自由思想，批评态度"，以便既去重整精英儒家的心气与士气，也去重建精英儒家和世俗儒家之间的关系。无论如何，只有当这两者间的结构还能保持相对完整时，或者退一步说，只有当我们还在努力恢复或平衡这样的结构时，儒学才能够逐渐去恢复它的内生机理，儒家文化才能具有值得重视的生产性，而"儒家"二字才不至在我们手中被彻底"玩坏"。当然与此同时，我们的社会也才有可能借此而真正走出它当前的失范状态。

2016 年 3 月 17 日于清华学堂 218 室

落实儒学的历史条件

——从《天边有一块乌云》谈起

　　出版社的编辑两次转告，媒体的朋友邀我作为作者本人，就自己新出的一本书来"现身说法"。对于这样的一番美意，我虽则随口就答应了下来，却又不得不沉吟了许久。毕竟，对于这本书的具体内容，自己不光是白纸黑字地写了下来，还在出书后又面向公众讲过一次，所以该讲的话也大都讲过了，再来简单复述也就索然无味了。——思来想去，只好再换个角度来讨论它，尽量把立足点退得远一些，以便能从更宏观与客观的角度，来分说落实儒学的历史条件，或者说，来展现孔子思想的接受历史。

　　这印在封面上的副标题是《儒学与存在主义》，由此也就算开宗明义地挑明了，至少就我本人的理解或判断而言，尽管其结论和终局都大相径庭，可若就想要解决的人生问题来看，却唯有萨特哲学或加缪文学的那个现代起点，才最为类似先秦儒者面临的千古困境。实际上，对于这两者之间的"可比性"，国外的汉学家们也曾约略提到过，比如那位写出了《王阳明大传》的日本学者冈田武彦，再如那位写出了《儒家之道》的美国学者倪德卫。不过，他们的这两本书眼下也都翻译过来了，所以读者也都很容易从中看出，他们并未沿着这个"可比性"去着力下探，直到发掘出其中深藏的悲剧意识来。

　　那么，到底什么才是这样的"悲剧意识"呢？由此也就要引出此书的正标题来了，即《天边有一块乌云》。为了更简明地说明"乌云"这个主题，不妨就直接引用自己在书中的说法——"尽管当年由儒学所建立的思想天空，如果相比起无神论的存在主义来，显然还是光明、透亮和蔚蓝的，然而若就这种学说的初始立场而言，它却从来都未敢去盲目地乐观，因为它从来都不曾否认过，在那个莽莽苍苍的天穹边上，仍然敞开了一个未知而幽深的、时刻可能漏下风雨雷电的可怕缺口。——也就是说，基于儒学的基本立足点来观察，无论在何时何地，哪怕人生的际遇多么春风得意，在它的光洁天幕的边缘处，都仍然飘着一块平常不太醒目的乌云，它总在既隐约又确定地威胁着我们，随时有可能把我们带入存在的黑洞。"①

或许，先秦儒学、特别是孔子思想的这个侧面，在以往还不太为人们熟知。其所以会如此，仍是从我自己的角度来看，则是因为人们还没有领会到，孔子本人当年创立的这种儒学，其思想品格乃属于"有限的理性主义"。我们对于这一点，只需要再引进另一种"可比性"，就可以借着对比来分辨清楚。——如果说，同处于"轴心时代"的苏格拉底，当他讲出那句"我知道我一无所知"时，其过人而独特的智慧据说是表现在，意识到了自己在重大问题上的"无知"；那么，比他还早生了82年的中国的孔子，虽说也同样意识到了本人知识的限度，可运思的方向究竟还是有所不同，因为他就此进行了更为精细的区分，这才有了《论语》中的那句"知之为知之，不知为不知，是知也"②。

那么，这句话又到底意味着什么呢？在我看来，它从一方面说明了，孔子并不认为自己是"一无所知"的，相反倒是认为，他仍

①刘东：《天边有一块乌云：儒学与存在主义》，南京：江苏人民出版社，2018年，第82页。
②《论语·为政》，《十三经古注》，北京：中华书局，2014年，第1958页。

在坚信自己还能确知某些东西；可另一方面，孔子也深知自己既不是"生而知之"的，也不是"全知全能"的，换句话说，他又明知道自己还"不知道"另一些东西。非但如此，对他而言更为重要和关键的，更在于进一步清醒地主张，必须以"执两用中"的谨慎态度，去随时意识到自己的"知之"与"不知"，并且严守住两者之间不可逾越的界限。也正因为这样，这种对于"知识界限"的警觉意识，这种对于独断和僭越的严格防范，才会被孔子再追加地总结为"是知也"，认定了那才属于更要紧、也更高明的"知识"。——也就是说，只有基于这种具有确定性的、哪怕是明知自身之限度的"知"，人们才可能发出相对可靠的运思，从而在一种类似存在主义的思想困境中，反而以"置之死地而后生"的积极态度，去尝试找到可靠的"人生解决方案"。

由此也就不难理解，也正是基于这种谨慎而警觉的方法论，才可能再顺势推导出孔子的另一句名言来，即"子不语怪、力、乱、神"①。这句话，虽已被人们谙熟地诵念了两千多年，却并未被切实寻绎出它由以发出的逻辑。也许正因乎此，在孔子身后的这两千多年中，就总还是有人想要谈论"怪、力、乱、神"。可尽管如此，我们却又同时从历史中看到了，那类的无稽谈论终究是毫无所获的。这也才更加证明了孔子当年的"快刀斩乱麻"，或者说是他当年的"有限理性主义"，是何等的智慧、利落与节省。——不难想象，设若没有这种智慧、利落与节省，就连他本人也会像那些后人一样，由于方法上的自负、僭越与独断，坠入到那看似诱人的、捕蝇草般的思想陷阱中，无论想象得多么飞腾、超越与陶醉，可就是无力对于唯一拥有的此生，和唯一可以倚靠的现世，发出任何具有确定性的思想来。

---

① 《论语·述而》，《十三经古注》，北京：中华书局，2014年，第1978页。

这样一来，我们也就从这枚硬币的背面，看出了"有限理性主义"的精义所在。无论如何，一旦背离了这样的警觉与谨慎，那么，不管那些"冥想者"是一厢情愿地认为，自己是在天造地设的蒙恩状态中侥幸拥有了堪称"无限的"理性能力，还是他们干脆又转而去否定"理性"本身，而把自己对于"超越"存在的冥想，指望在"非理性"的心理素质之上，这类的苦思冥想终究都是要殊途同归的。在我看来，这类思维方式也无非是些"循环论证"罢了，——也就是说，他们必须先来假定自己拥有上帝般的、无所不知的理性，或者其他形式的超能力；而反过来，他们又非要动用这样的"无限理性"，或者其他形式的超能力，才能论证出全知全能的上帝的存在。

既可怜又可恼的是，这类的苦思冥想偏又相当之顽固。也正因为此，晚近以来国外的脑科学家们，才干脆想要从认知模块的角度，也就是要从人类基因的深处，来解释这种直通着下意识的"宗教情结"，以及由此所浸染成的、仿佛是自然天性的文化惯习。而且，不管这样的解释是否能够成立，我们总是能从漫长的历史中看到，即使有了那把"有限理性主义"的"剃刀"，这个"祛除巫魅"的开化或进化过程，仍属于相当曲折与反复的、有时简直像是未有穷期的。——而更加讽刺的是，这样的复杂性和曲折性，甚至还反映到了儒家营垒的内部，也就是说，就连在儒家思想的自我延伸中，也同样受限于接受这种学说的历史条件，而往往会部分地沾染其论辩对手的倾向，从而使它那条难免有所夹杂的传承线索，简直就像一长排繁杂错落、而色彩不一的光谱。

由此也就引出了本文的主题，即"落实儒学的历史条件"来了。我想要借此指出的是，一方面，其实当孔子奠立这门学说时，他反而能从动机的构想与发动上，乃至思路的推进与演绎上，享有相对更多的主动与自由，正如《文心雕龙》中所说的那样，"文之思也，其神远矣。故寂然凝虑，思接千载，悄焉动容，视通万里"①。可另一方面，等轮到其后学来落实这门学说时，却难免要受到历史条件的更多限制，由此就只有在种种有形无形的压力下，适应着各自遭遇的特定具体条件，来对自家的学说进行语境化的处理。由此也便可知，思想史实在不能被说成是必然"进步"的历史，而思想的传递也并非注定会蕴含着"上升"，恰恰相反，如果跟孔子当年的智慧、利落与节省相比，或者，如果跟先秦儒家的那种透彻性相比，后世儒家往往不仅没有更进一步，往往还成心要拉开一些距离。——用我在这本书中的说法正是：

> 由于即使是从整个世界的范围看，由孔子所继承和光大的先秦理性主义，也是"祛除巫魅"得极其早熟的，就使得他的思想在一片巫魅的蛮荒中，难免像是一支时隐时现的爝火，而围绕在其周围并随处可见的，则仍是过往黝暗时代的、顽强习惯势力的幽灵。——也正因为这样，孔子的思想在逐渐照亮了中华世界的同时，也难免要遭遇到种种的误解和曲解，或者至少是对于其精义的不解。而由此才令人遗憾地导致了，总是有人要动用属于其他学派的、远没有如此思想力度的学说，去包裹它、中和它、钝化它、使之失去了原有的挑战性、先锋性和尖锐性。②

再者说，正因为儒学在"照亮"了历史的同时，也难免要遭到误解、曲解与不解，也难免要遭到裹挟、中和与钝化，才连累得即

---

① （梁）刘勰著，范文澜注：《文心雕龙注》下册，北京：人民文学出版社，1958年，第493页。
②刘东：《天边有一块乌云：儒学与存在主义》，南京：江苏人民出版社，2018年，第119页。

使是它自身的谱系,也难免成了那排繁杂错落而色彩不一的"光谱"。这也就提示了我们,其实在大多数的历史主体那里,并不存在绝对的清醒理性,或者绝对的狂热迷信,而一般都会是犬牙交错的和你中有我的,只不过各自的成色有所不同罢了。惟其如此,才造成了即使在儒学的自身脉络中,或者更具体地说,是在先秦儒学、汉代儒家、宋明理学,乃至港台新儒家之间,因为受制于落实儒学的具体条件,也相应地拉开了倾向不一、甚至取向悖反的落差。

无论如何,虽说从"独尊儒术"的有汉一代开始,儒学就一直占据着学术话语的上风,可在实际上,偏又由于"有限理性主义"的思维方式,以及它准此而要求的心理上的清醒、警觉与无畏,对于一般的大众和平常的心智来讲,就实在是太无从领教和太难以承受了,这也就使得中国的社会从总体上,仍然难免要呈现为错落的、或"二元"的存在。也就是说,无论它们表现为怎样的具体形态,却总会有"有限理性主义"的对立面,在同"不语怪、力、乱、神"的先秦儒学精神,明里暗里地、此起彼伏地争夺着信众。由此也就不难想到,无论是汉代的道教,还是宋明的佛教,乃至于近代的耶教,也都正属于儒学的这种思想对立面。——我们要是进一步分析,这种"二元剖化"的精神分裂状态,则更凸显出了一个知识社会学的问题,也就是说,这种清醒程度不同的意识状况,正好就对应着文化传播的远近疏密,教育水平的高下差别,与社会分层的台阶梯次。

非但如此,如果就纯粹的思想形态而言,更加严峻的状况还又表现在,尽管宗教相对而言并不善于"说理",可它相对而言却更善于"传销",尤其是对于文化不高的社会下层而言。——而由此又导致的吊诡局面则是,一旦进入了激烈竞争的态势,就往往逼迫得与之对峙的后世儒家,也不得不采取了对手的那种推广形式,甚至不得已而部分地渗入了对方的内容。换句话说,正因为百姓们更偏于

"象征性"的思维方式，后世的儒家往往就会在外来的压力下，一反先秦理性地转向了原始思维的"互渗律"，从而反倒冲淡了自身的理性主义色彩。对于这种被迫放弃了原则的混杂局面，或者说，对于这种向着对方去沉沦或靠拢，人们通常比较容易想到的例证，大概就是在"理学与佛学"之间的借鉴了。不过，我们如果再推而广之，那么在汉代的儒家与同期的道教之间，在宋明的理学与同期的佛教之间，乃至在港台新儒家与同期的耶教之间，也都一一对应地存在着这类的互渗关系。

这也就意味着，反而是在同其思想对手的竞争之中，儒学竟然往往会越来越像是它的敌手了。我们基于这样的认识，再来联想那个困扰了学界多年的问题，即儒家学派到底"是否宗教"的问题，那就要对具体的时代来进行具体分析了。换句话说，我们应当严守住逻辑上的"同一律"，从而发现人们之所以会就此发生困惑与争执，是因为他们往往并非在言说"同一个"东西。比如，要是人们暗自在心中拿来对比的，只是无原则地掺杂了道教信条的汉代儒家，那么在这种挑明了"天人感应"的宣谕中，又怎么会未曾渗入任何宗教的成分？又如，要是人们暗自在心中拿来对比的，只是要跟"希伯来精神"同台竞争的港台新儒家，那么他们在那份四人联署的公开宣言中，不是已经明确张扬了自家思想的宗教性，并且拒绝了那种认为"中国民族先天的缺乏宗教性的超越感情或宗教精神"[1]的相反判断吗？

而说穿了，正因为前两种关系实在太明显了，所以，真正容易在这方面引起混淆和迷失的，还是既相对地具有理性精神、却又仍

---

①牟宗三、徐复观、张君劢、唐君毅：《为中国文化敬告世界人士宣言》，《理性与生命：当代新儒学文萃（一）》，罗义俊编，上海：上海书店出版社，1994年，第279页。

在执守着"天人合一"的宋明理学。——当然也正因此，我在自己新写的这本书中，才要用"绝地天通"来取代"天人合一"，或者，才要用"人天合一"来更换"天人合一"，从而指出宋儒在思想上也难免独断的一面，并因此而仍有哪怕是相对冲淡了的宗教色彩："一方面，正如前文中已经指出的，如果没有意识到那个形上之'天'的虚拟性，没有意识到'不语怪力乱神'的儒家，从学理深处只允许再讲'人天合一'，那么，跟从二氏讲出的'天德'或'天地之心'，从认识上和理智上就是站不住脚的。另一方面，如果跟先秦儒学的'我欲仁，斯仁至矣'和'万物皆备于我'相比，宋明理学中那种'天人交战'式的截然二分法，也显然是沾染上了其论辩对手的宗教性。"[1]

顺便说一句，暑假里又读了包弼德的《历史上的理学》，发现虽说他所使用的术语不尽相同，但很多相关的判断却跟我不谋而合："对统一性的信仰，为理解什么是善提供了一种思想上的过滤。统一性是关于人类世界以及自然世界应该如何产生的信仰。当一个人面对需要判断自身动机的处境时，所谓的正确或善就是他觉得最符合事物的统一、一致、互相关联、持续无间、和谐、健全、完整与恒常的原则。我们说这是一种信仰，不仅因为它已经如此深刻地烙印在理学学说之中，并到了不可质疑的地步，还因为它让个人可以在感觉的层面测试自己的动机；我们可以感觉事物之理，即使我们无法解释为什么这种感觉会存在。当然，理学家并不否认，对统一性的信仰也可能导致对整齐划一的追求，对共同价值观的追求也可能演变成单纯的模仿，对一致性的追求也可能变成教条主义。"[2]

---

①刘东：《天边有一块乌云：儒学与存在主义》，南京：江苏人民出版社，2018年，第385—386页。
②包弼德：《历史上的理学》，王昌伟译，杭州：浙江大学出版社，2010年，第174页。

不过九九归一，对于那个儒家究竟"是否宗教"的问题，我在这本书里更要突出地强调——坚守着有限理性主义的先秦儒学，无论在什么意义上都不是宗教！在这个意义上，我们一方面会不无惊讶地发现，孔子当年的思想竟是如此之"前卫"，或如此地具有"前瞻性"，而且正因乎此，以往人们参照着佛学或西学来判断的，先秦儒学在本体论上的那些所谓的"缺失"，眼下竟也都能参照着西学的最新发展，被转而归结为"先进性"或"革命性"了。——当然在另一方面，我们也同样会不无讶异地发现，尽管先秦以后的那一代代负载着正面价值的儒者，肯定也曾对中国社会起到过积极的作用，然而，他们的贡献却主要是属于历史性的，而未必就足以称得上思想性的。最起码，我们也不会根据一种历史主义的逻辑，闭着眼就把时间本身视作"进步"的阶梯，从而自动地和不加分析地认定，但凡属于"后发生"的就必定是"更先进"的。

当然，即使存在着这种立场上的落差，甚至是在深层方法上的截然对立，我们还是应当平心静气地承认，那些置身于具体阶段中的后世儒者，又毕竟都还属于儒家自身的传承谱系，而且即使他们在那个参差的光谱中，显出了相当程度的歧异与偏离，也仍要被归为儒家内部的分别与落差。——说得极端一点，即使是那位迷信味道很重的董仲舒，置身于虽已不再"焚书抗儒"、却又仍是"汉承秦制"的专制之下，之所以要向那位"自命天子"的君主，挖空心思地提出自己的"天人三策"，主要地还是为了能有个理由去制约他；换句话说，他是为了以"上天之名"来建立合法性的来源，以便再暗中推广儒家的具体规范："臣闻天之所大奉使之王者，必有非人力所能致而自至者，此受命之符也。天下之人同心归之，若归父母，故天瑞应诚而至……及至后世，淫佚衰微，不能统理群生，诸侯背畔，残贼良民以争壤土，废德教而任刑罚。刑罚不中，则生邪气；邪气积于下，怨恶畜于上。上下不和，则阴阳缪盭而妖孽生矣。此灾异所缘而起也。"[1]

这样的逻辑，当然也可以用于分析宋明理学。即使我们借着这排参差错落的光谱而看出，那些方领矩步、闭眉合目的道学先生，无论从其思想内容到其行事做派，都的确是沾染了其论辩对手的色彩，可反过来，如果再拿它跟与之竞争的佛道"二氏"本身相比，其宗教味道毕竟还属于相对淡薄的。而与此同时，如果再拿它跟自家营垒中的对手相比，则宋明理学中包含的理性主义色彩，相对于汉儒而言也肯定是更加浓厚的，否则它也就不会以"理"字来名家了。这也就逻辑地意味着，即使比不上理性味道更浓的先秦儒学，晚出的宋明理学在那排参差错落的光谱上，至少也并不处在对立悖反的一极，倒是仍在历史中标示着某种积极的进取。——比如，再来重温一下真德秀当年的那段奏议，我们就不难体会到充溢在宋儒心中的那种理性精神："臣闻天下有不可泯没之理，根本于人心、万世犹一日者，公议是也。自有天地以来，虽甚无道之世，破裂天常、隳坏人纪、敢为而弗顾者，能使公议不行于天下，不能使公议不存于人心。善乎先正刘安世之论曰：公议即天道也。天道未尝一日亡，顾所在何如耳！"[2]

如果再进一步，这话或许也可以反过来讲，以便从更加宏观的视野中看出，竟是那个日渐世俗化和理性化的社会，向宋儒提供了更加开放的接受条件。这就使我们不由得联想起，在中国历史上最为开明的有宋一代，的确是兴起了整整一组的世俗主义因素——当

---

[1] （汉）董仲舒：《天人三策·第一策》，《春秋繁露·天人三策》，陈蒲清校注，长沙：岳麓书社，1997年，第305—306页。

[2] （宋）真德秀：《西山先生真文忠公文集》卷二《庚午六月十五日轮对奏札二》，上海：商务印书馆，1937年，第30页。

然也都是曾被内藤湖南用来构建所谓"唐宋转换期"的因素——其中包括了"门阀衰落"、"平民兴起"、"科举兴盛"、"君臣共治"、"商业发达"、"佛道脱魅"等等，而以理学形式来体现的宋代的"儒学复兴"，不过是这组理性要素的组成部分而已。——正因为这样，汉学家迪特·库恩才会得到了相应的理由，把这种进一步走向了理性化的时代，干脆就直接命名为"儒家统治的时代"①。也正因为这样，我们才可能更深一步地理解，陈寅恪那句"华夏民族之文化，历数千载之演进，造极于赵宋之世"②的断言，其深层的肇因还是来自于理性的推动；而在历史中居于主导的儒家学派，则不光是这种理性精神的坚定承担者，如果从更加长远的眼光来看，还恰恰是这种理性原则的率先创造者。

即便如此，我们又仍然无可讳言的是，尽管宋明理学确实在讲谈着理性，和承担着理性，可它偏又在一个最为关键的问题上，由于把理性本身给过度地膨胀了，到头来反而有悖于清醒的理性精神。——对于它在这方面所存在的问题，我们只要借助于"有限理性主义"的命题，就很容易一目了然地判定出来，因为跟先秦儒学的"有限理性"相比，后世的那些道学先生所主张的，或者说是他们自信可以拥有的，显然要属于一种"无限的理性"。也正因为这样，一方面，正如我在前文中所指出的，如果从隶属于"宗教"的那个谱系来看，即使宋明理学也可以列入"儒教"的系列，它的宗教色彩也应当是较为淡薄的；但另一方面，如果从隶属于"哲学"的这个谱系来看，即使宋明理学也可以列入"学术"的系列，其理性精

①参见迪特·库恩：《儒家统治的时代：宋的转型》，李文锋译，北京：中信出版社，2016年。
②陈寅恪：《邓广铭〈宋史职官志考证〉序》，《金明馆丛稿二编》，北京：生活·读书·新知三联书店，2015年，第277页。

神也同样显得较为淡薄，所以充其量，也只能算是一种过了时的、脱胎于宗教的形而上学。

如果要举个例子，这里就讲讲最受称道的张载吧。即使我们仍然可以同情地理解，像他那种"乾称父，坤称母；予兹藐焉，乃混然中处"①类的论述，也还是为了从本体论方面建立起合法性，以便再居高临下地推广出"尊高年，所以长其长；慈孤弱，所以幼吾幼"②的儒家伦理，可究其根底，这种自上而下的叙述又只能来自思想上的独断。甚至，即使是他那个有名的"四句教"，即所谓"为天地立心，为生民立命，为往圣继绝学，为万世开太平"③，也仍然避免不开那个"超越性"的独断陷阱。我们基于"知之为知之，不知为不知"的立场，很容易确信无疑地洞察到，所有这类涉及"天地之心"的命题，从理性上来说都属于"不应言说"的，都属于宗教的、或准宗教的虚假命题。那么，既然从认识论的角度来看，这个天地原本就不可以说是"有心"，为什么又偏偏要代它来"立心"？说白了，如此来强行"虚拟"的初始动机，还是要在"天人合一"的同构框架下，来赋予儒家规范以本体论的根据。——只可惜，这从基本原则上就有违于孔子了，而且，如果连清醒的儒家都可以这样"虚拟"，那么其他的道教、佛教和基督教，也就更有理由各行其是地这般"虚拟"了，而人类就只能永远陷入宗教意义上的苦斗了。

非但如此，我们还应当进一步认识到，即使这种对于理性的无原则泛化，也有可能在特定的时间阶段，并且在某些具体的局部问题上，有利于推动理性在社会中的贯彻与普及，可到头来，又由于这种超越自身限制的泛化，其本身就有违于清醒而谨慎的理性精神，

① （宋）张载：《正蒙·乾称》，《张载集》，章锡琛点校，北京：中华书局，1978年，第62页。
②同上。
③ （宋）张载：《张横渠集》第3册，北京：中华书局，1985年，第168页。

就终究会反而给社会带来相应的贻误。比如，还是接着来举张载的例子，他那句"民吾同胞，物吾与也"①的名言，肯定是流传最为广远的儒学箴言了，它也确实浸透了泛爱大同的儒家精神；可即使如此，如今恐怕也很少有人愿意接着再念出："大君者，吾父母宗子；其大臣，宗子之家相也"②，因为那显然是对于并不合理的皇权进行了明显过时和悖理的合法化，所以充其量，也只属于一种柔性的、或冲淡了的"三纲五常"。由此可见，无论一个人处在何种具体的时代，只要他无原则地泛化自己的理性，或者说，只要他误以为自己具有"无限的理性"，那么，他就总有可能去把具体的历史现象，包括肯定并没有那么合理的现行体制，都一厢情愿地"理性化"或"合理化"了，从而也就无意间构成了历史的阻力。

正因为这样，虽说两人都属于不可多得的大儒，可如果就他们对于皇权的态度而言，则绝对不会是张载的上述"父母宗子"之喻，而是黄宗羲在六百年后发出的尖锐批判，更能从原则上代表泛爱众生、以人为本的儒家精神，也更能在政治哲学的层面上赢得后人的尊重："后之为人君者不然。以为天下利害之权皆出于我，我以天下之利尽归于己，以天下之害尽归于人，亦无不可；使天下之人，不敢自私，不敢自利，以我之大私为天下之大公。始而惭焉，久而安焉。视天下为莫大之产业，传之子孙，受享无穷；汉高帝所谓'某业所就，孰与仲多'者，其逐利之情，不觉溢之于辞矣。……今也以君为主，天下为客，凡天下之无地而得安宁者，为君也。是以其未得之也，屠毒天下之肝脑，离散天下之子女，以博我一人之产业，曾不惨然。"③
——无论如何，宋明理学对于所有局部问题的相对理性化，都压不

---

① （宋）张载：《正蒙·乾称》，《张载集》，章锡琛点校，北京：中华书局，1978年，第62页。
②同上。
③ （清）黄宗羲：《明夷待访录·原君》，段志强译注，北京：中华书局，2011年，第8页。

过它在这个皇权问题上的非理性化；只不过，这件事又不能被归咎于儒家本身，因为毕竟还是沿着儒学的思想逻辑，黄宗羲又把它的理性事业继续贯彻下去了。

　　说到这里，又油然想到了那"四句教"的下一句，即张载所讲的"为生民立命"。只怕是，人们如今已把它背得太过烂熟，也就很难再来转而检讨其中的问题了。然则，如果能从心情上回溯到先秦时代，我们实则并不难去设身处地地想到，当周初的先哲顺应着"人文精神的跃动"，而讲出"天视自我民视，天听自我民听"①的时候，恐怕从当时整个世界的范围来看，都没有比中国古人的这句名言，表现得更为激进、前卫和民主的了。虽则说，在那个距今如此久远、祛魅刚刚开始的年代，还不能彻底摆脱代表神意的上苍，可无论如何，它总是把"天命"拉回了六合之内，拉到了可被确切认知的世俗人间，甚至从逻辑上说，它还暗中把"天命"这个说辞，直接就归并到或等同于"民意"了。正因为这样，照我这本书的立场来看，这句话的实质就不再是"天人合一"，而是一百八十度地掉转成了"人天合一"，或已然在基于历史主体来进行"以人论天"了；换句话说，这是在用带有具体内容的"民意"，来充填已被抽空了内容的"天命"。由此可知，且不说已进入浩浩荡荡的全球化时代了，我们即使只从悠久的儒家传统本身，也可以认定那个"天"已经融化到"人"或"民"之中了，而广大百姓的所思所想，也即现代社会中所讲的"民意"，其本身就已构成了最高的合法性来源，就已直接转变成了那个所谓的"天命"。——在这个意义上，又哪里还需要什么"天人合一"的虚拟假设，又哪里还需要什么导师去为他们"立命"？

　　所以，我们再来接着诵念张载的"四句教"，如果他所讲的"往圣"

---

① 《尚书·周书·泰誓中》，《十三经古注》第一册，北京：中华书局，2014年，第114页。

还是先秦的孔子，那么，孔子的"绝学"就只能是这样的。需要小心拿捏的是，一方面，我是既不赞成港台新儒家提出的"开外王"，也不赞成大陆晚近又提出的"自由儒学"，因为这类话语看上去是在"开出"或激活，究其实质却只是在"归并"或同化，也即让现有的西学预定了儒学的指归；由此一来，儒家虽在表面上被打磨得"政治正确"了，实则已被局促在一个有限的方寸之地，变成了别人普世性范畴中聊备一格的地方性知识，甚至从整个人类文明史的角度来看，有没有出现过儒家也根本都无所谓了。可另一方面，我又沿着思想自身的逻辑而认定，那种把"民意"视作终极合法性来源的做法，即使它的最新形态的确是从外部借鉴的，但从儒家立场来看却又是"正合我意"的。说到底，这也正是我反复强调的、所谓"从接着讲到对着讲"的好处，我们惟其如此才能将自己的文明，更加宽广地奠基于"文明间性"之上；也就是说，正如中国的伦理思想与政治实践，在过往的历史中也曾启发过西方，从而促进了欧洲那边的启蒙运动、包括它的政治现代化一样，现在这种思想在经过了递进之后，又同样富有启发地回传到了中国，让我们反倒从那个文化的"他者"中，看出了自家价值体系的更大潜力：

> 当我们把对于学术话语的持续言说，通过"对着讲"而拓展到国际的"大空间"之后，它当然会大大开拓我们的心胸与视野，从而以一种崭新的阐释语境与角度，激发出解说经典文本的新型灵感。于是，也正是在诸如此类的"对着讲"中，传统的中国文化虽未曾失去固有的风神，但它却会在一种世界性的眼光下，被不断地进行发掘、评估和重组。——也正因为这样，某些以往被压抑或忽视的潜在线索，如今就有可能在"对着讲"的语境下，被重新赋予了思想的力量和生机，从而，某

些曾经被判为先哲"短板"的外缘观念，如今也有可能在"对着讲"的激发下，而以"正中下怀"或"早该如此"的惊喜口气，被从自身的精神历程中接引出来。①

当然话又要说回来。——即使我愿意相信，作为当今世界潮流的民主制度，肯定是符合儒学的价值、立场和逻辑的，但我仍然不愿意说，那就俨然已是儒家思想的最后指归了。而我的理由仍然在于，如此天真、独断而短视的说法，又是在暗中皈依了"无限的理性"，从而就又像当年的宋明理学一样，还是把一种现行的政治制度，正因其看似"天经地义"的或无可非议的，就直接等同于"无限合理"的了。无论如何，只要仍然在无原则地膨胀自己的理性，或者更具体地说，只要仍然在基于一种斯多葛主义式的逻辑，②并且以洛夫乔伊所揭示的那种方式，大而化之地推导出"伟大的存在之链"③，那么，

---

① 刘东：《国学如何走向开放与自由》，《自由与传统》，北京：北京大学出版社，2015年，第20—21页。

② 比如，我们都熟悉程颐的那句名言："吾学虽有所受，天理二字却是自家体贴出来"。（《河南程氏外书·卷第十二》，《二程集》第3册，王孝鱼点校，北京：中华书局，1981年，第424页）不过，如果对比一下比他早生了900年的罗马皇帝马可·奥勒留的下述话语，程颐的这种"原创性"就并不显得多么突出了："理性的灵魂漫游于整个宇宙和周围的虚空，探询着万物的性质，它达到无穷无尽之时，不仅理解了，而且研究了宇宙周期性再生的意义。这些研究使理性的灵魂认识到这样一条真理，后至之人将无任何新奇之事可见，而且先去之人也未见任何我们所不能理解之物。在此意义上，可以说任何一个理智平平的四十岁的人都能——按照自然界的一律性——理解全部的过去和将来。"（《沉思录·第十一卷·第一章》，转引自［英］阿诺德·汤因比著：《一个历史学家的宗教观》，晏可佳、张龙华译，刘建荣校，上海：上海人民出版社，2016年，第9页）

③ 在这方面，我们可以似曾相识和恍然大悟地，拿前文引述过的张载《正蒙·乾称》中的那段话，即"乾称父，坤称母；予兹藐焉，乃混然中处。故天地之塞，吾其体；天地之帅，吾其性。民吾同胞，物吾与也。大君者，吾父母宗子；其大臣，宗子之家相也。尊高年，所以长其长；慈孤弱，所以幼吾幼。圣其合德，贤其秀也。凡天下疲癃残疾、惸独鳏寡，皆吾兄弟之颠连而无告者也。于时保之，子之翼也；乐且不忧，纯乎孝者也"，（转下页）

这个如此合理、丝丝入扣的世界，还有什么地方值得我们再去批判和改进，而人类社会又怎么再去谋求进一步的发展？当然，如果借用马克思的一句名言，"批判的武器"在此也可以变成"武器的批判"，也就是说，这样一种过于故步自封、洋洋自得的理论，其实已经显得相当贫乏孱弱，哪里还有什么力量来改造我们的世界？

因此，相对于那种"自由儒学"的提法，我本人更倾向于提倡"批判儒学"。——这样的提法意味着，无论相对于任何具体的社会形态，孔子的思想都只是铺垫了作为底层的运思原则，也都只是借此发出批判的理论根据。事实上，如果再回顾到本文之初，当孔子讲出"知之为知之，不知为不知"的时候，他就已经在认识中划定了清晰的界面，或者说是划分了两个切开的断片。可即使如此，本着"有限理性主义"的精神，我们也不应去毫无原则地，去掩饰、弥缝和闭合这样的裂痕，更不应再对一个莫须有的完美或充实世界，去重新进行不厌其烦和明知虚假的反复确认。恰恰相反，我们应当无畏地回到孔子的立场，对于我们既的确是置身于其中、却又并不是全然可知的世界，去保有相应的好奇与开放，保有理性的警觉与自限。换句话说，即使由此带来了相应的悲剧感，我们对于这种悲剧的努力克服，也不应表现为对于齐一性或一致性的虚拟，而应表现为对于他异性和虚无化的坚持抵抗。

也许，这就是我在本文中希望指明的、足以落实儒学的新的历史条件，当然也可以说，这或许正是儒学空前高涨的历史机遇。而

（接上页）来印证英国人苏姆·杰宁斯写于18世纪的另一段话，即"宇宙类似于一个大的有良好规则的家庭。在这个家庭里所有的官员和仆人，甚至包括家畜，在适当的附属关系里彼此相互为用，各自享受着其所处地位而特殊享有的权利和报酬，同时通过服从面对整体的宏大与幸福而作出贡献。"（转引自：阿瑟·洛夫乔伊：《存在巨链：对一个观念的历史的研究》，张传友等译，北京：商务印书馆，2015年，第279页）

在某种程度上，这种高涨还是得益于"从接着讲到对着讲"，因为正是沿着启蒙运动而抵达的存在主义，才在当代西方向我们提供了作为镜像的"他者"。虽然说，我到现在也还是不能确定，当今的历史条件是否已经足够，因为在我们复杂的现实生活中，显然也同时存在着转向其他方面的苗头。可无论如何，哪怕就连我这次最新的阐发，仍不能在当下起到足够的作用，毕竟孔子的原话早已经印在那里，所以他的思想原点还是顽强地存在着，无非在等着历史条件的进一步成熟。——或迟或早，生活在这颗行星上的人类，总会相识恨晚地醒悟到，唯有在那些话语中才蕴含着机会，足以帮助他们走出相对主义的泥潭，因为在那里边所充满和洋溢的，乃是他们可以共同享有的"理性"，而不再是各执一端、言人人殊，却又都要自命为"唯一"的超验神灵。

这才算得上是"为万世开太平"呢！——想到了这一点，我们再本着"有限理性主义"的精神，也许就有理由来说句"有限乐观"的话了：也只有在这种漫长的坚守和等待中，才最终验证了儒学话语中的"三不朽"，因为真正具有原创性智慧的哲人，正是凭着他大胆的运思和坚定的言说，而几近永恒地留下了自己的生命力，从而世世代代地在同后人们进行着对话。

2018 年 9 月 19 日于清华学堂 218 室

汉学与国学[①]

内容提要：作者既在长期主持移译汉学的工程，又在积极主持国学研究的复建，因此就来基于自己常年的亲身感受，来刻画出这两者之间微妙的张力。这两种有关中国的外部研究和内部研究，原本就是在彼此激发下相互伴生的，它们既可能由于相互补正而走向两全，但它们之间的这种互补与支撑关系，却也可能因为一方的居于明显弱势，而走向必然带来严重恶果的失衡。

我生性就是不大安分的，尽管离不开书斋式的生活，那是我获得思想自由的基地，却又不愿只是循规蹈矩地做学问，倒想先要沿着自己的心向，开辟出新的机构及其规则来，再依托着这种新创的机构与规则，更加合理而情愿地往前走。由此在多年以来，在一个方面，我既是《海外中国研究丛书》的创办者，而这套卷帙浩繁的丛书，从1988年开始创办以来，已出版了接近170种著作，在新兴的学术丛书中堪称规模最大；在另一个方面，我又是清华国学院的主要复建者，这个学院规模虽不大，可自从2009年复建以来，总是

---

① 2016年7月8日，我以《汉学与国学》为题在第六届江苏书展"书香中国全民阅读大讲堂"上发表讲演，本文是此次讲演的底稿。

承袭了早期导师既厚重、又灵动的学风，以继续弘扬"独立之精神，自由之思想，批评之态度"，所以从一开始就备受国内学界瞩目。

正因为如此，我今天也就受邀来现身说法。问题在于，一方面，我是在不遗余力地译介海外的汉学，另一方面，我又是在不遗余力地弘扬海内的国学。那么，这两种不尽相同的学术努力，是在彼此背离呢，还是相互支撑？是在此消彼长呢，还是相得益彰？进一步说，如果在汉学与国学之间发生着持续的对话，那么，这种对话的具体内容和指向又是什么？它会把我们对于中国文化的体认，带到怎样的文化倾向和知识语境中去？而这样的思想前景对于中国未来的发展，又会产生何种程度的影响？这些就是我今天想要讲演的内容，当然需要援引不少自己以往的论述。

先来引证昔年老友李零的一段话。当然，他所挖苦的也只是往日的情况，那时候人们往往还敢小觑汉学：

> 在研究中国一事上，我们对我们的海外同行有很大误解，由来已久的误解。一方面，我们有很强的"诺贝尔情结"，急赤白脸想让人家引用和承认，以为只有得到他们的重视，才算为国家挣了脸，也比国内同行高了一大截儿。但另一方面，我们又看不起他们的研究，握手归握手，拥抱归拥抱，人一走，扭脸就说，"话都说不利索，字都认不全，做什么学问"。

> 然而，我想提醒大家的是：人家，我是说很多汉学家，他们可根本就没把咱们当回事儿，他们的学问也不像我们想象的那么差。我们要知道，第一，他们的学问是在我们之外，用另一种语言，另一套规范，从教学到研究都运转自如、自成系统的学问，并非离了我们就活不了；第二，他们人数虽少，却坐拥"国际学术"而自大；我们人数虽多，却只有地区的资格，

"小"、"大"的关系是以"位势"而定；第三，他们对我们看重的是材料而不是研究，我们认为的优势，异地而观之，也许反而是劣势所在。①

无论如何，我们的清华国学院，却从一开始就不是这样的，既没有坐井观天地小觑过别人，也没有不知自重地向别人露怯。比如当年的导师王国维，就跟国外汉学家有过广泛而密切的交流。正因为这样，陈寅恪才在对王国维的挽词中称道说：

> 当世通人数日游，外穷瀛渤内神州。
> 伯沙博士同扬榷，海日尚书互倡酬。
> 东国儒英谁地主？藤田狩野内藤虎。②

我们由这首诗可知，王国维当年的交游圈子，除了本国的学者沈增植之外，更有法国的汉学家伯希和和沙畹，以及日本的汉学家藤田丰八、狩野直喜与内藤虎次郎等人。由此可见，早在上个世纪二十年代，这个早期的清华国学院，就已经是相当的国际化了。

这里又有一份珍贵的书简，有趣的是，就连它的信封都还保存完好，让我们忍不住要睹物思人。王国维在这封信中写道："兹有恳者友人陈君寅恪，向在美国、后在英德二国，研究东方各国古文字学，而未得一见先生，至以为憾，故远道遗书，嘱弟为之先容，敬乞先生赐见陈君，欲请益之处甚多，又欲览巴黎图书馆中先生所得敦煌

---

① 李零：《学术"科索沃"：一场围绕巫鸿新作的讨论》，《中国学术》第二辑，北京：商务印书馆，2000年，第202—203页。
② 陈寅恪：《王观堂先生挽词序》，《陈寅恪集·诗集·附唐筼诗存》，北京：生活·读书·新知三联书店，2015年，第15页。

各处古籍，祈先生为之介绍，并予以便利"。^① 我们由此便足以生出遐想，那准是王国维在收到了陈寅恪的"远道遗书"以后，又托人将这封介绍信先带到了巴黎，再由陈寅恪当面交给了伯希和的。

在这封信发表之前，桑兵也曾撰文约略谈到过此事："1922 年，董康在法国国家图书馆敦煌室抄录有关法制的文卷，又介绍前来考察实业的胡光麃与伯希和见面，获准往观有关技艺的敦煌资料。两年后，日本中国学家内藤虎次郎赴欧阅看敦煌卷子，董康托其带书给伯希和等欧洲汉学家。在此前后，经王国维介绍，陈寅恪在巴黎拜见了伯希和，并在其家看到韩本《元秘史》。"^②

不过，如果从书简的信封与信笺来看，在陈寅恪拜见伯希和这件事上，我们又可以把上述笼统的说法，确切地再向后推移三年。第一，既然已经在用清华学校的信封与信笺，就说明王国维已经来到了这所学校，而他是迟至 1925 年 2 月才来就任的。第二，此信已经注明了是写于"阴历七月廿四"的，那正是阳历的 1925 年 9 月 11 日。第三，在 1925 年 11 月 9 日的日记中，吴宓曾记载到"陈寅恪函，十二月十八日由马赛启程。"^③ 我们由这三条材料足可判断，陈寅恪在巴黎面见伯希和的时间，理应是在从 1925 年 9 月 18 日（当时的轮船至少要走一周），到 12 月 18 日的这三个月之间，并且更可能是在这三个月的前一段（否则就没时间去图书馆了）。

再沿着上面的话题往下讲，至于那位留洋归来的陈寅恪，在这方面就更是如此了。比如大家想必都知道，陈先生任教清华国学院

---

① 祖艳馥、达西娅·维埃荷－罗斯编：《史与物：中国学者与法国汉学家论学书札辑注》，北京：商务印书馆，2015 年，第 151–152 页。
② 桑兵：《国学与汉学：近代中外学界交往录》，杭州：浙江人民出版社，1999 年，第 123 页
③ 吴学昭：《吴宓与陈寅恪》，北京：清华大学出版社，1992 年，第 31 页。

之后，给同学们开出的第一门课，就是"西人之东方学之目录学"。不过，这门课程的内容是什么，却大概由于当时也没人听懂，便也缺乏相关的记录或追忆。不过，令人感兴趣的是，最近却有学者就此大胆猜测道，"西人之东方学之目录学实际上并非寅恪为了介绍西人的东方学而自己创造出来的新词，而相当可能是出自当时德版的一套杂志，即《东方学目录》（*Orientalische Bibliographie*）。"①

尽管从治史的方法而言，我们也许还应稍微谨慎一些，不去在一门课程和一套杂志之间，直接划上这样的等号，不过，如果参照陈寅恪此后又开出的课程，比如"梵文——金刚经之研究"、"高僧传之研究"、"梵文文法"、"唯识十二论校读"等等，我们又可以相信上面的猜测，终究还是"即不中亦不远"的。也就是说，陈寅恪在他刚回国任教的时候，其学术规划原本更为国际化，干脆就是打算研究"东方学"的，而且他心目中的这种"东方学"，又在很广泛的宏观视域中，把"中国"乃至"东亚"的话题也囊括在内。我们由此也就能理会到，尽管陈寅恪后来因为突发眼疾，就无法再接着进行这种东方学研究了，因为很难找到那方面的助手，可即使是在从事着国学研究，他的格局与视野也都不会囿于这个有限的"国"字。

不管怎么说，我们由此总可以看出，清华国学院从创立伊始，就正像王国维早已自觉到的那样，是在讲究"中、西二学，盛则俱盛，衰则俱衰，风气既开，互相推助。且居今日之世讲今日之学，未有西学不兴而中学能兴者，亦未有中学不兴而西学能兴者。"②

而到了后来，张广达更以王国维本人的治学为个案，清晰地演

---

①陈怀宇：《在西方发现陈寅恪：中国近代人文学的东方学与西学背景》，北京：北京师范大学出版社，2013年，第166页。

②王国维：《国学丛刊序》，《王国维文存》，方麟选编，南京：江苏人民出版社，2013年，第702—703页。

示出了这种"盛则俱盛，衰则俱衰"的认识规律："先生（即王国维，引者注）置身于新时代，在前期'独学'西方哲学，不仅扩大了学术视野，为自己补充了逻辑学、欧洲哲学、美学、伦理学、心理学、文学等多学科知识，改变了自己的知识结构，而且得到了思维训练……这样，王国维既具有中国戴、段、钱、王等乾嘉大师以及他钦佩的汪中、程瑶田等传统学者的功力和精识，又有了逻辑思维、哲学思维和西方生成知识学提供给他的启示……此外，其它学科带来的支持性学识，亦即 Michael Polyani 所说的支持性学科的作用，新数据的参证，主客观多重因素的结合，使王国维展现出来蕴蓄已久的创造力和原创力。因而他在选定以国学研究为志业之后，在依据文献和出土实物处理大量信息，打通貌似没有关联的多种数据之间的隔障的时候，显示出来惊人的贯穿能力和综合判断能力。"[1]

事实上，正是出于这样的背景，才产生了我后来又指出的，那种既在意料之外、又在情理之中的鲜明反差，——而且，也正是因为这样的反差，才使得当年的那几位导师，在后人那里又成了难以逾越的学术高峰："而今距离那个神话般的年月，已经过去了八十余载，就连他们那些同样传为佳话的门人，也已悉归道山。不过，到这时反而看得更清了：尽管在国学院的众多门生中，同样不乏一代宗师，而且其总体学术阵容，更是令人啧啧称奇；然而，如果从格局与气象来看，却仍然不能不承认：导师毕竟是导师，而学生毕竟是学生。"[2]

---

①张广达：《王国维的西学与国学》，《中国学术》第十六辑，北京：商务印书馆，2004年，第127—128页。

②刘东：《清华大学国学研究院·四大导师年谱长编系列》弁言（原稿），参阅《国学："礼失求诸野"之后》，《我们的学术生态：被污染与被损害的》，杭州：浙江大学出版社，2012年，第193页。

而我随即就在这篇序言中，对此给出了进一步的回答："至少我们可以说，他们在当时简直是无一例外，都属于最了解西学的中国学人；而一旦得到了这种世界性的框架，再回头来反观本土学术文化，眼光终究是大不一样了，于是故国传统在他们那里，就反而显得既值得坚守，又充满灵动和弹性。"①

也正因为这样，每逢有新收的弟子在国学院入学，我都向他们首先进行这样的提示：先不要讲梁（启超）、王（国维）、陈（寅恪）、赵（元任）、李（济）的"国学"水平如何，反而要首先看到，他们在当时那个相对封闭的中国，恰恰在"西学"的造诣上堪称领先，甚至可以说，他们就是当年最通晓西学的中国人。还是因为这样，在我的主持下开始恢复重建的、又再度拥有了五位导师的清华国学院，也绝不可能荒疏或偏废了西学。事实上，尽管我们的名称是"国学研究院"，然而，我们在"西学"方面所投入的关注与努力，如果不是更多的话，至少也是同样的多。

那么，到底为什么会是这样呢？这就需要澄清一些相应的误解了。

首先我们要来确认——其实这也相对容易理解——什么算是现代汉语中所讲的"汉学"："一般而言，先不必去追问它的这种涵义到底是怎么在随机漂浮中生成的，反正只要发言者不就自己所使用的词义去进行特别的声明，那么，他在现代汉语中所讲的'汉学'一词都是在用来泛指：'外邦人以对于他们而言是作为外语的中文来研究对他们而言是作为外国的中国的那种特定的学问。'这就是我本人在经过长期沉淀以后，对于'汉学'一词所给出的具有确凿内涵

①刘东：《清华大学国学研究院·四大导师年谱长编系列》弁言，《用书铺成的路》，北京：北京大学出版社，2010年，第321页。

的定义。"①

　　反过来，不容易一眼就看透的，却是现代汉语中所讲的"国学"。人们往往会望文生义地以为，既然这是在指称一个文明古国的传统学问，那肯定就是古已有之的学问。可实际上，如果不计较他的那种揶揄的口气，倒是被李零用一句话给挑明了——"国学虽刻意区别于西学，但实质上是'国将不国之学'。"②换句话说，正如霍布斯鲍姆等人的研究所示，任何现代生活中的传统因子，都只能是经由再发明而创造性转换的，所以，我们的"国学"作为"传统的发明"，它的出现也是相当晚近的事情。这种吊诡的情况，正如我又在另一篇文章中所说："尽管或许有日文中的两个汉字组合，来作为最初引进活动的模板或提示，但当人们在中文语境中明确提出'国学'二字的时候，其问题意识却绝对是自家的和本土的。——具体而言，他们之所以挑起了'国学'二字，并不是故步自封地要做井底之蛙，相反倒首先意味着在面对文化他者，尤其是压强巨大的西方学术时，由于已经明确意识到了对手的强大，才转而发出对于本土学术文化的自限性定义。"③

　　正是在这个意义上，我们才可以辩证地体会到，中国现代学术语境中的所谓"国学"，从一开始就是同舶来的"汉学"双峰并立的。也许不妨这么说，一方面，正因为感受到了来自西方的学术压力，本土的学术才会像以赛亚·伯林所讲的那样，如被压弯的树枝一样去奋力反弹；另一方面，也正因为受到了来自"汉学"的激发，被

---

① 刘东：《"汉学"语词的若干界面》，《自由与传统》，北京：北京大学出版社，2015 年，第 247–248 页。

② 李零：《传统为什么这样红——二十年目睹之怪现状》，李零：《放虎归山》（增订本），山西人民出版社，2008 年，第 227 页。

③ 刘东：《国学：六种视角与六重定义》，《中国学术》第三十二辑，北京：商务印书馆，2012 年，第 274 页，着重号为原文所有。

再度创造性发明出来的"国学"，才获得了与之争鸣的轨道和动力。

> 一班无聊新党，本来看自国的人，是野蛮人；看自国的学问是野蛮学问；近来听见德国人颇爱讲支那学，还说中国人民，是最自由的人民；中国政事，是最好的政事；回头一想，文明人也看得起我们野蛮人，文明人也看得起我们野蛮学问，大概我们不是野蛮人，中国的学问，不是野蛮学问了。在学校里边，恐怕该添课国学汉文。①

事实上，这种良性互动的关系从一开始，就潜在地构成了清华国学院的灵魂，正如我在另一处文字中所指出的："既要有中国问题和世界眼光，又要有中国眼光和世界问题，就构成了我们心向的两面。而正是在这种对话和互动的关系中，我们笔下和头脑中的中国性，才具有了更多的灵动性。这也正跟当年国学院里的情况相似：有了向外关切的梁启超，中国就有了自己的变法与新民；有了向外关切的王国维，中国就有了自己的美学和比较文学；有了向外关切的陈寅恪，中国就有了自己的边疆史地之学；有了向外关切的赵元任，中国就有了自己的语言学；有了向外关切的李济，中国就有了自己的考古学……也就是说，正是在我们这所学术机构中，那个支撑着我们全部文化认同感的中国性，才并非僵化的死物，才总是显出方生方成的活力，才伴随着外部激发而一直在并长争高。"②

然而，话毕竟又要说回来，这种互动的关系又是辩证的，它属于一种相当微妙的、因而也就带有某种危险的平衡关系。正因为这

---

①章太炎：《论教育的根本要从自国自心发出来》，载章念驰编订：《章太炎演讲集》，上海：上海人民出版社，2011年，第81页。
②刘东：《中国学术》第二十七辑·卷首语，北京：商务印书馆，2012年，第2页。

样，只有基于这种充满弹性的关系，才能读懂陈寅恪当年在审查冯友兰的哲学史著作时，所顺手进行的借题发挥：

> 至道教对输入之思想，如佛教摩尼教等，无不尽量吸收。然仍不忘其本来民族之地位。既融成一家之说以后，则坚持夷夏之论，以排斥外来之教义。此种思想上之态度，自六朝时亦已如此。虽似相反，而实足以相成。从来新儒家即继承此种遗业而能大成者。窃疑中国自今日以后，即使能忠实输入北美或东欧之思想，其结局当亦等于玄奘唯识之学，在吾国思想史上既不能居最高之地位，且亦终归于歇绝者。其真能于思想上自成系统，有所创获者，必须一方面吸收输入外来之学说，一方面不忘本来民族之地位。此二种相反而适相成之态度，乃道教之真精神，新儒家之旧途径，而二千年吾民族与他民族思想接触史之所（诏）〔昭〕示者也。①

也正因为这样，尽管那样做会更加讨巧和简易，而且我个人的知识优势也会更加明显，但我却不会去创立一个汉学研究所，而只会去复建一个国学研究院。在我看来，在当代中国的学术语境下，如果对于国际汉学的了解，代表了一个人治学的宽度，代表着其枝叶的光合作用，那么，唯独在本国国学方面的创意，才能代表一个人治学的深度，代表着根部的汲取与抓牢。出于这种考虑，无论我在北大还是清华教书时，也都曾一再坚持这样的主张：汉学只应是专业的基础课，而不应被设为独立的专业课。

---

① 陈寅恪：《冯友兰〈中国哲学史〉下册审查报告》，《金明馆丛稿二编》，北京：生活·读书·新知三联书店，2015年，第284—285页。

当然，即使只是专业基础课，那也是必备和必修的课程，而既要开好这样的课程，就要预先准备好足够的参考书。正是从这种学术验收的角度，既令人欣喜又令人自豪的是，自从1988年创立以来，我们在来自几代江苏出版家的、具有超常耐力的接力支持下，逐渐打造出了《海外中国研究》这一名牌丛书。以至于截至2016年6月，我们这套书已经出版了169种，而且正在进行制作的还有68种，当然还有考虑进行的几十种。

即使如此，《海外中国研究丛书》还只算是一只领头羊，而别家出版社也编过一些规模较小的这类丛书，或者也零星出版过一些这类的图书。所以，一旦从总体上进行检阅，我们就可以毫不夸张地说，中国人从来没有像今天这样，可以读到这么多的汉学成果，可以如此逼真而及时地看到汉学界的全貌。有趣的是，只需再做一个简单的对比，我们就可以从中真切地领悟到，这正是空前开放的一个鲜明印证：当我把译介工作拓展到日本研究以后，又首先选定了50种这方面的公认名著，然后就到日本的图书馆去进行查找，却发现日本人竟然只翻译了这些书中的寥寥数种，不过在十分之一到五分之一之间。

所以相比起来，也许有点出乎西方观察家的意料，倒是中国人在更加心态开放地，更加心胸开阔地，对待产生于他们国家东亚系里的那些学术成果。记得刚好在20年前（1997年），我就在向哈佛同行发表的讲演中，对着史华兹、柯文和杜维明等教授说道："尽管时紧时松的政治空气不无干扰，时冷时热的图书市场也不无影响，但在90年代的中国，仍有很大的未定因素，要取决于我们的努力或者不努力。当然说到这里，更应当首先感谢在座的同行，尤其是像史华兹教授这样卓有成就的前辈学者。不管你们的具体论点能否被最终接受，你们都以无可辩驳的学术量，帮我们维护着学术研究的尊严，并以此吸引回来了一部分读者。"①

的确，回想起来真能惊出一身冷汗：如果没有这些国际同行的别具慧眼，那么，即使那正是在讨论我们自己的生活和历史，我们却也不知道会忽略掉多少重大的问题；而且，我们还不得不承认，这些国际同行所以能提出那样的问题，恰恰是因为他们是来自中国之外，具有我们所不具备的外在视角，不会把很多原本需要深入反思的要点，都当作了不在话下的文化前理解。

正因为这样，在创办和主持《海外中国研究丛书》的近三十年间，我也一直保持着这种借助于别人的眼光，来不断地发现自身的某些未知侧面，以便从中体会发现快乐的心态，甚至这种求知的快乐随着年龄的增长，还总是在有增无已。经常会有人忍不住问我，你的精力怎么会这么好呢？其言下之意就是，你怎么就没显出什么老态来呢？然而，当你每天都能打开一本新书的时候，当你总能为自己又弄懂了一个道理，而又惊又喜地搓搓双手、以手加额的时候，你又怎么会有时间发那种伤春的闲愁呢？——夫子所谓"其为人也，发愤忘食，乐以忘忧，不知老之将至云耳"②，说的不正是这样的人生状态吗？

只不过，任何硬币都难免还有另一面。如果在这套丛书创办的时候，我们要面对的是井底之蛙的自大心态，那么，到了这套丛书大获成功的时候，我们需要转而面对的，却是亦步亦趋的盲从心态。我的老同学张西平教授，曾经用这样的话跟我打趣，说是以往有"吃曹雪芹饭"的，或者"吃鲁迅饭"的，可现在都没有"吃刘东饭"的多了。他的言下之意是说，到我们这套丛书里寻找话题、摘章引

①刘东：《中国学术出版的现状》，《我们的学术生态：被污染与被损害的》，杭州：浙江
　大学出版社，2012年，第211页。
②《论语·述而》，《十三经古注》，北京：中华书局，2014年，第1978页。

句，简直成了年轻一代的一大时髦，以至几乎任意打开哪本博士论文，都很容易在它的参考书目中，发现不少我们这套书的选题，甚至就连那些博士论文的标题，也都越来越像这些译著的题目，似乎不这样做就显得不够学术了。

由此一来，如果拿前边提到的、陈寅恪早年的提醒来对照，我们就不难警觉地发现，一旦那种互动的关系失去了平衡，就一定会带来偏向一侧、甚至掉到桥下的危险。的确不错，由于西方、特别是美国的东亚研究，可以说一向都是"漂在钱海"里边，也由于那边至少不会缺乏规范的要求，就使得他们的研究成果起码在外表上，一定要具有旁征博引和论证细密的特点，还往往要倚靠时髦权威的理论背景，而一般又是凭借著名的国际刊物或大学出版社发表，而凡此种种又都很符合中国官方的僵化规定，这就很容易在年轻一代那里，造成一种对于外表形式的盲目信从，不再去调动自己的主动思考和亲切经验，来对这些成果进行反思、切磋与验收，由此也就造成了"我们身陷其中的困境，它一直意味着某种现实的危险：判断的真值问题只被还原为声音的大小问题，假说的合理性质仅仅取决于论证的绵密程度，缘此中国就有可能是或不是任何东西。"[1]

也正因为这样，我才在晚近的文章中大声疾呼："最近，人们对于某些字面上的雷同，投以了普遍而持续的关注；然而，除了这种较易鉴别的抄袭之外，其实更足以毁灭国内学术界的，恐怕还不是单纯字面上的剽窃，而是对于来自外部的'问题意识'的、不足与外人道的拷贝。——这种在方法和视角上的投机取巧或缴械投降，尽管能用一些速成（肯定也将会速朽）的'学术产品'，去迎合别国

---

[1]刘东：《警惕人为的"洋泾浜学风"》，《理论与心智》，杭州：浙江大学出版社，2015年，第16页。

学术'星探'的固定口味，然而它带来的深层恶果却是，使得中国人从其灵魂深处，就逐渐丧失了提出独特问题的心理能力，和磨灭了解决这类问题的心理动机。"①

这当然并不意味着，我们从一开始就不该翻译这些著作，而只意味着由陈寅恪当年那种恰到好处的尺度拿捏，一旦到了文化断根的年轻一代那里，就很难再这么照方抓药了。毕竟，陈寅恪原本是家学渊源，是湖南巡抚陈宝箴的孙子，是一代大诗人陈三立的儿子，并不缺乏来自传统学术的教养，并不缺乏作为国学的文化主体性。然而，这一切在历经了"文革"之后，便已被从教育内容中洗劫一空了。这也就再一次从反面提醒我们，对于"汉学与国学"的同时阅读，原应是当代心灵的一体两面，而一旦失去了本土学术的背景，那么，无论再吃下了什么好东西，也都只会落得个消化不良。

正因为这样，既已面对着如此卷帙浩繁的汉学成果，又不得不坦诚自己如此贫弱的知识生产能力，我们就更要学会摆正阅读的心态，以便不偏不倚地、充满技巧和警觉地走过脚下这根平衡木。所以，在一个方面，我们必须继续坚持一直以来的开放心态，意识到任何民粹主义和民族主义思潮，都只会坑害而不是帮助我们："的确不错，如果借用康德的一个说法，我们可以尖锐地揭露和批判说，人们对于生于斯长于斯的文明环境本身，往往会产生某种'先验幻象'，以致对那些先入为主的价值或事实判定，会像对于'太阳从东方升起'之类的感觉一样执信。也正因为这样，那些学术研究家的文化使命，才恰在于检讨现有的知识缺陷，适时地进行修补、突破和重构。在这个意义上，我们必须毫不犹豫地挑明：任何人都不会仅仅因为生

---

①刘东：《清华国学和域外汉学》，《我们的学术生态：被污染与被损害的》，杭州：浙江大学出版社，2012年，第198页。

而为'中国人',就足以确保获得对于'中国'的足够了解；恰恰相反，为了防范心智的僵化和老化，他必须让胸怀向有关中国的所有学术研究（包括汉学）尽量洞开，拥抱那个具有生命活力的变动不居的'中国'。"①

可在另一个方面，我们又必须同时意识到，对于"僵化"的这种克服，如果不是心存警觉的话，却也可能又沦为"泡沫化"，从而从"思而不学"的一种偏颇，转化为"学而不思"的另一种危险。——"汉学毕竟既是中学的一支，更是西学的一支，那中间潜伏着许多未曾言明的外在预设，本质上跟本土的国学判然分属于两大话语系统。正因为这样，尽管中国传统早在西风中受到过剧烈震撼，可一旦大规模地引进作为完整系统的汉学，它仍然要面对着新一轮的严峻挑战；我们甚至可以说，此间的挑战竟还大过对于主流西学的引进，因为它有可能直接触及和瓦解原有文明共同体的自我理解，使国人在一系列悖反的镜像中丧失自我认同的最后基础。当今中国知识界可怕的分化与毒化，其实在很大程度上正是缘于汉学和汉学家的影响。这种要命的相对化刺痛着我们：一旦丧失阅读和思考的主动性，陷入别人的话语场中而无力自拔，就有可能被别人特有的问题意识所覆盖，乃至从此难以名状自己的切身体验，暴露出文化分析的失语和学术洞察的失明。"②

必须意识到，无论海外汉学的成就有多高，我们都不能只去学习它的表面形式，都不要去刻意摹仿它的发言口吻；恰恰相反，正因为它达到了如此发达的程度，我们就更要去努力培养与之对话的能力，而不是拿它来简单抵消本土的思考，甚至当作自己由此反而

①刘东：《对话中变迁的"中国"：〈喜马拉雅学术文库·阅读中国系列〉总序》，《用书铺成的路》，北京：北京大学出版社，2010年，第113页。
②同上，第113—114页。

可以偷懒的理由。毕竟，"由于中华文明的自身规模，远非西太平洋岛屿上的原住部落可比，所以对于我们这种文明的研究，就不能仅仅来自文明的外部，不能只是被突如其来的'闯入者'所垄断。正因为这样，对于'中国'这样一个学术对象，也就注定可以有'外部研究'和'内部研究'这样两种天成的视角。——如果前者必然是外在的，那么后者就可以是内省的；如果前者必然是价值无涉的，后者就可以是同情的；如果前者必然是冷静或冷漠的，后者就可以是同情和体验的；如果前者必然是实验或解剖的，后者就可以是涵泳其间的；如果前者必然是专科的，那么后者就可以是通识的；如果前者必然是分析的，那么后者就可以是综合的；如果前者必然是僵硬的，那么后者就可以是灵动的和充满弹性的。"①

上述这一连串的对比意味着，一方面，正如我们在前面所指出的，来自文明外部的视角是非常宝贵的，是很有启发意义的；但正因此，在另一方面，却也存在着相应的危险，那就是由于西方文明太过发达、太过强势，就使得原本来自外部的方法与视角，也悄然地移入了我们文明的内部，以至于完全压倒了内部的声音，终竟使得我们在国际学术界，陷入了失声和失语的境地。

更要进行提醒的是，这种失声和失语的状态，有时偏又是以喧闹一时、甚嚣尘上的形式表现出来的："就像月亮足以在地球表面吸引出潮汐来一样，美国同行们的识别预期本身，也可能构成一种来自视觉的压力，从而在中国知识界创造出跟自己越来越相似的东西。长期的两边走动使我相信，这种互动过程可以大致被叙述为这样三个阶段：首先，从中国的年轻后进中物色访问学者乃至留学生，

---

① 刘东：《清华国学与域外汉学》，《我们的学术生态：被污染与被损害的》，杭州：浙江大学出版社，2012年，第197–198页。

向他们灌输自己的思想观念和派别倾向；然后，等到这些弟子学成出道以后，则利用他们的写作特别是中文写作，到中国本土进行广泛的宣讲和挑起无穷的论战；最后，这种经过重组的中国经验会再次被反馈到西方来，以验证和加强国际话语竞争场的某一具体方面。"①

如果在这样的基础上，再进行相应的总结，我们就理应平衡地看到，一方面，我们肯定是有充足的理由，来对阅读活动进行大力推广。我在以往的文章中曾经说过："阅读传统是自文明创化以来逐渐养成的一种惯于通过书写符号系统来扩充知识和增益自我的文化习性，由于此种习性必然代代相传地内化为某种下意识的心理动能，它就有可能引导人们普遍地不去计较每一次阅读行为的浅近目的，而仅仅无功利地沉湎于这种行为本身。"②而正因为这样，"既然只有作为普遍心灵习性的'阅读传统'，才能使我们这个共同体从精神根基处摆脱被动，那么无论对教育界还是对出版界来说，首要的任务就是去守护和尝试恢复这种传统。"③

但另一方面，与此同时也应该看到，都说书籍是人类进步的阶梯，却不知要是弄得不好，书籍也有可能成为人们堕落的滑梯；甚至，就连那位把书籍比作进步阶梯的高尔基本人，后来也照样是沿着这架滑梯溜了下去。所以，到底是福是祸，还在于人们进行阅读的方法如何，在于他们是否具备同书籍进行对话的、足够强大的文化主体性。耐人寻味的是，监管部门以往习惯去做的，只是尽其所能、

①刘东：《中国研究领域的测不准定律》，《我们的学术生态：被污染与被损害的》，北京：北京大学出版社，2011年，第318页。
②刘东：《千呼万唤"阅读传统"》，《用书铺成的路》，北京：北京大学出版社，2010年，第39页。
③同上，第43—44页。

心劳日拙地去进行鉴别，误以为好书就必然带来积极面，坏书就必然带来消极面；殊不知，其实接受的主体并不相同，他们理解的能力也并不相同，因此在积极对话的情况下，就算是坏书也能带来好的结果，而在不能对话的情况下，就算是好书也照样带来坏的结果。

所以说来说去，还是要回到起初的话题：越是有了汉学，就越是要有国学，而且，也正因为汉学越来越强大，才刺激得国学越来越丰富。无论如何，你还是要有你自己用来思考的头脑，还是要有你自己用来感受的肌肤，而汉学无非是给了你一个知识的支点，并不能取代你自己的主动思考，更不能取代你自己对于从你祖先到你后代的历史时间的亲切感触。如果我们终究能够做到，总是由他们的思考来松动和启发我们的头脑，又总是由我们来追问和整合他们的成果，从而共同把对于中国的认识，循环往复地、动态平衡地推向步步深入，那么，这种在当今世界中文明对话的一种特殊形式，就准会是中国人最能找到感觉和发挥优势的一种形式。

最后还要再说明一下，自觉地推行这样的文明对话，尽管有时会引起学术的争执，甚至会相争不下、火花四溅，然而这并不必然意味着，在国学家和汉学家之间，就只存在思想对手的紧张关系；恰恰相反，这样的对话反而是一种契机，使我们由此而结为知心的朋友。即使是在不相往来的冷战时期，在美国学术界也有一种传言，说是搞苏联研究的，大都仇视他们的关切对象，而搞中国研究的，却大都同情他们的关切对象。这正说明他们在长期的关切下，对于中国产生了移情心理，从而或多或少地会认同于中国。而在这个意义上，他们正是广义"文化中国"的成员，是中国人在西方学术界的最为可贵的"善缘"。

正因此，我才在悼念好友魏斐德教授的时候，由衷地写下了这样的话语"在利欲熏心的年代选择做学问，不管有多少亏要吃，但至少还有一件事，那是官场和商场都比不了的，这就是你可以广泛地以文会友，甚至到整个世界的范围内，去寻找跟你志趣相投和智力相等的朋友。这样，你所拥有的至情至性的知己，肯定要比那些毕生以尔虞我诈为业的人多得多。簇拥着这些朋友，你不仅可以增容头脑、同商大计、共享情怀，还更可以像齐美尔所说的那样，在社会交往的游戏形式中，享受到接近美学标准的快乐。在那样的时刻，你甚至会搓搓双手踌躇满志地想到，人还没准真是一种高等动物罢？"①

所以我们还是要看到，他们那些纷至沓来的研究成果，之所以显出了如此之高的势能，之所以对我们构成了巨大的压力，那归根结底还是因为，他们具有更加健全而懂行的大学体制，既能够保持奖勤罚懒的足够压力，又不会急功近利地拔苗助长，甚至干脆就是在杀鸡取蛋，非要花点钱来迫使斯文扫地，正所谓"你要我的钱，我要你的命"。换句话说，他们的超强的学术创新能力，说到底还是源于他们本身的出息、他们的制度创新，而我们的相形见绌的知识生产水平，说到底还是源于我们自身的现状，以及我们对于这种现状的缺乏反思。

说到这里，我忍不住又要再来引用两段文字。第一段，是任正非在今年五月的全国科技创新大会上所讲的："我们国家百年振兴中国梦的基础在教育，教育的基础在老师。教育要瞄准未来，未来社会是一个智能社会，不是以一般劳动力为中心的社会，没有文化不能驾驭。若这个时期同时发生资本大规模雇佣'智能机器人'，两极分化会更严重。这时，有可能西方制造业重回低成本，产业将转移回西方，我们将空心化，即使我们实现生产、服务过程智能化，需

---

① 刘东：《未尽的文字缘》，《读书》，2006 年第 12 期，第 113 页。

要的也是高级技师、专家、现代农民……因此，我们要争夺这个机会，就要大规模地培养人。"①

第二段，则是我本人早在去年冬季的腾讯思享会上就讲到的："我们要高速增长，至少保持一个速度才能达到脱贫。那我们走没走出中等收入的陷阱？这是一个很大的问题。别的不说，我说一条，你这样来料加工的话，就有一个创新的问题。我经常在美国看见很好的东西想买回家，都拿到柜台了，翻过来一看'made in china'，可是中国人却看不到，是美国人创新以后来料加工的。从我作为教授的角度来说，如果我们的教育还是死记硬背的应试教育，我相信我们的创新是不可指望的。我先教北大、后教清华，我的学生里边有很多状元，但是他们不会创新，他们的博士论文主题都是老师我给的。一个博士论文题目都找不到，怎么可能做出能打败乔布斯的新成果？"②

怎么样？都想到一起来了吧！就我们今天的话题而言，可以毫不夸张地这么讲，如果还是不能进行迫在眉睫的改革，如果还是坚持要由外行来领导内行，如果还是不能把办学许可下放给民间，如果还是要拿出那么多官办的基金，来以强势垄断的政治力，死死地牵住学术界、特别是年轻学者的牛鼻绳，如果迟迟不能做到我大声疾呼的"译百家书，成一家言"，让中国的学术界接续涌现出更多的王国维和陈寅恪，如果不能在尽量了解西学的同时，又尽力去激活本土的国学，那么我们就完全可以预见，在汉学与国学之间的这种创新水准的差距，差不多肯定还是会被继续拉大，直到让我们感到

---

① 任正非：《以创新为核心竞争力，为祖国百年科技振兴而奋斗》，引自 http://k.sina.com.cn/article_1558042207_5cddd65f027008f39.html。

② 刘东：《社会自治可驯化政治力》，引自 http://cul.qq.com/a/20151126/015532.htm。

蒙羞，甚至望尘莫及。我们对于这一点，必须要有清醒的认识，和足够的危机感。否则的话，在汉学与国学之间的良性对话，以及基于这种对话而构建起来的、既更开放又更稳健的中国性，以及基于这种中国性而自然伸展和发育出来的、我们子孙后代得以安享的良善生活与美好福祉，这些终究都是难以指望的。

2016 年 7 月 4 日写于清华学堂 218 室

两种古典学之间的对话

——回答白雅琪教授①的提问

白雅琪：什么原因促使您开始西方古典学研究？您做此研究的理由是否改变过？您的研究方法是否改变过？

刘东：我并不是以西方古典学为志业的。但是，作为全球化时代的中国学者，我也不可能不去读这方面的书。它先后从两个方面跟我的学业有关：首先是在求学的时候，对于西方古典哲学和古典文学的阅读，不仅奠定了我的知识基础，而且在某种意义上还帮助型塑了我的思想方式；其次是在研究的阶段，对于西方古典学术的不断回顾，构成了我在进行跨文化比较时的主要参照系之一。比如，我刚刚完成的《悲剧的文化解析：从古代希腊到现代中国》（上卷），就尝试着从中国学者的特有问题意识出发，去重新认识当年在希腊舞台上发生的事情。

白雅琪：您认为西方古典学是否塑造了现代欧洲／美国？如果是，是如何塑造的？基督教是如何融入这幅图景的？

刘东：对于这个问题，令人乐观的回答是，它当然塑造了现代欧洲和美国，而令人悲观的回答则是，可惜它是和基督教一起进行塑造的。中国人基于自己的语言，把西方的根基说成是"两希文明"，

---

① Shadi Bartsch–Zimmer，汉名白雅琪，芝加哥大学古典学杰出教授。

即希腊文明与希伯来文明，这似乎也显出了某种统一性。不过，尽管我们从马修·阿诺德那里，就不断地听说这"两希文明"是如何融洽地互补，但从一个以"无宗教而有道德"而闻名的文明出发，还是会不断地看到西方文明内部的巨大裂痕。

白雅琪：在您看来，一神论、儒学以及希腊罗马的宗教信仰之间的最大区别是什么？

刘东：这件事比较吊诡。如果从犹太教的立场来看它，那么无论是儒学的"即凡而圣"的立场，还是希腊罗马的多神教，都属于宗教发展的初级阶段。但反过来，如果把马克斯·韦伯所讲的"祛除巫魅"，看成是一个文明进化的必然趋势，那么罗马城里的万神殿，就要比耶路撒冷城中的寺庙，更加靠近"不言怪力乱神"的儒学。这就是我为什么一直在强调"中国和希腊的文化亲和性"的原因。

白雅琪：您如何使用"理性"这个词？您如何看待工具理性与价值理性？除了这两种以外，您认为有其他不同类型的理性吗？您认为它们与道德品质相关吗？

刘东：我当然是在马克斯·韦伯的意义上，看待工具理性和价值理性。但我认为，在他的理论中有一种基本的缺失，那就是他虽然在古代社会中设定了很多种价值理性，但却只在现代社会中设定了唯一的工具理性。由此就会导致一种很难察觉的误解，好像工具理性有可能脱离价值理性而自行其是，而简直像癌细胞一样地蔓延开来。正因为这样，一方面我们要认识到，韦伯所讲的工具理性，正好是服务他所讲的新教伦理的，所以它从来没有脱离过后者的规范，所以如果出了什么问题也是新教伦理的问题；另一方面我们也要认识到，他所讲的其他类型的价值理性，也都同样具有自己的工具理性。比如，我这学期开始给同学们上一门新课，题为《先秦理性主义的遗产》，那正是在讲中国自己的理性主义，而它当然也是既具有自己的价值理性，也具备与之相应的工具理性。

白雅琪：在您看来，当今中美之间的政治交流是否反映了两者不同的古典学传统？

刘东：如果把中国本身的古典学，理解为我所从事的国学，那么对于这个问题的答案就是肯定的。人们只看到了当代中国的一个变量，那就是经济的力量在不断扩大，于是这就引起了基于误解的恐慌。但是，如果人们也看到当代中国的另一个变量，那就是国学的精神正在不断地恢复，甚至即使在政府高层那里也是如此，他们就应当比在过去的任何时候，都更关注中国独特的价值取向，会对中国未来的发展起到什么影响。这样一来，也许他们对于中国的恐慌也就会消失了。

白雅琪：在您看来，您的著作在中国有众多读者和广泛影响力的原因是什么？

刘东：如果我毫不犹豫地就回答这个问题，会显得已把这个判断看成理所当然的，而那样会使别人觉得我太不谦虚了。当然，如果平心而论的话，我在中国还算是有一点影响，然而纯学术的影响在现代社会总是有局限的。也许应当这么说，我既然长期在北大和清华教书，而这正是当今中国的领军学府，那么，我更多地是在影响那些影响别人的人，是他们在把包括我自己在内的这些教授的想法，逐渐地带到了社会上去。

白雅琪：您如何看待中国古典传统对当今中国的影响？您认为中国古典学的继承和发展过程中是否存在断裂？如果是，这与中国政治与社会的发展有什么联系吗？

刘东：毫无疑问，由于受到西方的强烈冲击，从上个世纪的五四运动开始，直到最为登峰造极的"文化革命"，中国的古典传统发生了可怕的断裂。然而非常矛盾和吊诡的是，如果中国文化的主导方面，当初可以去顺应这种外来冲击，它也许就不会被废弃得如此剧烈，比如那些传统儒家文化的边缘地带，就更为顺利地转入了"合理性资本主义"，于是它们还反而保留了更多的儒学传统；同样，反而是在传统的"义利之辨"被彻底否定之后，也就是说，在遭遇到了"文化革命"的毁灭之后，在中国人变得最不像传统的中国人之后，在中国大陆才会经历高速的经济起飞。在这个意义上，中国内地的现代史之所以充满了波折与灾难，恰是因为儒学在它那里曾经更为强大和主动，而且这种价值理性也对那种舶来的、韦伯意义上的"不合理的合理性"，具有更多的迟疑、辩难与抵抗；当然反过来说，正由于它经历了过多的波折与灾难，使得世风日下、人心不古，人们如今又比那些边缘区域更呼吁传统价值的回归。

白雅琪：您认为当今中国的价值体系是否受西方文化的影响过大？在您看来，新儒学的发展是否有可能削弱西方古典学对当代中国的影响？

刘东：在当代中国，即使是最为"中国化"的价值体系，由于西方曾经表现出的"逆我者亡"的架势，都只能表现为一种"发明的传统"，或曰暗中受到了西方价值制约的传统，这不仅对于中国自身的发展非常不利，而且对于整个世界的文化多样性不利，甚至最终对于作为单极的西方自身也不利。在这个意义上，我并不认为中国的国学恢复，从根本的意义上会不利于西方的古典学。实际上，有了一个匠心独运、价值独立的交谈对手，反会使西方的古典学得到思想的激发，只要我们彼此都能真诚地意识到，真理并不只是掌握到哪一方自己手里。

白雅琪：您是否感觉自己对西方古典学文本的解读在刻意适应某种特定的对您有用的模式？

刘东：对于这样的问题，应当从硬币的两面来回答。一方面，我当然希望尽量能达到客观性，至少我也不会故意滥用我的主观性；但另一方面，我仍然会特别关注从我的立场来看最有兴趣的那些问题，而且我也会从中国的价值系统和生活习惯出发，来尝试着对于西方的经典著作及其二手研究著作，提出或许是西方人自己不会这么提出的问题，并且我还认为，也只有像这样独特的解读，也许才可能替你们做出一点贡献。

2016 年 9 月 19 日于清华学堂 218 室

激活本土文化的思想资源

最提倡国学的人，反而可能是最了解西方的

记者：在《思想的浮冰》中，您将您这代学人的学术任务定义为"译百家书，成一家言"，而主持清华国学院以来，您又将工作重心转向了国学研究，这种转向是否是因为当下的中国学术界如果想要"成一家言"，最亟需做的是重新梳理中国的本土文化？

刘东：两者其实是相辅相成的。"成一家言"的工作，也并不一定要局限于中国文化，也应该交织和融汇很多的西方思想。此外，清华国学院当然是在坚持"内部研究"的视角，但与此同时，我又不断地提醒这边的学生，当年清华国学院里的五大导师，不仅国学水平是超一流的，即使以其西学水准而论，在当时的中国也是遥遥领先的。且不说那后三位曾经长期留洋的学者，即使是从未到过西方的王国维，也是第一个硬用西文去啃西学的中国人，而梁启超虽然只是通晓日文，但是他勤于游历、广交外国友人，又在不断复述信息的办报过程中，逐渐获得了对于西方社会的广泛通识。正因为这样，我们现在也自觉地恢复了这样的传统，而本院恢复之初召开的第一个国际学术会议，就是在非常专业地讨论以赛亚·伯林的思想，特别是他对于"自由与多元"之困境的处理，相关的论文集刚刚由译林印行出来。如果有人对此感到不解：为什么一个国学院会

159

这样来讨论西学问题呢？那么我的回答就是——这恰恰是清华国学院的固有风格。

再进一步说，为什么这些国学大师反有如此的西学造诣呢？就此我也写过长文《未竟的后期：〈欧游心影录〉之后的梁启超》，这篇文章的核心观点是，恰恰是在"跨越与回归"的过程中，以梁启超为代表的中国思想家们，才从国际视野中反观到了本土文化的价值。这一结论对当下中国的知识分子也同样适用，我们还是需要在"跨越与回归"的心路历程中，去重新构建"中国文化的现代形态"。在这个反复回环的构建过程中，我们要先走向世界去充满惊喜地扩大视野，然后再从跨文化的基点上，来重新反思那个既熟悉又陌生的、足以为我们带来同样惊喜的中国。回想当年，梁启超正是在游历了欧洲之后，并且参照着现代西方社会的某些病痛，才返回到了文化相对主义的平等立场，意识到再一味地去鄙夷本土的文化，既是在学理上站不住脚的，也是在实践上相当有害的。这种更为宽广的态度，跟那些缺乏世界眼光的、视野狭隘的人相比，恰恰形成了明显的反差。

与此相应，在九十年代以后我还发现过一个有意思的反差：如果对那些出过国的人去反思西方，那么无论是它的理论还是现实，你都很容易跟他形成对话和共识；但要想对那些没出过国的人去反思西方，他简直就想跟你拼命，反而觉得你是不可思议、你是思想落伍，因为对后边这一种人来说，西方社会就是一个理想国、一个寄托了一切可能的乌托邦，那才构成了他捍卫改革开放的动力。由此我想，对于这样的人来说，其实最简便的方法就是找个机会，推荐他到国外去访问一年，这样等到他归国以后，批判的意识自然就会被唤醒，再也不会无原则地说西方样样都好了。这个现象也从另一个侧面反映出，为什么西学造诣和国学造诣，反有可能是同步发展和相互支撑起来的。

在编清华国学院的《四大导师年谱长编》的时候，我还曾为它写过一个弁言，其中有句话，后来应编辑的要求不得不改掉了，而它的原文本来是这样的："而今距离那个神话般的年月，已经过去了八十余载，就连他们那些同样传为佳话的门人，也已悉归道山。不过，到这时反而看得更清了：尽管在国学院的众多门生中，同样不乏一代宗师，而且其总体学术阵容，更是令人啧啧称奇；然而，如果从格局与气象来看，仍然不能不承认：居然导师还是导师，学生还是学生。"

那么，为什么"导师还是导师，学生还是学生"呢？举个例子，王力作为赵元任的学生，也早已经是著作等身了，甚至具体成果怕已超过了老师，但如果就其格局而言，他毕竟还是要在老师的规范之下，因为刚一进入清华国学院，他就已经意识到自己要毕生研究国学、特别是其中的语言专业了。而赵元任呢，他最早却可以说是无所不学的，包括了数学、物理学、音乐、哲学、心理学，而他最终以此名家的语言学，只不过出于他本人的自由选择。由此我们也就看到了，赵元任对于国学的研究，是经历了一个自由选择的过程，并且具有广泛的西学背景，这样一来，他就对这门学科之外的东西，也能具有非常广泛的了解，足以知其然、更知其所以然，能在这门学科内部展开中西对话。而与此同时，这样的过程也自然就允许他，找到最适合发挥自己才情的学科，比如我们大家都知道，他对于音韵具有神奇的个人能力。

由此可知，即使是在清华国学院的内部，将来在学术上的所谓"成一家言"，也不会仅仅立足于本土文化之上。这说到底是因为，在全球化波及得如此深入的今天，我们更应当清醒地看到，绝对不会只在哪一个文化内部，就已经穷尽了所有的人间真理。而相形之下，中国学者的比较优势则在于，我们不仅在努力学习了解西方文化，还在努力体会涵泳中国文化，由此也有可能就比别人多懂了一种文化，几乎是先天就形成了跨文化视野，从而也就更有可能沿着文化间性去向上攀缘。

造成了道德真空，就只会让流氓掌权

记者：在"成一家言"的尝试中，新儒家算是一个突出的代表，您怎么评价他们对待传统的态度？

刘东：新儒家的创新，严格说来也属于"再造传统"甚至"发明传统"，然而这并不能构成他们的罪名。前不久，我在芝加哥大学的专题讨论会上，对于霍布斯鲍姆的《传统的发明》进行了反思，他带领一批学对于对英联邦历史中的建构活动，不管是殖民地的还是宗主国的，都不分青红皂白地进行了解构，这是很值得我们去挑剔和检思的。事实上，所有历史中的建构活动，都必然要去勾连和延续过去，所以也都有可能去激活和发明传统。而你所说的"新儒家"，如果从英语世界的相应表达来看，原是指程朱陆王的宋明理学，那同样属于对传统的激活或再发明。当然，我也知道你想要指称的现代新儒家，则主要是指以熊十力、牟宗三为代表的儒学复兴运动，也就是通常所讲的"儒学三期"，那中间也充满了对于传统的再造或发明，而且这种发明肯定要渗入外缘文化因素，只不过，如果第二期的创造是渗入了佛学，那么第三期的创造就又渗入了西学。

新儒家自然也存在着一些学理问题，可它的总体精神却是值得认可的，它毕竟是迎击着西学的严峻冲击，又参照着全人类的普世价值，率先把儒学的某些要义给激活了。当然，由于西学话语的暗中牵制，它也在激活儒学的某些部分时，竟把儒学的其他部分给省略或忽视了，而这样做并不见得都有道理。比如，由于从康有为、梁启超开始，就特别重视德国哲学中的康德，由此从作为新儒家的贺麟开始，就偏重于宋儒"心性之学"的部分，而忽略了在一个正态分布的文化语境中，这种心学至少也是在跟理学相平衡的，更不要说理学还毕竟属于更正统的。同样地，正因为有了康德在暗中立法，牟宗三才引出了《从陆象山到刘蕺山》的线索，却把程朱之学统统视为儒学的"歧出"，甚至连张载有关"礼"的论述也被判定为"不熟"或夹生。而这一点，直到美国的芬格莱特写出了《孔子：即凡而圣》，才被别人从人类学的视角给矫正过来，转而认识到礼仪作为人性的正面积淀，在人类社群中所发挥的潜在作用。由此可以看出，正如我多次指出过的，西方自近代以来已经渗入我们太深，已经潜入到国人的意识地平线以下，所以此后对于中国观念的重新发现，往往都有待于对西学的更深了解，甚至有待于西学自身的进一步突破。

当然，尽管也可能存在着上述问题，我还是很赞成新儒家的基本取向，因为这种姿态反而是超脱任何功利观念的——就算西方国家已经装备上了"船坚炮利"，摧枯拉朽般地毁坏了自家的文明，而且它的器物和制度层面也的确值得悉心学习，可是，如果一个外来文明真想征服我们，它就必须真正说动我们的内心，而不是简单地从物质上把我们打败。从这个角度来看，正如我早就在《二十一世纪》上撰文指出的，新儒学的意义就在于尖锐地挑明了，中国文明的历程不光是一个经验形态，进而，在那些历史经验后面还有个价值系统，所以，对这个同样体精思微的价值系统，就必须进行平心和平等的学术研讨，否则就不可能真正做到以理服人。

再推广一点来讲，其实从西学刚开始进入中国起，中国人就从自己的先秦理性主义出发，发现了那中间其实暗藏着两套水火不容的价值系统，也就是我们寻常所说的"两希文明"。利玛窦四百多年前来到中国，就此开启了中西对话的漫长过程，而他当年最常用的论证策略无非是，先向中国人显示西方科技的进步，再把这个当作劝人信教的引子。可中国人的招子也很亮：那些好用的科技都可以留下，但那些让人想不通的东西，还是请你们拿回去吧！所有读过儒家经典的人，都熟读了"未知生，焉知死"，也都赞成"不语怪力乱神"，所以在这种文化氛围中，什么样的离奇神迹都会失效。再说，这里原是个"无宗教而有道德"的文明，也不靠那些迷信玩意来劝人向善；人们甚至还会反过来觉得，要是非有个上帝看着才行，这本身都已经属于不道德了。到了新文化运动时期，情况大体上还是一脉相承的，中国的学者当然愿意迎迓德先生、赛先生，然而那都是源自西方中的希腊传统，而除了这些可以想通的东西，一说到什么洪水、方舟之类的迷信，他们也就忍不住要当作笑柄了。

说到这里，还真在网上看过一个这样的笑谈，不知道是不是中国人自己编出来的。在课堂上，有位老师正讲挪亚方舟的故事，却有一位名叫阿呆的同学，觉得自己的脑瓜子有点跟不上："除了乘上了方舟的生物，地球上的生物都被淹死了吗？"老师对这种说法当然是一口咬定，没想到阿呆却又问道："那鱼呢？"竟把老师噎得只能怒斥一声——"你出去！"

无论如何，凡是稍有儒学常识的人，总不会比这位阿呆还呆吧？而让人痛惜的是，我十年前在斯坦福大学客座，被拉去听了远志明的一场布道，却发现一大批来自北大、清华的中国学生，竟然只被他三言两语的宣讲就拉进了基督教的怀抱。我看了真是感到痛心，觉得这完全是中国教育的失败。我本人正是北大、清华的老师，而那些孩子正是我们的学生。如果这些来自中国的顶尖学生，在国内受到过正规的国学教育，至少是知晓了先秦儒学的基本内容，那么即使他们到了大洋彼岸，又听到基督教会的布道宣传，在权衡之下觉得人家更有道理，于是便选择了去皈依别人的宗教，那也可以算是他们的自由选择。可问题却在于，这些同学在国内并未接触过国学，被灌输的反而是辩证唯物主义，而这套理论同样是来自西方的，在结构上跟基督教非常相似，就像孔德所剖析的那样，属于从宗教中蜕变出的形而上学，正因为这样，这些孩子一旦听到了类似的教义，甚至在内心中都没有任何挣扎，就高高兴兴地去皈依教门了！

从这一点再来反省，我们就更能体会到新儒家的价值。无论如何，人类的文明历程是不能中断、只能延续的，它有着须臾不可断线的路径依赖。一种精神传统，哪怕只在一代人那里灭绝过了，它都很难再薪火相传下去，而这个文明的所有发展潜能，也就随之而不复存在了。既然这样，新儒学在西学来势汹汹之际，首先去抢救出儒学的价值内核，从而以主要同西方"哲学"进行对话的策略，为中国文化的复兴留下一个伏笔，也为人类文明的多样性保留了另一种人生解决方案，这种守先待后的努力当然无可非议。

在我所主编的《中国学术》杂志上，刚发表了一篇张勇所写的《"道德"与"革命"》，其中谈到了梁启超同章太炎的辩论，这两位一个属于维新阵营，一个属于革命阵营，却同时发现了类似的问题，即所谓"道德的悖论"。这是什么意思呢？首先，梁启超在他的《新民说》中，提出要创建新的道德，因为新的国家势必需要新的国民，而新国民的标志就是新的道德。章太炎也是有同样的想法，只是比梁启超更为激进。这当然属于一种理想状况，可此中的问题却在于，新道德究竟要靠什么人来建立？说来说去，还是需要一个具体的历史主体，而正是在这一点上，却出现了意想不到的尴尬情况：一旦这个历史主体由于恨旧趋新，而否弃了社会上原有的、尚能约束人们行为的道德，那么在这个真空的历史瞬间中，这个主体本身也就成了无道德的主体，而社会在他们的领导或祸害下，也就干脆倒退回了石器时代，于是也盛行起了野蛮的丛林原则。于是，两位大学者至此也都恍然大悟了：整个社会都已经沦落至此了，还拿什么来执行道德重建的任务？而作为败局的结果自然是，无论哪个阵营闹到了最后，都被不择手段的流氓窃取了大权，这构成了一个绕不出的可怕悖论。

一个社会共同体，终究需要它的"卡里斯玛权威"，而一旦失去了这种潜在的支援意识，则不管它在发展途中多么急于求成，都势必会一脚踏空，反而掉落进蛮荒的石器时代，只能从底部的深渊重新开始。事实上，不光是过去的道路并没走通，即使中国在物质上变得强大了，摆在面前也只有一条合理的生路，那就是在西方文化的冲击下，既要努力去学习西方的长处，而又时刻都在念念不忘，要以外来资源来激活自身的传统。这就是当年曾经被污名化、而近来又被我重新解释过的"中体西用"，如果更开阔一点来看，它和日本的"和魂洋才"之路，印度人的甘地主义，乃至俄国人也是先抛弃又重拾的"斯拉夫主义"，都属于同样类型的历史选择。这种调适型的智慧在提醒大家，历史的动因并非只在外部的推力，还更取决于内部的接受机制。再说得透彻一点，如果我们彻底否定自己的传统，那就好比是在心灰意懒地判定，我们在历史上从来都只有奴性，那么，这群天然带着奴隶基因的奴隶，还怎么去争取那种"生而自由"呢？因此，也只有转而反向地提醒大家，我们从来都不是这样的奴隶，从来都未曾安于被奴役的地位，从来就禀有值得尊敬的精神传统，才能真正从思想上解放国人！

说到这里，你不妨再读读狄百瑞的《中国的自由传统》，从那本书里你可以了解到，儒学原就有争取自由的传统，而发展到明末的黄宗羲那里，更是达到了挑战君权的高峰；正因为这样，等到西方的政治理论传播进来，那对于真正的儒者来说，也不过就是"正中下怀"、"恰合我意"罢了。只有基于这种不卑不亢的态度，我们才会从长期的怅惘迷失中，把自己的文化主体性给找回来。你不妨再看看，从梁漱溟到徐复观，正是这些最纯正的现代儒者，由于坚守着内心中的信念，反而最敢顶撞不可一世的威权。他们这样去做，当然也不违反西学的信念，然而更加主要的仍然在于，他们原就有"舍生取义"的牺牲精神，原就有"士可杀而不可辱"的无畏态度，原就有"秉笔直书"的优良史德。我翻阅陈寅恪父亲的诗集时，发现就像陈三立这样的人，在读到严译的《群己权界论》之后，也会专门写首诗来褒扬穆勒，说他是"萌芽新道德，取足持善败"，由此也就更加鲜明地凸显出，以往是把前人和历史都看得太扁了。所以说到底，任何人只要自身介于本国的历史中，他也就介入了我们的文明历程，而这样一来，如果他本人很看重自由的观念，他也就没有理由再自相矛盾地说，这个文明的历程从来都在排斥自由。

出于同样的道理，在我们清华大学的学术氛围里，最积极的就要数所谓"独立之精神，自由之思想"了，如果梁启超从《易传》里摘引出的"自强不息，厚德载物"，一直被作为我们的校训的话，那么，陈寅恪这句刻在纪念碑上的名言，就可以说正是我们的伟大"校魂"。这已经是大家嘴边的常识了，但不知人们是否想到过，为什么如此强调独立、自由的校魂，偏偏是由国学院的一位导师提出的，而这位大学者又向来都主张"中体西用"，也从未讳言过自己"平生为不古不今之学，思想囿于咸丰同治之世，议论近乎曾湘乡、张南皮之间"？在这些看似矛盾的历史事实中，到底透露出了怎样的消息？如果大家都能仔细地寻思，就会由此解开很多思想的谜团。

"把儒学贬成私德之后，它就缺乏文化的动能了"

记者：余英时先生认为，儒学的价值更多是伦理意义上的私德，在政治上还应当走西方的民主道路，您怎么评价儒学对于当代中国的意义？

刘东：我最早是从李泽厚老师那里，听到了这种非常特别的界定方式，想必你也知道，李老师正是我本人的业师；而现在，看来它又被其他学者所引用了，当然也许只是他们的所见略同，总之说明这种想法还是很流行的。跟上边谈及新儒家的情况相仿，我们当然也可以用心去体贴，这样一种非常特别的界定方式，在"西方化"跟"全球化"搅到一起的时代，也未始不是出于一片难言的苦心，想要从儒学的残损废墟中，至少再挽救出某种合理的东西，哪怕会由此而遭到文化激进主义的批评。还有，这样的一种界定方式，也很符合李老师的某个主张，即他常常提到、却从未讲清楚的"西体中用"。此外，这个主张还使我们想起，它很像罗尔斯的那本《政治自由主义》，认为在当今的多元化世界上，只要先在公共领域划定了自由主义秩序，那么在私底下，也就可以放过文化多元主义一马了。

不可否认，哪怕儒学只是约束了私人行为，社会风气也总会比现在好得多，这是这种说法的积极一面。但是，如果不是从"西体中用"的外部视角，而是从"中体西用"的内部视角，来重新考量本土儒学的当代意义，我们就不会满足于让它仅限于"私德"了。比如我刚才提到的、符合儒学气节的"独立之精神、自由之思想"，难道这样的思想也只具有私下的意义吗？难道它不该在校园里蕴成公共风气吗？再说，当古代中国发明出在那个时代最能向上流动的科举制时，难道不正是践行着"人皆可以为尧舜"的儒家思想吗？还有，当黄宗羲讲出"岂天地之大，于兆人万姓之中，独私其一人一姓乎"的时候，难道不正是遵循着"泛爱众生"的儒家学理吗？由此我们也就可以发现，这种"儒学私德论"的最大弱点，还在于仅仅肯定了西学的普世价值，只愿意通过西方文明来为全人类立法，而看不到在本土传统的精神资源中，也同样埋藏着对于制度文化进行建构的积极潜能。

更重要的是，儒学还不光是往往跟外部舶来的、被认作先进的观念"不谋而合"。如果仅限于此，那么人们也许就会觉得，只靠西学的价值来支撑公共领域就行了，甚至作为私德的儒学也就可有可无了。可事实上，儒学作为一种独立的价值体系，还具备同西学进行更深层对话的潜能。比如，现代民主制的基本预设在于individualism，由此才生发了种种迎合这种作为"主义"的"个人"的观念，比如合理性资本主义所必须倚重的、在价值理性上又相当悖谬的消费主义。对于这套已被当作了"天经地义"的观念，儒学完全可以基于自己一贯的立场，发出言之成理的质询或置疑：个人是否应当被这样"独化"出来，以至在 individual 后边加上了 ism，在天地间突显出自己唯一的优先性？具体而言，他是否应当从原本所属的、作为层层扩散的同心圆的社群中"独化"出来，变成一个贪婪而孤独的、作为逻辑起点的自我？他是否应当从生存的环境中"独化"出来，放纵着私欲而对自然进行无止境的攫取？还有，基于这种孤独自我的现代性，要不要对当今世界上"人与自然"、"人与社会"、"人与他人"、"人与自我"的全面异化，承担起最主要或最起码的责任？——由此可见，当我们援引"民吾同胞，物吾与也"的先哲观念，来呼应晚近兴起的生态哲学和星球意识时，就更没有理由认为这些思想到了当代，竟只能龟缩到一个狭小的私德之中。

再进一步说，真有哪种道德只属于"私德"吗？我对这种说法还有点迟疑。道德原本是产生于"主观间"的，或者说是"从人从二"

的，虽然就它的修为而言，可以属于一种高尚的"为己之学"，然而就它的目标而言，却注定要指向身外的他者。从这个意义来讲，把"私"和"德"连缀起来，恐怕正好比在说"方的圆"，在逻辑上是讲不通的。无论如何，道德总是用来调整人际关系的，而一旦将其压抑到私下的领域，它本身也就没有多少存在的必要了。由此可见，沿着"西体中用论"讲出的"儒学私德论"，还是忽略了本土文化的主体性，看不到它还能有更多的积极意义。一个人即使熟读中国经典，但如果常年居住在域外的环境，总是被西方的社会圈子所包围，而那种社会关系又不需要儒学的调整，久而久之，他就难免觉得那信条只印在书本上，所以也只能把它打发到私下去。

不过，如果转而看看鲜活的本土语境，得出的判断就会大不一样了。在当今的中国，正从它的社会底层涌起了"国学热"。而在这种热潮中，由儒学所代表的价值尺度，当然应该积极介入到社会建构中，促请大家打从现代社会的根基处，去反思在人与人、人与自然方面的失衡关系。在这个意义上，儒家思想是同样具有批判力度的，它完全可以从自身的价值关切出发，建立起具有儒学风格的文化研究学派，去对许多社会现象进行尖锐的批判。如果到了这样的大环境下，再来面对"儒家何为"或"儒者何为"的问题，要是还去一味地强调儒学只是私德，那就会陷入类似"消极自由"那样的怪圈：只让个人去想着怎样独善其身，而不把价值关切带到公共领域中；可反过来，由于公共领域的狭小和塌缩，所有的私人都势必受到挤压，所以，单个的个人越是只想去独善其身，他的"此身"就越不能得到保全。

因而，也只有幡然醒悟地转过念来，认识到作为几个主要的世界性文明，由儒学所代表的独具特色的价值理念，不仅在轴心期相对而言毫不逊色，甚至还可以说，就是到了"诸神之争"的当今世界，在其他宗教理念都在相互解构与证伪的时候，也唯有这边的先秦理性精神才显得毫不过时，反而显出了同科学理性的相互融合与支撑。认识到了这一点，那么在保护文明多样性的意义上，就更不能认定只有西方价值才能约束公德，而中国的价值体系充其量也只是"不无小补"，否则，就不仅对于本土传统是有失公正的，而且对人类的未来也是不负责任的。

记者：现在很多人对儒学不是很看好的原因在于，它过多地被卷入到官方的意识形态宣传中，对这个问题，您有什么看法？

刘东：其实诸如此类的问题，打从儒学创立那天就已经提出了，而由此也才能理解，在孔子身后何以会出现"儒分为八"，这正说明在儒学的发展中，从来都充满了紧张、歧义与误读。也正因为这样，我才在为《德育鉴》所写的导言中说，千万不要随便找哪位小秀才，先把这些采自《四书》和《宋元学案》、《明儒学案》中的语录，翻译成虽说简易却必失真的现代汉语。否则，在读书时想要偷懒的读者们，就很难从中体会到在创化这些思想时，所曾经感受到的风险和曾经怀有的紧张。

还是因为这个，我才曾在《"读"武侯祠》一文中指出了这样一种吊诡：在一个有限的历史进程中，儒学之所以"有所成"的手段，偏偏又正是它"有所失"的途径。一方面，只有入世才能匡世救民，由此儒者才曾在一个君主专制的特定政治结构中，尽可能多地争取到了爱民、清廉、尚贤、使能、纳谏、勤政等等比较贴合它那人本理想的开明政风，以致和别的文明在其发展进程中所产生的同类整体比较起来，中国古代社会的考试制度、监察制度等等，都显示了独到的成绩；然而在另一方面，只要入世又必然沦落随俗——由于儒者们因为太看不下去生民涂炭而不辞人间烟尘，由于他们必须以承认君主专制的合法性为代价，来赎取统治者对自家价值观的首肯和让步，所以他们在很长的历史阶段中，就只能去充当君主的讽喻劝诫者，而不能成为其叛逆批判者。

儒学在当今时代的发展，也同样充满了风险和不确定性，即使是在国学已经渐热的情况下，甚至正因为国学已经逐渐热起来了。在这个意义上，你提出的这个问题，也恰恰是我和我的同侪应当时刻警惕的。过去，正因为儒学受到了正统意识形态的压制，它的队伍反而显得比较单纯和干净，主要是从学理上受到了它的感召的、从内心中服膺它的人。可现在，即使只是在旺盛的市场需求下，我们便已看到了名副其实的投机者了，他们正以唯利是图的活动方式，打着儒学旗号来损害儒家的声誉。更不要说，要是它哪一天又被封成了"官学"，那么各种各样灵异、神童和鬼才，肯定都会加速地应运而生，而且肯定会显出"恶紫夺朱"的势头。

当然，如果当权者对于当前的国学热，表现出了"从善如流"的意愿，儒学也不是非要采取不合作的姿态，否则才真是不知变通的书呆子。在这方面，有过很多成功的历史范例，比如宋明理学的宗师程颐，就曾亲手教出了宅心仁厚的宋仁宗，就连日间揪一把树叶、夜里传一道烧羊都不敢或不忍；而且天水一朝直到现在，都还被西方学者称作"儒者治国的时代"（The Age of Confucian Rule），或者至少也可以说，北宋曾是由儒家士大夫和皇帝"共治"的朝代。当然反过来，正如我那本新书的标题所示，我们毕竟是立足在"思想的浮冰"之上，关键还在怎么去小心拿捏，去寻找尽量安全的、不偏不倚的中道。所以无论如何要记得，儒学在历史上毕竟表现出了它跟统治者既有"二而一"的一面，也有"一而二"的一面，还是要在思想上拉开距离，否则就不可能自由自主地运思。

说到这种"若即若离"的分寸感，又让我想起了康德当年的拿捏。他曾经谨慎而有趣地权衡着：哲学家的头脑，当然不同于国王的头脑，而一旦等同于后者，哲学家也就没了自家的头脑，也就不再成其为哲学家了；但同时，哲学家也不能惹国王发疯，否则一旦被砍了头，哲学家也就没了自己的头脑，也同样不再成其为哲学家了。——实际上，这又是一块需要去权衡的、两边都很危险的"浮冰"，尽管康德用了不同的表达方式。

毫无疑问，如果连研究儒学的人们，也全都忙着去瓜分国家社科基金，也都想要沾点当权者的余唾，那么，儒学当然是很难有出头之日的。而说到这里也不必讳言，尽管在安静的书斋里，我是很喜欢阅读儒家典籍的，可一旦到了闹哄哄的会议论坛，面对着那些"吃儒学饭"的脸孔，心里也着实感到很是腻味。不过反过来，你也不能只因为腻味这些脸孔，就觉得连从孔夫子到王阳明都不足取了。毕竟这种乱糟糟的学术集市，与其说是由儒学的价值理念本身所导致的，不如说是由些没出息的儒学者所导致的。

所以话说回来，这种流俗的局面还不会是事情的全部，而儒学的发展势头还终究事在人为。正像康德在那种左右为难的拿捏中，仍然是为了护住自己的思想自由，从而思考出独到的人生解决方案，终究成为人类历史上的大哲一样，儒学在它同当代生活的"若即若离"中，只要能巧妙地拿捏好此中的分寸，也并非一定会感到进退失据，相反倒有可能显得左右逢源。——也就是说，它既可以拿出"若即"或"介入"的姿态，就像徐复观当年所做的那样，对于社会现实发出激烈的批判；也可以拿出"若离"或"高蹈"的姿态，回到学理层面来冷静地反思。而无论是追求"外王"还是"内圣"，它终究都是在以严肃的姿态，去对社会做出自己应有的贡献。

其所以也可能这样"左右逢源"，是因为在当今这个世界上，儒学也同时立足在一高一低的两个层面。一方面，正如我在前面讲过的，一些现代政治理念可能是正中儒学的下怀，所以它也理当参与到现代政治的运作中。需要澄清的是，以往一提到"中体西用"之说，人们就会先入为主地误以为，它是主张只接受西方器物、而拒绝西方制度的。可是，正像我最近在《再造传统》中指出的，这种误解只是出自对于历史的无知；而实情恰恰相反，张之洞在他的《劝学篇》中，倒是明确说过"西学之中，西艺非要，西政最要"的话。另一方面，也正如在我前面讲过的，儒学所关切的许多更深的问题，又是现代政治哲学所无法解决的。尽管政治哲学在被冷落了这么多年之后，如今又突然再度在西方流行起来，甚至被视作了所谓"第一哲学"，但必须看到，这种哲学毕竟只是哲学的一个分支，而现代社会所遭遇的许多问题，还要升入更高层次的总体学理中，才能摸索到真正全面的解决之道。而儒学本身，恰正属于这种更高层次的学理，它有自己更高层面的价值追求，也应当能为人类社会的进一步发展，提供来自独特视角的参考意见。

由此也就该想到，尽管已经连续开化了数千年，可人类的文明毕竟还很年轻，不应该封闭掉它未来的发展路径，也不应去侈谈什么"历史的终结"。的确不错，由于现代西方文明的空前扩张，不同的文明沿着各自的轨迹走到今天，都在朝向宪政民主的方向发展，所以在这个意义上，也不妨临时把宪政民主视作具有普遍意义的。然而，人类批判性思维的潜力，毕竟又是无限开放着的，试想等到普遍施行了民主宪政之后，人们如果又普遍地反省到，这种曾被视作天经地义的制度，也开始出现了它的某种问题，他们又该凭靠怎样的思想资源，再去修正自己所介身的历史呢？也许，身处在如此"发达"的现代社会，人们难免会产生一种"时间的傲慢"，由此对眼下能认准的制度，产生出一种不容商量的崇拜，不光要以此来苛求尚未及此的古人，甚至也想不到到后人那里，他们还有任何再改进的余地。然而，任何在时间中形成的制度，都总有可能是不成熟的，所以等到再过几百年以后，我们的子孙也完全有可能，发现我们现在奉行的制度，仍然闪出了巨大的漏洞，甚至仍然是幼稚可笑的。如果到了那一天，他们就肯定会想到，我们留给他们的思想参照系越多，他们所禀赋的超越可能也就越大。——在这个意义上，我们现在努力在本土呵护的，也正是这样的一种参照系。

最后要说的是，正像我最近在上海的讲演中提出的，我们这一代人的最大的历史使命，就是去追寻"中国文化的现代形态"。就这个使命而言，儒学也还是面对着两个层次的挑战。一方面，儒学当然要以积极介入的态度，加入到对于这种"文化形态"的建构之中，因为它本身就属于中国文化的价值内核，本身就背负着对于本文化的重大责任。另一方面，儒学又需要以宁静致远的心情，以兼听则明的态度，去吸纳各个文明、特别是西方文明的营养，而与此同时，也是应对着当今人类的各种挑战，来谋求自身体系的递进。在这个意义上，我们在追寻"中国文化现代形态"的同时，也在谋求着"儒家思想的现代形态"，两者正属于一表一里的同一进程。而在这样的进程中，我们一方面当然应该熟读经典，体会到古代圣贤的用意与心志；而另一方面，在获得这种人生智慧的前提下，我们又不应只把儒学限制于哲学史，而更要应答着变化的当代生活，去大胆而富于创意地"代圣贤立言"。唯其如此，儒学才会获得自身发展的张力，才算是重又被贯注了活力与生机。

2014 年 9 月 2 日改定于清华学堂

下编：文化个案

王国维的悲剧观念①

今年，也就是 2017 年，既是王国维先生于 140 年前诞生于浙江海宁的纪念日，偏巧也就是他于 90 年前自沉于北京昆明湖的忌日，所以这样的日子对于清华国学院的同仁来说，真可以说是悲喜交集、乃至百感交集。我们虽然在会议的标题和邀请函中，出于忌讳而不愿写上后一种日子，可在私底下，他怎么就突然中断了自己才华横溢的治学生涯呢，这种令人百思不得其解的事情，总还是属于暗中的伤情与隐痛。

对于王国维先生的自杀，历来都有诸多的解释或猜测，学者们也都就此各自写出了不无所见的文字，我在这里无意再去无聊地复述它们，并且我也基于此事的性质而认为，任何打算根据一清如水的因果律，来条分缕析地梳理这类事件的企图，都注定不会具备充足的说服力，这是因为，要是一种临终的心境仍存有这样的条理，人家也就不会选择去结束自己的生命了。所以反过来说，在我看来情况很可能是刚好相反：当时正有一大堆让人困扰的事情都纠缠到了一起，使得静安先生不仅一下子郁结起来想不清楚了，而且他也索性就不打算再烦神想下去了。

可无论如何，要是从我本人所从事的美学专业来关注——而且

①本文为作者在"2017 年纪念王国维诞辰 140 周年国际学术研讨会"上发表的主旨讲演。

王国维先生恰好也从事过这个专业——他以如此温文尔雅、沉默少言的性格，却竟做出了如此惊人而决绝的选择，就算其外在的成因都是可以成立，而且不一而足的，只怕它们都还属于比较偶然的诱因。这样的诱因固不能说是并不重要，相反要是能哪怕只减去一个偶发的诱因，都还有可能替我们保住这位大学者，从而让早期的本院避免那场重大的损失。然而，这一应的偶发的外在诱因，却又只有通过一个关键性的内因，才能起到一锤定音的、无可挽回的作用，而这个内因只能是他对于生命的、经过了哲学性思考的态度。

这个内因正是王国维的"悲剧观念"。我们都知道，早在1904年即他28岁那年，王国维就沿着叔本华哲学的固定取向，对比了中国的乐天倾向和西方的悲剧精神，并且对此做出了态度决绝的优劣断定，而本来并未显得如此高明和重要的小说《红楼梦》，也正是在这种相形见绌的中西对比中，才突然获得了前所未有的、甚至超越古代诗文的地位：

> 吾国人之精神，世间的也，乐天的也，故代表其精神之戏曲小说，无往而不着此乐天之色彩。始于悲者终于欢，始于离者终于合，始于困者终于亨，非是而欲餍阅者之心难矣。若《牡丹亭》之返魂，《长生殿》之重圆，其最著之一例也。《西厢记》之以惊梦终也，未成之作也，此书若成，吾乌知其不为《续西厢》之浅陋也？……故吾国之文学中，其具厌世解脱之精神者仅有《桃花扇》与《红楼梦》耳。而《桃花扇》之解脱，非真解脱也：沧桑之变，目击之而身历之，不能自悟，而悟于张道士之一言；且以历数千里，冒不测之险，投缧绁之中，所索女子才得一面，而以道士之言，一朝而舍之。自非三尺童子，其谁信之哉？故《桃花扇》之解脱，他律的也；而《红楼梦》之解脱，自律的也。

且《桃花扇》之作者，但借侯李之事以写故国之戚，而非以描
写人生为事，故《桃花扇》，政治的也，国民的也，历史的也；
《红楼梦》，哲学的也，宇宙的也，文学的也。此《红楼梦》之所
以大背于吾国人之精神，而其价值亦即存乎此。彼《南桃花扇》
《红楼复梦》等，正代表吾国人乐天之精神者也。

《红楼梦》一书，与一切喜剧相反，彻头彻尾之悲剧也。①

似乎不无侥幸的是，正是借助于他所倚靠的、当时正在势头上
的西学观念，以及由此带来的有别于国人的独到眼光，年轻的王国
维仅仅以这篇不过万余字的文章，就在中国近代学术史中同时成为
了许多领域的开山。——比如，正是《红楼梦评论》的出现标志着"新
红学"的诞生，它以成篇论文的形式而有别于"旧红学"的零散点评，
由此便开出了后来盛极一时的"红学"乃至"曹学"。再如，也正是《红
楼梦评论》的出现标志着"比较文学"在中国的发端，而此后这类
在中西之间不无任意的平行对比，就开始变得不绝于耳甚至成了"口
头禅"。又如，还是《红楼梦评论》的出现标志着"美学"在中国的
舶来和落地，于是无论是在这篇文章中出现的"悲剧"概念，还是
紧接着又在《人间词话》中出现的、脱自康德美学的"优美"、"宏壮"
概念，以及更带有中国文化特色的"境界"概念、"隔与不隔"概念，
都成了中国近代美学开口闭口不可或缺的法门。

也就是说，不光是"新红学"的应时建立，而且悲剧观念的引
入、美学学科的引入，乃至于比较文学的引入，在现代中国都是由
他这么信手一挥而促成的。由此让人兴叹的是，无论这篇《红

---

①王国维：《红楼梦评论》，见方麟选编：《王国维文存》，南京：江苏人民出版社，2014年，
第142-143页。

楼梦评论》的具体得失如何，可我们今天即使写出了十倍、百倍篇幅的文字，哪怕还都是检讨他这篇文章之成败利钝的，也不可能产生如此重大的历史效应了。这就是王国维先生的历史地位之所在：他率先活跃在那个如此关键的纽结点上，遂使得我们在他身后的治学活动中，无论沿着哪一条路径向前迈进，走着走着就走到由他所标志的那块里程碑了。正因此，就算他的具体学术成果也还有可商之处——其实无论谁的学术成果也都还有可商之处——然则我们却又只能越过他、而不能绕过他，因为绕过了这道门槛也就意味着，我们自己干脆不打算去登堂入室了。

不过，所有这些成功都还只是表层上的。相对于今天讨论的话题，我们如果能够思忖得更深，又可以恍然大悟地进一步发现，原来他这篇不算太长的《红楼梦评论》，还不光是造成了上述三门现代学问的诞生，还更在现代中国造成了一种虽属暗中抱持的、却又普遍禀有的理解，那就是认定了凡是对人生达到了悲观判定的作家，就总要比对世界还保留乐观态度的作家更为深刻，也肯定要显得对他此身所属的社会更负责任。——当然话又说回来，当我们发现在现代文学的官方名人堂中，所谓"鲁郭茅巴老曹"竟全都是写作广义悲剧的，或者至少他们的被认定为"成就最高"的作品，竟然全都属于广义的悲剧作品，我们也就不难看出这种理解的两面性了：有的时候，这样的接受心理的确会鼓励批判的内容，从而有可能增加社会进行自我更生的机运；但有的时候，一旦这种接受心理也形成了某种惯性或机制，就会形成不言而喻的教条、套路或禁锢，甚至提供了人们借此去讨巧或投机的终南捷径。

这一切当然都还属于后话。而一旦回到本文起初提出的问题，我们又会沿着前边的思绪而想到：一个人当然有可能天生就性格忧郁，这也有可能使他更容易走向自闭或厌世；一个人当然也有可能在后天遭遇到种种不顺，这也有可能使他更倾向于一了百了地摆脱这整团的乱麻。但是，却唯有在受到了强烈的或主导的文化暗示，乃至在把悲观主义当作了值得肯定的价值之后，他这种忧郁的天性才可能具备某种社会性的品格，从而既给他加固了去孤高地选择厌世的信念，也给其他社会成员带来了认可、甚至膜拜他这种选择的舆论环境。

当然，在年纪轻轻就写出了《红楼梦评论》之后，尽管已经在叔本华的意义上认定了"人之大孽，在其有生"，可我们的静安先生毕竟还有很长的治学道路要走，还不会马上就走到自己宝贵生命的尽头，——虽则他一旦觉得已然走到了那个尽头，又会以"五十之年，只欠一死"的话语来轻蔑地予以回顾。可不管怎么说，我们总还是可以发现，正是在这篇文章中所表现出来的、代表了西方哲思新潮的悲剧观念，随即也就构成了他下一步选择的动机。也正因为这样，我们才会水到渠成地仅仅在几年之后，就从王国维的辛劳中收获到了他的《宋元戏曲史》。

应当留意的是，尽管在形式上还是一本考据著作，可在这本《宋元戏曲史》的背后，却无处不在地打上了西学观念的底色。而这种底色之一，就是像在黑格尔《美学》中那样轮番登场的、显现或演化为不同艺术风格与文体的"时代精神"。王国维开宗明义就表明了这一点，也借机为他所谓"托体稍卑"的元曲，建立起值得进行学术性研究的"合法性"："凡一代有一代之文学：楚之骚、汉之赋、六代之骈语、唐之诗、宋之词、元之曲，皆所谓一代之文学，而后世莫能继焉者也。"① 坦率地说，尽管也孤立地援引了本朝焦

---

① 王国维：《宋元戏曲史》，见方麟选编：《王国维文存》，南京：江苏人民出版社，2014年，第189页。

循的偏好，但如果没有他所暗中倚靠的、更加强势的西学观念来作支撑，这样的经典化序列在当时的士子们看来，恐怕更多地还应属于"非常可怪之论"。不过，也正因为这里雄辩地演示了"进化论"的逻辑，而那逻辑在当时又已表现得"顺之则昌，逆之则亡"了，这种以考据形式所演绎出的西学理路，也就很快被人们当成新的不刊之论，——比如李泽厚老师也是遵从着同样的逻辑和时序，写出了他那本最受欢迎的小册子《美的历程》。

与此同时，在《宋元戏曲史》中体现的另一种西学观念，当然就是王国维刚在《红楼梦评论》中所抒发过的悲剧观念了。尽管也提出了"元曲之佳处何在？一言以蔽之，曰：自然而已矣"①的看法，然而光是靠什么"天然质朴"、"脱去雕琢"之类的话，只怕还不能支撑起元曲的艺术内涵，所以，他跟着也就写下了另一段著名的论断，遂在后世的坊间层出不穷地引出了《中国几大悲剧》之类的俗物："明以后，传奇无非喜剧，而元则有悲剧在其中。就其存者言之：如《汉宫秋》、《梧桐雨》、《西蜀梦》、《火烧介子推》、《张千替杀妻》等，初无所谓先离后合，始困终亨之事也。其最有悲剧之性质者，则如关汉卿之《窦娥冤》、纪君祥之《赵氏孤儿》。剧中虽有恶人交构其间，而其蹈汤赴火者，仍出于其主人翁之意志，即列之于世界大悲剧中，亦无愧色也。"②

又正是秉持着这样的逻辑，晚期的王国维也就正是在这片清华园内，对着日后成了戏曲研究名家的青木正儿，表达了对于"宋元戏曲"和"明清戏曲"的、实则也是不无独断的高下裁夺："对曰：'欲观戏剧，宋元之戏曲史，虽有先生名著，明以后尚无人着手，晚生

①王国维：《宋元戏曲史》，见方麟选编：《王国维文存》，南京：江苏人民出版社，2014年，第259页。
②同上。

愿致微力于此。'先生冷然曰：'明以后无足取，元曲为活文学，明清之曲，死文学也。'余默然无以对。"① 在我看来，王国维之所以这般地鄙夷"明清戏曲"，还是跟他暗中所抱持的西学观念有关。而在这中间，如果我们细心地加以留意，那么除了他所谓"明以后，传奇无非喜剧，而元则有悲剧在其中"之外，还应跟他所谓"凡一代有一代之文学"的观念有关。也就是说，他沿着原属于西方特有、本同中国风习不类的范畴表（或曰"物之序"），先入为主地就把"戏曲"当成了某种"文学"的样式，从而只满足于通过挤干了的纸面文本，来阅读这种原在讲究"唱念做打"的综合艺术，而由此也就实在很难全面地看到戏曲本身的表现力了。

有意思的是，由于自信把握到了更多的西学细节，所以针对王国维这种钟情于"宋元戏曲"的态度，钱锺书曾公开地表示自己不能认同："在《宋元戏曲史》一书中，王国维议论道：'明以后，传奇无非喜剧，而元则有悲剧在其中。就其存者而言：如《汉宫秋》、《梧桐雨》、《西蜀梦》、《火烧介子推》、《张千替杀妻》等，初无所谓先离后合，始困终亨之事也。其最有悲剧之性质者，则如关汉卿之《窦娥冤》，纪君祥之《赵氏孤儿》，剧中虽有恶人交构其间，而其赴汤蹈火者，仍出于其主人翁之意志，即列之于世界大悲剧中，亦无愧色也。'这些大胆的论述引自第十二章《元剧之文章》。本文业已讨论过《梧桐雨》。按照奥古斯丁·巴莱尔的洞见，'钢索的力量可能决定于最薄弱的部分，而判断一个诗人应当在其最快乐的时刻'；因此，我们应当选择王国维视为'最具悲剧性'的两部戏曲加以检验。如果详加区分，我们可以看到王国维对这两部戏曲的论述至少

---

① 青木正儿：《中国近世戏曲史·原序》（节录），见陈平原、王风编：《追忆王国维》，北京：生活·读书·新知三联书店，2009 年，第 313 页。

可以解析为三个层面。其一,它们均是文学名著,对此我们衷心认同。其次,它们都是大悲剧,因为主人翁之意志均在灾难中显现,对此我们有所保留。其三,它们作为大悲剧可以和《俄狄浦斯》《奥赛罗》、《布赫妮丝》等量齐观,对此我们不敢苟同。"①

不过,又必须毫不隐讳地指出,虽说在西学细节上享有"后发的优势",可钱锺书对于这些细节的理解,却毋宁是更加教条或不假思索的。正因此,他才会在同一篇文章写出了这样的话,来作为自己借以立论的前提或基础:"戏剧艺术的最高形式当然是悲剧,中国戏曲家恰恰在悲剧创作上是失败者。"②此语中的"当然"二字明显地意味着,钱锺书并不是在反对王国维的勉强比附,而只是越发地维护着西学的高度与尊严,并由此而反对王国维假借它的名义,来人为地对于中国戏曲——哪怕只是宋元戏曲——进行过分的拔高。也正因为这样,作为又比钱锺书具有"后发的优势"的学者,我们就必须在西学的理解上去更上一层,去刨根究底地从人类学的意义上追问,悲剧究竟为什么会在希腊被"发明"出来?而一旦在这样的问题上找出了扎实的结论,我们也就有理由基于文化相对主义的立场,去质疑钱锺书借以立论的那个基本前提,即"戏剧艺术的最高形式当然是悲剧"了:

> 平心而论,这也充其量只是在"平行比较"的意义上,又跟那种从献祭礼仪中发展出来的希腊悲剧,构成了两两相对的鲜明反差而已。也就是说,仍是循着两种不同的"人类学之根",和作为不同路径依赖的"文化发明",这两种戏剧传统才发展

---

① 钱锺书:《中国古典戏曲中的悲剧》,见龚刚著:《钱钟书:爱智者的逍遥》,北京:文津出版社,2005年,第243—244页。
② 同上,第241页,着重号为引者所加。

得如此南辕北辙：一个是哪怕英雄人物再不当死，也一定要安排他当场走向毁灭，另一个则是即使英雄人物已然失败或覆灭，也一定要安排他再三再四地复活，至少是重复展现出他那"惊天地，泣鬼神"的英雄气概。毫无疑问，这种中国式的软心肠的"大团圆"，也肯定有它"想当然"的一面；可即使如此，这样的结局作为另一种文化"发明"，却又并不比希腊的悲剧更"想当然"，——只不过它们各自所想象的那个"当然"，在迥然不同的文明语境中，受到了方向相反的文化暗示罢了。[①]

换句话说，由于它们各自显示了不同的价值追求与解决方案，而且这些追求与方案还都是来自"轴心时代"的、但却表现为"多元"或"复数"的文明，所以无论是西方戏剧或中国戏曲，还是宋元戏曲或明清戏曲，都并不存在可以被盲目首肯的优点，或者可以被简单"归谬"的缺点。当然这并不是说，对于它们各自达到的艺术成就与魅力，就不可以进行高下或优劣的判定了。可无论如何，这样的判定却必须建立在细致入微的、符合各自艺术本性的阅读或观赏之上，由此才能对它们各自的艺术历史进行对等的"同情理解"；而不是先行祭起一个唯独西方戏剧才会建立的、难免让中国戏剧显得生硬或隔膜的标准，再来要么认定中国也曾短暂地有过区区几出"悲剧"，要么干脆认为就连这几出"悲剧"也照样是相形见绌，所以中国人在这方面干脆就属于彻底的"失败者"。

当然无论如何，王国维先生仍属于我们的导夫先路，正如我在前文中已经明确讲过的，无论其具体结论留有多少可商之处，但由

---

①刘东：《悲剧的文化解析：从古代希腊到现代中国》，上卷，上海：上海人民出版社，2017年，第48页。

于他率先活跃在那个"如此关键的纽结点"上，就使得学术后辈们只能去"越过他、而不能绕过他"。此外还应当看到的是，恰因为他早在那个国步艰难、现代学术尚未建立的时代，就以其专注而丰饶的研究维护了学术的尊严，才为此后的学者留下了足以去激活与开掘的传统。——也正因为如此，陈寅恪才会在他的那番"盖棺论定"中，仍把王国维在"中西对比"方面所开启的道路，概括为他平生治学中不可或缺的一个方面：

> ……详绎遗书，其学术内容与治学方法，殆可举三目以概括之者：一曰取地下之实物与纸上之遗文，互相释证，凡属于考古学及上古史之作，如《殷卜辞中所见先公先王考》及《鬼方昆夷玁狁考》等是也；二曰取异族之故书与吾国之旧籍，互相补正，凡属于辽金元史事及边疆地理之作，如《萌古考》及《〈元朝秘史〉之主因亦儿坚考》等是也；三曰取外来之观念与固有之材料，互相参证，凡属于文艺批评及小说戏曲之作，如《红楼梦评论》及《宋元戏曲史》、《唐宋大曲考》等是也。此三类之著作，其学术性质固有异同，所用方法亦不尽符会，要皆足以转移一时之风气，而示来者以轨则。吾国他日文史考据之学，范围纵广，途径纵多，恐亦无以远出三类之外。此先生之遗书所以为吾国近代学术界最重要之产物也。①

不过，正如我又在以往的讲演中说过的，实则陈寅恪的上述论断又是既表达了后学的高山仰止，却也暗中潜伏着某些难言之隐或

---

① 陈寅恪：《王静安先生遗书序》，《金明馆丛稿二编》，上海：上海古籍出版社，1980年，第219页。

微言大义的；而且，又正因为人们长期忽略了此间暗藏的微言大义，也就妨碍了大家去更全面地把握王国维的平生之所学：

> 陈寅恪对于王国维治学方向的排列，也许是出于对其成就高低多寡的判定，也许是考虑到了他后来"悔其少作"的自我评价，也许只是基于陈寅恪本人的偏好与取舍，但不管出于何种原因，引人注目的是，这种由一位大历史学家所排定的治学顺序，却并没有照顾到王国维本人的心路历程。不错，处于各个治学阶段的王国维，其学术成就并不在同一条水平线上，而且越到了西学普及和国学式微的后世，这种差距就越有可能在人们心目中拉大。然而不可忽视的是，如果对其思想及行状进行考察，他那些前后相随的人生阶段，其本身却有着非常紧密的因果关联。毕竟，他并非是以一个国学大师的身份，惟在行有余力时才兼顾到西学，而是以一个西学入门者的身份，带着强烈的挫折感从西学撤回了中学，这一点对于理解他学术发展的三个阶段（即研习西学、以西格中和考索文史），乃至于理解他戛然而止、未尽其才的全部学术生命，都具有相当关键的意义。①

我们当然也都知道，王国维对于"考索文史"的转向或回归，曾是以相当决绝的或戏剧化的形式，在罗振玉设于京都的那座"大云书库"里完成的。因此，罗振玉对于他这种转向的追述，虽则显然过于突出了自己的作用，然而他对于王国维曾经"尽弃所学"竟至"悉摧烧之"的记载，大体上仍然属于可以采信的史料：

---

① 刘东：《悲剧的文化解析》，下卷，未刊稿。

予力劝公专研国学，而先于小学训诂植其基，并与论学术得失，谓尼山之学在信古，今人则信今而疑古；国朝学者疑古文《尚书》，疑《尚书》孔注，疑《家语》，所疑固未尝不当；及大名崔氏著《考信录》，则多疑其不必疑矣；至于晚近，变本加厉，至谓诸经皆出伪造。至欧西哲学，其立论多似周秦诸子，若尼采诸家学说，贱仁义、薄谦逊、非节制，欲创新文化以代旧文化，则流弊滋多；方今世论益歧，三千年之教泽不绝如线，非矫枉不能反经。士生今日，万事无可为，欲拯此横流，舍反经信古，末由也。公年方壮，予亦未至衰暮，守先待后，期与子共勉之。

公闻而悚然自怼，以前所学未醇，乃取行箧《静安文集》百馀册，悉摧烧之，欲北面称弟子，予以东原之于茂堂者谢之。其迁善从义之勇如此。公既居海东，乃尽弃所学而寝馈于往岁予所赠诸家之书，予复尽出大云书库藏书五十万卷、古器物铭识拓本数千通、古彝器及他古器物千余品恣公搜讨，复与海内外学者移书论学。国内则沈乙庵尚书、柯蓼园学士；欧洲则沙畹及伯希和博士；海东则内藤湖南、狩野子温、藤田剑峰诸博士，及东西两京大学诸教授。每著一书，必就予商体例，衡得失，如是者数年，所造乃益深且醇。[1]

屈指算来，王国维当年才刚满三十四岁，这要是换到了当今的年轻人，只怕还没有完成起步的学位论文呢，可对于日后"必成大器"的王先生来说，如果一个人的寿数乃是"定数"的话，那就已

---

①罗振玉：《海宁王忠悫公传》，见陈平原、王风编：《追忆王国维》，北京：生活·读书·新知三联书店，2009 年，第 7 页。

经显得时间相当紧迫了。只有从这个意义上，我们才能更充分地理解，这次陡然的"学术转向"对于王国维而言，具有何等重大乃至关键的意义。相对而言，此前的他不过是在练笔和铺垫，唯有此后的那短短十六年，才属于他火山爆发般地进行发挥的时段，才是让他的生命闪耀得如此辉煌的时段，才是真正成就了这位学术大师的时段。——而令人惊叹不已的是，他此后对于很多原本生疏的领域，竟还是在一边阅读着一边写作，或者一边学习着一边研究，就若有神助地达到了那种难以企及的高度。

> 王国维投身国学研究实际上只有十五年的时间（1912–1927）。在这短短的十五年内，他在研究过程中强调"观其会通"，"窥其奥突"，由于根柢深固，枝叶遂繁，得以在经学、古文字学、训诂、声韵、名物、甲骨学和商代史、周代青铜器物与金文、周代制度、战国秦汉时代文字演变、汉魏学术、魏蜀石经、汉晋简牍、唐人写卷、古代地理、宋代以来金石学、边疆近代新出碑铭、古代北方民族、辽金元史、西北史地等诸多领域迭有独到的创获。在西学强势传入，地上地下新资料层出不穷的情况下，他的建树维护了先哲之业于不坠，为后进奠定了纵深拓殖的基础。他的学术水准为他确立了国学祭酒的地位，赢得了国内学界无分新派旧派的一致悦服和当代国际汉学界的普遍崇敬。①

话又说回来，王国维虽已决计要"尽弃所学"了，但往日的记忆却仍对他大有裨益。在这个意义上，王国维又并非是全然地抛弃

---

①张广达：《王国维的西学与国学》，载《中国学术》，第十六辑，北京：商务印书馆，2004年，第102页。

了西学，或者说，他就是想要抛却也抛不干净；恰恰相反，他倒是带着深层的西学痕迹回到中学的。而且，即使情况果然是像罗振玉在上边所讲的那样，他还是接着又向王国维介绍了很多汉学家，而那些人自然也都会或多或少地，向王国维演示和示范着西式的治学范式。因此在这个问题上，狩野直喜的感觉应属于可靠而有见地的：

> 作为一个学者，王君伟大卓越之处，我想是凡中国的老一辈大儒才能做的事，他都做得到。晚年他绝对不提自己会外文，可是因为他研究过外国学问，他的学术研究方法比以往的中国大儒更加可靠。也就是说，他对西洋科学研究法理解很深，并把它利用来研究中国的学问，这是作为学者的王君的卓越之处。当今中国，因受西洋学问的影响而在中国学中提出新见解的学者决非少数，可是这种新涌现的学者往往在中国学基础的经学方面根柢不坚、学殖不厚，而传统的学者虽说知识渊博，因为不通最新的学术方法，在精巧的表达方面往往无法让世界学者接受。也就是说，他们的表述不太好领会。而王君既没这二者的毛病，又兼有两者的优点，这确实是罕见的。[1]

不过，狩野直喜又提到了这种变化的另一面，也显然对其中所潜存的问题有所保留："我觉得来京都以后，王君的学问有一些变化。也就是说，他好像重新转向研究中国的经学，要树立新的见地。可能他想改革中国经学研究。比方说，聊天的时候我偶尔提到西洋哲学，王君苦笑说他不懂，总是逃避这个话题。以后他扩展了元杂剧

<hr>

①狩野直喜：《回忆王静安君》，见陈平原、王风编：《追忆王国维》，北京：生活·读书·新知三联书店，2009年，第294—295页。

研究，写了《宋元戏曲史》，可是对他来说，写这本书已完全属于消遣。此前他说过，杂剧的研究以他的《宋元戏曲史》为终结，以后再也不研究了。"[1] 到了这里，再来回顾前文中青木正儿的那番追记，那么我们似乎也可以说，王国维后来所持的态度应是为日本学者普遍不解的，无论是他对于西洋哲学的决绝放弃，还是他对于明清戏曲的弃而不顾。

真正从学理上讲究起来，虽说王国维先生当然也属于"学贯中西"的，然而在中西学术之间的这种比对与折冲，却决不应当仅限于一次性地，从西方的思想立场和思维方式中，讨来一把现成在手的锐利斧斤，然后便只顾着用来砍伐中学的林木与柴薪了。要知道，西学本身也属于哗哗流淌的江河，它和中学一样也处于方生方成之中，也有着自身不断变化的形态与取向。所以，在这方面真正可取的理性态度，便是时刻站立在两大文明的界面上，敏锐关切着来自双方的发展与变迁，从而促动双方并长争高的恒久对话。而且，在这方面尤其要命的又是，正因为他当年那种"以西格中"的活动，已经成为了普遍的和时尚的潮流，才使得我们即使只是想要澄清中学，也同样必须不稍间断地去追踪西学。——正如我曾在很多地方都讲过的，由于长期以来西学渗透进中学的深度，已经超出了日常想象且又为人们习焉不察，就使我们往往只有在了解到西学的变异之后，才会恍然意识到某些流行过的"国学"的观念，实不过是在外来影响下的"传统的发明"而已。

正因此，如果我们再顺着狩野直喜的观察，来回顾王国维当年所遇到的问题，也就会仰天长叹地意识到，尽管他当年不可能全然

---

①狩野直喜：《回忆王静安君》，见陈平原、王风编：《追忆王国维》，北京：生活·读书·新知三联书店，2009年，第294页。

抛却，可是所谓"尽弃所学"的说法本身，还是凸显出了他当年曾如此下力的西学修习，竟由于后来在面对东洋学者时的挫败感，而在某个不可思议的节点或瞬间，并非沿着思想自身发展的要求，而令人遗憾地驻足迟滞不前了。事实上，一直到了静安先生生命的尽头，他对于西方学术的这种率然的放弃，都还带来了相当消极的、匪夷所思的恶果。比如，他那句"为哲学家而不能，为哲学史家而不愿"的兴叹，正是当他面对叔本华哲学时油然发出的。而由此让我们难以思议的是，以他曾经表现出的浓重兴趣，他怎么就没有再跟着去了解，在这位言过其实、甚至微不足道的叔本华之后，西方哲学还会有哪些发展、转折或自省，是否会很快就能克服他那个"粗糙"的（维特根斯坦语）、"作为意志和表象的"的体系？也正因为这样，由于他未能及时地跟进西学的最新发展，才使他看来毕其一生都未能摆脱叔本华的阴影。

耐人寻味的是，也正因为他从此不再对西学深究了，王国维才会在"悲剧观念"的问题上，被总是喜欢充当西学代言人的胡适，给大而化之地搪塞了或忽悠了。——我们就此先从胡适的一篇日记谈起，他不经意地在 1923 年 12 月 16 日那天走访了王国维：

> 静庵先生问我，小说《薛家将》写薛丁山弑父，樊梨花也弑父，有没有特别意义？我竟不曾想过这个问题。希腊古代悲剧中常有这一类的事。
>
> 他又说，西洋人太倡欲望，过了一定限期，必致破坏毁灭。我对此事却不悲观，即使悲观，我们在今日势不能不跟西洋人向这条路上走去，他也以为然。我以为西洋今日之心头大患不在欲望的发展，而在理智的进步不曾赶上物质文明的进步。
>
> 他举美国一家公司制一影片，费钱六百万元，用地千余亩，

说这种办法是不能持久的。我说，制一影片而费如许资本工夫，正如我们考据一个字而费几许精力，寻无数版本，同时一种作事必求完备尽善的精神，正未可厚非也。[1]

我们细读这篇日记不难发现，在写作《红楼梦评论》的二十年之后，尽管王国维仍在捉摸中西之间的"可比性"，因此还要拿中国戏文中的弑父情节，来比附西方悲剧中的杀父娶母，可是他显然已不再盲目地对此"不明觉厉"了，倒觉得西方人的这种心态并不见得合乎人间情理。然而，那位留洋归来、西装革履的胡适博士，尽管自承对这些问题都不曾留心过，却还是要信口就在别人的起疑处，来强作解人地为西方文化进行辩护。

我们当然也都知道，除了当年曾经偏爱悲剧的王国维，实则接下来对于悲剧推崇备至的人物，正好也就要数这位铁嘴钢牙的胡适了，——比如他也是出于大体相同的理由，而特别地高扬《红楼梦》的思想地位："中国文学最缺乏的是悲剧的观念。无论是小说，是戏剧，总是一个美满的团圆。现今戏园里唱完戏时总有一男一女出来一拜，叫做'团圆'，这便是中国人的'团圆迷信'的绝妙代表。有一两个例外的文学家，要想打破这种团圆的迷信，如《石头记》的林黛玉不与贾宝玉团圆，如《桃花扇》的侯朝宗不与李香君团圆；但是这种结束法是中国文人所不许的……这种'团圆的迷信'乃是中国人思想薄弱的铁证。做书的人明知世上的真事都是不如意的居大部分，他明知世上的事不是颠倒是非，便是生离死别，他却偏要使'天下有情人都成了眷属'，偏要说善恶分明，报应昭彰。他闭着

---

①胡适：《胡适日记全编·4（1923—1927）》，曹伯言整理，合肥：安徽教育出版社，2001年，第131—132页。

眼睛不肯看天下的悲剧惨剧，不肯老老实实写天工的颠倒惨酷，他只图说一个纸上的大快人心。这便是说谎的文学。更进一层说：团圆快乐的文字，读完了，至多不过能使人觉得一种满意的观念，决不能叫人有深沉的感动，决不能引人到彻底的觉悟，决不能使人起根本上的思量反省。"①

不过，问题的严重性却显然在于，这种悲剧观念对于一位自称是"不可救药的乐观主义者"来说，顶多也不过就是些"嘴皮子功夫"而已，那根本不会影响到他的高等生活质量，更不要说进而还影响到他的基本生趣。甚至，这种观念对于首次把悲剧观抬高到哲学层面的叔本华本人来说，也充其量不过是博取名声的手段而已——"后来的哲学史家，看到了叔本华的生活行为和他的哲学主张大相抵触的种种方面：他的贪口腹、恋女色、畏死亡，他账本上的那句'老妇死，重负释'；还有更可笑的，他竟为了一点区区的红尘俗名而雇用通讯员来搜求自己声望的证据……很多人对此提出了批评，认为叔本华对自己的论调也信得不真诚。"②但可惜的是，一旦这种原本可疑的观念被灌输到王国维心中，由于他天性的真诚笃实、从无戏言，也由于他情感的浓郁低徊、沉潜刚烈，那可就不会只限于说说而已了，所以问题也就变得格外严重了。

说到底，被希腊人所紧紧抓住的"悲剧冲突"，在于有限人生中的种种"分限"，甚至作为希腊悲剧根源的"命运"一词，在希腊语中原本就意味着所谓"分限"："人的生存远不是完全自由的，它受到自身'条件'以及蛰伏在其中的'潜规则'的钳制。人生中本该

---

① 胡适：《文学进化观念与戏剧改良》，《胡适文集》，第二卷，北京：北京大学出版社，2013年，第111-112页。
② 刘东：《叔本华：没有意志的意志哲学家》，《近思与远虑》，杭州：浙江大学出版社，2014年，第62页。

发生的事情（包括众多不幸之事）必然都会发生。这种不以人的意志所定夺或改变的走向'结点'的必然趋势，我们称之为'命'、'宿命'或'命运'，而古希腊人则称之为 moira。Moira 的初始或基本词义为'部分'，与整体、全体或全部形成对比。'部分'属于整体，但就其自身而言，它又不是整体，而是一个已经从整体里区分出来的可以作为独立识别或分辨单位的'方面'，是一个可以与整体比较而言的'局部'。Moira 的另一个特点是有'限'。换言之，它是有'局限'的，而非无限的；它是有边际的，而非无界的，不是可以无限扩大或扩充的。命运限定，或不在乎有意还是无意地'规定'。命运通常并不思考，而只是依据自己的本能行事。"①

而发人深省的是，也正由于理性地面对着这样的"分限"，本院的另一位重量级导师梁启超先生，也就坚定地站在儒家思想的立场上，回应了或拒绝了胡适的另一番指责："胡适之先生在欧洲演说中国文化，狠攻击知命之说，以为知命是一种懒惰哲学，这种主张，能养成懒惰根性。这话若不错，那么，我们这个懒惰人族，将来除了自然淘汰之一途外，真没有别条路可走了。但究竟是不是这样呢？现在还当讨论。"② 紧接着，针对着这个严峻而无可回避的"命运"问题，梁启超又进行了哲学史意义上的分梳，并由此而凸显了孔子的立场或智慧："墨家自然不相信命，《墨子·非命》篇中便极端否认知命，在现在讲，可算'打倒知命'了。列子的意见，更可从《力命》篇中看出，他假设两人对话，一名力，一名命，争论结果，偏重于命。

---

① 陈中梅：《荷马的启示：从命运观到认识论》，北京：北京大学出版社，2009 年，第11—13 页。
② 梁启超：《知命与努力》，1927 年 5 月 22 日在华北大学讲演，王劭年、张泽雄笔述，原刊于 1927 年 5 月 29 日《国闻周报》第 4 卷第 20 期，引自《梁启超文选》，下集，夏晓虹编，北京：中国广播电视出版社，1992 年，第 498 页。

列子是代表道家的，可见道家的主张，是根本将命抬到最高的地位，而将力压服在下面，和墨家重力黜命的宗旨恰恰相反。可是儒家就不然，一面讲命，一面亦讲力，知命和努力，是同在一样的重要的地位，即以'不知命无以为君子'一句论，为君子便是努力，但却以知命为必要条件，可知在儒家的眼光中两者毫无轩轾了。"[①]

不过，与胡适的消极判断与无端指责针锋相对，孔子的"知命"观念在梁先生看来，恰正显示出了儒家思想的高明或优越："假使有一不知命的人，不承认分限，甚至不知分限，或不注意分限，以为无论何事，我要如何便如何，可以达到目的。此种人勇气虽然很大，动辄行其开步走的主义，一往直前，可是，设使前边有一堵墙，拦住去路，人告诉他前面有墙，墙是走不过去的，而他悍然不顾，以为没有墙，我不信墙的限制，仍然前行……于是结果，他碰了墙，碰得头破脑裂，不得不回来，回来改变方向，仍是照这样碰墙，碰了几回之后，一经躺下，比任何软弱人还软弱，再无复起的希望。因他努力自信，总想超过他的希望，不想结果失望，自然一蹶不振，这种人的勇气，不能永久保持，一遇阻碍，必生厌倦，所以不知命——不信分限，专恃莽气的人是很难成功的。"[②]

所以，儒家的"知命"之所以跟道家的不同，则又在于它既愿意坦然地"知命"，却又不愿安然地拘守这样的"宿命"，或者说，它是既了解到了自己遭遇的"分限"，却又不安于拘守这样的"分限"，倒很想去试着挑战一下这种"分限"，以便能更进一步地有所发奋作为，乃至哪怕只是有限地改变这样的"分限"，这就是所谓"知其不可而为之"的精义了。正如梁先生又在此文中接着指出的："儒家

①梁启超：《知命与努力》，《梁启超文选》，下集，夏晓虹编，北京：中国广播电视出版社，1992年，第498—499页。
②同上，第503页。

知命的话，在《论语》中有很重要的一句，便是批评孔子的：'知其不可为而为之'那一句。可见知其可为而为之——不知或不信分限，不是勇气；必要知其不可为而为之，才算勇气。明知山上有金矿动手去掘的人，那（不）算有勇；要明知不可为，而知道应该去做的人，才算伟大。这句话很可以表现孔子的全部人格，也可以作为知命与努力的注脚，'知其不可为'便是知命，'而为之'便是努力，孔子的伟大和勇气，在此可以完全看出了。"①

尽管由古代希腊人所凸显的、来自冥冥"命运"的戏剧性冲突，在任何文明和社会中都是随处可见的，然而，我们综上所述却又可以得悉，恰恰是孔子那种"知其不可为"的有限理性精神，不仅帮我们确认了藏在"命运"背后的"分限"，也帮我们树立了既立意去挑战这种"分限"、而又不致一旦挫折便心灰意懒的信念。正因此，我们从中可以得到的启发便是，尽管跟浑浑噩噩、无思无虑、对任何状态都安之若素的心态比起来，对于世界与人生的悲观判断往往显得不无深刻，但是，进一步去反思这种悲观判断的价值，从而在某种程度上超越这种幽暗的意识，以便给人生找出基于"有限理性"的解决方案，从而给我们的生命过程以相应的安顿，同时也向展开这种过程的历史赋予相应的冲力，这理应是更加深刻、更有力道和更具价值的。——毫无疑问，这种对于"悲剧观念"的更加积极的解答，也理应去到中西之间不稍间断的文明对话中去寻找，而这正是我那本新作《悲剧的文化解析》所希望完成的。

而令人嗟呀的是，至少从蒋复璁在半世纪后的回忆来看，王国维先生也是有可能去再度恢复这种文明对话的，惟其可惜的只是"学

---

① 梁启超：《知命与努力》，《梁启超文选》，下集，夏晓虹编，北京：中国广播电视出版社，1992 年，第 503 页。

海无涯"而"人生有涯"，而且隐藏在他心底的、那种"不思量，自难忘"悲剧观念，似乎还贻害无穷加速了那种"大限"的到来：

据我看，第一期是他奠定中文基础的时期。第二期是他奠定日文及英文基础的时期，更进而用英日文的工具来读英日文原本书籍。翻译英日文图书及讨论中西思想是他练习使用中日英三国文字的工具，同时他奠定了融贯中外思想的基础，尤其是他学过数学物理，可以说是有科学的基础。这个时期他偏重在哲学。第三期他运用西洋哲学思想来批评中国文学，所以才发现中国通俗文学的重要性。第四期是他在中文方面，由治举子业所读的经史，作进一步的深造，因为他有西洋科学、哲学及文学的基础，所以能在经史方面推陈出新。第五期是他一面继续专治经史，同时有许多史料发现，他将经史与实物新史料合二为一，相互证明。这是中西文化碰头后，融会贯通的时期，他做这个工作。十三年初在地安门染织局他的家中，我曾经问过他："先生还想用中西文做点什么工作？"他回答我说："我想用英文译本，重译《马哥孛罗游记》，加以考证。"此时他正从事西北地理及元代掌故。《马哥孛罗游记》在西洋是一专门之学，有许多人从事于此，但是西人缺欠中国史地考证知识，中国人因文字的关系，缺欠西洋知识，至今有许多问题无法解决，并且中西两方面都不能深入。这个工作只有静安先生能做，因为他能读西书，他可以将西方资料介绍给中国人，他能用他考证的能力，尤其杭州是他的家乡，他对于《浙江通志》用过工夫，必有极精彩的发明，中外人士必要称快，如果他将这部书写成。①

我当然无意去说，导致王国维先生选择自沉的原因，仅只在于这种未经深刻反思的悲剧观念，可无论如何，即使那不是唯一的、或终极的原因，也总应是很主要的、暗中起到了决定作用内因，尤其于这样一个特别沉默寡言、特别内向的人来说。也正缘此，就让我油然想起了帕斯捷尔纳克当年写给茨维塔耶娃的几行诗句，——看来这位诗人彼时正在担忧她会选择结束自己的生命，而且那位女诗人最终也确实就做出了这样的选择：

> 你仍旧是无穷尽的。
> 而死亡是你的笔名。
> 不能投降。别用笔名
> 发表和出版任何作品。②

所以我最后要说的是，在对于西方文化的长期盲从中，曾经就连"自杀"特别是"诗人自杀"，都被说成是富于"意义"的、或至少是表达了真性情的，因而是值得为之喝彩的："在虚无主义试行一种完全没有信仰的生活的同时，是诗人面临价值毁灭走投无路时的自杀，特拉克尔、马克·吐温、杰克·伦敦、恩·托勒、斯·茨威格、克劳斯·曼、沃尔夫、普拉斯……"③；"在道德价值被历史理

①蒋复璁：《追念逝世五十年的王静安先生》，见陈平原、王风编：《追忆王国维》，北京：生活·读书·新知三联书店，2009年，第123页。
②帕斯捷尔纳克、茨维塔耶娃、里尔克：《抒情诗的呼吸：一九二六年书信》，刘文飞译，上海：上海译文出版社，2011年，第51页。
③刘小枫：《拯救与逍遥——中西方诗人对世界的不同态度》，上海：上海人民出版社，1988年，第61–62页。

性的脚步碾成泥尘的同时，诗人自杀了，而且竟然那样集中：叶赛宁、马雅可夫斯基、茨维塔耶娃、曼德尔斯塔姆、法捷耶夫、亚什维亚……"①——而正是在这种"相形见绌"的中西对比中，有人才会以赞赏的口吻提到了王国维的自杀："在屈原自杀以后，二千多年的中国历史似乎比较平静，这当然是就诗人自杀事件来讲的。诗人似乎已经找到了真正的安身立命的根据。我们有幸再听不到诗人自杀的讯息了。直至近现代之交的中国出现了文化上的大分裂之时，诗人兼诗学家王国维的自杀才打破了诗园的安宁。"②

这是一种何等扭曲的、嗜痂成癖的价值观，它完全是在"拿着不是当理说"！当然，即使如此我们也可以从中看出，王国维先生的那种选择其实并不简单，并非仅仅来自个人天性和烦琐家事，倒是凸显出了西方文化对于中国文化的巨大压强，以及在那种压强下的不明就里的盲从。事实上，受这种"诗人自杀"之论的怂恿或鼓噪，此后还接着又出现了海子等诗人的悲剧，而且这类结局也一概都受到了盲目的追捧。而正因为这样，我们又不得不就此而特别澄清，与这种灰暗心理形成了强烈对比的是，即使在西方学界本身也并非全然赞同它，——比如玛莎·纳斯鲍姆就曾针对伯纳德·威廉姆斯太过醉心于悲剧的颠覆而批评说："悲剧并不是为了承认在伦理空间中包含着这样一部分内容，即，悲剧性事件的发生乃出于毫不留情的必然性或命运，悲剧常常倒是向观众提出这样的挑战，即，能否以积极的态度处身其中，将之作为道德斗争的一个竞争地，也就是，在某些情况下美德可能战胜非道德力量的任性之处，甚至是，美德

---

①刘小枫：《拯救与逍遥——中西方诗人对世界的不同态度》，上海：上海人民出版社，1988年，第63页。
②同上，第60—61页。

在未能取胜之时仍然因其自身之故而闪耀着光芒。"①

也正因此，既然我们正在这里为王国维的自沉而叹惋悲悼、并为本院失去了这位学术巨子而顿足痛惜，那么，也就肯定到了再把这种扭转的歪理再颠倒回来的时候了。无论如何，我们必须明确而坚定不移地指出，那种消极弃世的、自我毁灭式的态度，并不能算作什么合理的人生解决方案，而仅仅属于对任何人生解决方案的、横蛮无理的否定，因而也只属于对于我们珍贵生命历程的、并不具有任何哲学价值的、也不负任何责任的毁弃。

2017 年 10 月 16 日
写毕于清华学堂 218 室

①玛莎·纳斯鲍姆：《悲剧与正义》，唐文明译，《世界哲学》2007 年 4 期，第 30 页。

又让任公复生一回

——序《梁启超年谱长编稿本》

（一）

自受命来清华园复建这所曾经辉煌的国学院，就算跟梁启超的种种年谱结下了缘，先买来并细读了上海人民版的《年谱长编》，又合作推动了中华书局版的《年谱长编》，而到了大前年也就是 2012 年，则邀来京都大学狭间直树教授来此主讲"梁启超纪念讲座"，——当然还是冲着他是日本方面研究梁启超的权威，曾在岩波书店编译出版过煌煌五卷本的《梁启超年谱长编》。

再定下神来回味，或许正是这种接续着编写年谱的传统，才算得上最为"中国化"的修史传统吧？所以，也正是跟这一点相连，自己以往才曾不断地起疑：尽管后世已把四部中的"乙部"视同于西学中的"history"，可若是严格计较起来，在前者所指的"历史"和后者所指的"历史学"之间，仍存在着十分微妙的、也相当值得重视的区别。大约正因为这样，也就只有同我们共享着东亚传统的日本或韩国学者，才会在年谱编写方面具有共同的语言。比如，来新夏还列举过他们在这方面的著作：

> 甚至还有外国学者为中国学者文人补撰年谱的，如日人铃

木虎雄编有《沈约年谱》、《李卓吾年谱》和《吴梅村年谱》，神田喜一郎编有《顾千里年谱》和《江晋三先生年谱》，小泽文四郎编有《刘孟瞻先生年谱》等。又如朝鲜人元泳义所编《孔子实纪》四卷，也是孔子年谱的一种。①

更让人兴味浓厚的是，作为这类很特别的历史作品的著名传主之一，我们在此想要事无巨细地予以综述的梁启超，其本人还特地反思过年谱的应有写法。读者可以就此参看任公的《中国历史研究法补编》，他在其中先是把"专史"分为五种，即所谓"人的专史"、"事的专史"、"文物的专史"、"地方的专史"和"断代的专史"，又在有关"人的专史"的分论中，专门把"年谱及其作法"拎出，跟"合传及其作法"、"专传及其作法"和"人表及其作法"等，并列为对于个人历史的几种叙述方法。——由此一来，我们也便可以根据梁启超的论述，来检验一下后人为他编写的年谱，是否达到了他本人所预设的要求。

这样一种相互缠绕的互文关系，又让我想起了多年前接触过的、反映在法国作家纪德笔下的"纹心结构"，正如万德化就此分析的："人物之间的双重关系丰富了小说的内容，但也使得用单一方式对它进行解读变得非常困难。这个技巧创造了一本'小说中的小说'，因为纪德的小说，也就是另外一个人物（即爱德华）准备创作的小说。"② 而有意思的是，就像笔者自己又曾说穿了的，中国读者对于这种纹心结构的、哪怕是并不很自觉的了解，则来自纪德在中国的追随者——卞之琳的那首名诗：

①来新夏、徐建华：《中国的年谱与家谱》，北京：中国国际广播出版社，2010年，第20页。
②万德化：《安德烈·纪德〈伪币制造者〉一书中的纹心结构》，北京：中央编译出版社，2007年，第96页。

你在桥上看风景

看风景的人在楼上看你

明月装饰了你的窗子

你装饰了别人的梦[1]

那么，如果照梁启超本人看来，"年谱"这种土生土长的历史文体，到底有怎样的缘起或写作动机呢？——只要翻开任公的著作，就能为此找到相应的回答："年谱这种著述，比较的起得很迟；最古的年谱，当推宋元丰七年吕大防做的《韩文年谱》、《杜诗年谱》。做年谱的动机，是读者觉得那些文诗感触时事的地方太多，作者和社会的背景关系很切；不知时事，不明背景，冒昧去读诗文，是领会不到作者的精神的：为自己用功起见，所以做年谱来弥补这种遗憾。"[2] 如果再验之以孙诒让的说法，便可知任公的说法大致不错："自北宋人以陶、杜之诗，韩、柳之文，按年为谱，后贤踵作，缀辑事迹以为书者日多。于是编年之例通于纪传，年经月纬，始末昭焯，此唐以前家史所未有也。盖名贤魁士一生从事于学问、论撰之间，其道德文章既与年俱进，而生平遭际之隆污夷险，又各随所遇而不同，非有谱以精考其年，无由得其详实。"[3]

不过，基于自己喜欢刨根究底的求知欲，上述说法都还不能算是特别解渴。正因为这样，尽管在一篇序文的有限篇幅内，还不能太过率性地予以展开，我在此还是想要简单列举一下，就此还可能

---

① 卞之琳：《断章》，载卞之琳著；姜诗元编选.《卞之琳文集》，北京：华夏出版社，2000年，第73页。
② 梁启超：《中国历史研究法·中国历史研究法补编》，北京：中华书局，2014年，第258页。
③ 孙诒让：《冒巢民先生年谱序》，孙诒让著，雪克点校：《籀庼述林》，北京：中华书局，2010年，第355页。

给出怎样复杂的答案。——在我看来，"年谱"这种历史文体在中国的定型与风行，其成因至少不应少于下述几项：第一，现世主义的取向；第二，个人主体的尊重；第三，历史意识的发达；第四，就事论事的态度；第五，印刷文化的兴盛；等等。

进一步来申说，在上述复杂的成因中间，还存在着逻辑递进的潜在关系。首先，只有在一种现世主义的文明氛围中，才会自然地导向注重当世、而不是来世的文化心理，从而也才会创造出、并守护着这个特定的人文世界。其次，既然这个丰富多彩的人文世界，原本就是由人类主体所创化的，而不是由任何外在的神明，那么，这一个个具体人类就理应受到尊重，而且这种态度也就体现为对于接续创化活动的激励。复次，正因为既要去守护这样的人文世界，也要去尊重创化出它的具体个人，就相应产生了记述个人事迹的历史著作，而不是记述超验神迹的宗教著作。再次，正因为有了如此发达的历史意识，人们对于已然发生的事实，就倾向于抱持朴实的尊重态度，从而不光自己怀有秉笔直书的冲动，也会以同样的态度去对待前人直书的结果。最后，上述这组文化因子的潜能，一旦被种植到了两宋的土壤中，就会因当时物质文明的发达、特别是印刷技术的发达，而得到空前的激发和光大……

这就是我对于"年谱之起源"这类史家问题的，或许更富于思想家旨趣的回答。也正是本着与此相应的认识，我在前不久的文章中才会指出："出于同样的心理原因，基本的史实，作为一种共通的经验，作为一种认同的基础、一种诵念的常项、一种标准的记忆，也并不需要过于别出心裁的、作为个人专利的刻意'创新'。所以，如果有人执意去做'翻案文章'，这种小知间间地要'小聪明'，绝对会被具有古风的史家们所厌弃。"① 读者们明鉴，我在此还是要试着指出，在中国本有的"历史"和随西风传来的"历史学"之间，仍然存在着某种微妙的、不可不察的区别，——它更强调当即记下刚刚发生的事件，而不是到了时过境迁之后，再把它们当作沙盘上的棋子，来推绎作为某种研究成果的虚拟因果关联，甚至将对于这些过往事件的出人意表的说明，当作抒发自己对于人生看法的特殊形式。

也许并非巧合，我们眼下也可以从梁启超那里，看出他对于年谱写作的类似要求来："本来做历史的正则，无论那一门，都应据事直书，不必多下批评；一定要下批评，已是第二流的脚色。譬如做传，但描写这个人的真相，不下一句断语，而能令读者自然了解这个人地位或价值，那才算是史才。做传如此，做年谱也如此。真是著述名家，都应守此正则。"② 读者们或会联想到，这正是从《春秋》那里承继的家法，而任公又据此批评道，像蔡上翔的《王荆公年谱考略》，和胡适的《章实斋先生年谱》，都未能严守住这样的家法，而过多地表达了作者的见解；——而岂不知，"固然各人有各人的见解，但我总觉得不对，而且不是做年谱的正轨。"③

当然，这里又要小心地拿捏。一方面，作者的确不宜在年谱中多发议论，而要让事实本身来说话。由此可见，尽管中式的"历史"和西式的"历史学"，看似都在平铺直叙以往的事情，骨子里却还是不尽相同的，因为后者往往更强调主体的立场，否则就不能匠心独

---

① 刘东：《对于往事的中国记述》，《自由与传统》，北京：北京大学出版社，2015 年，第 215 页。
② 梁启超：《中国历史研究法·中国历史研究法补编》，北京：中华书局，2014 年，第 273 页，着重号为引者所加。
③ 梁启超：《中国历史研究法·中国历史研究法补编》，北京：中华书局，2014 年，第 274 页。

运地"释义"了，而作者本人的"史家"地位亦无从确立。在这个意义上，也许以往大家都忽略了，当克罗齐说出"一切历史都是当代史"的时候，他所意指的不过是西方的"历史学"，而非中国古人所讲的"历史"，后者早已落成为确凿的事实，只能被照原貌给直书下来。——可以再换个说法，如果后者因其初始和本源而被称作"历史一"的话，那么前者则因其次生和衍变而应被称作"历史二"。

可另一方面，既要睁大眼睛去盯住每个细节，以诚敬之心去为某位传主修部年谱，这件事本身却又不言自明地说明了作者的潜在崇敬态度。正如梁启超本人又就此论说的："我们心里总有一二古人，值得崇拜或模范的。无论是学者，文人，或政治家，他总有他的成功的原因，经过，和结果。我们想从他的遗文或记他的史籍，在凌乱浩瀚中得亲切的了解，系统的认识，是不容易的。倘使下一番工夫替他做年谱，那么，对于他一生的环境、背景、事迹、著作、性情等可以整个的看出，毫无遗憾。从这上，又可以得深微的感动，不知不觉的发扬志气，向上努力。"① 由此，尽管我们也了解斯皮瓦克式的反弹，知道即使是"贱民"或芸芸众生，也都有权在历史文本中发声，不过若是依着传统中国的心情，针对一位具体的历史人物，究竟是值得写篇"本纪"还是"列传"，还是干脆就对之弃而不谈，又或者究竟是否值得为他编部"年谱"，乃至编部事无巨细的"年谱长编"，那还要取决于传主的位置与高度。

无论如何，就正面的文化意义来说，在如此浩如烟海的史部中，打开那林林总总的年谱，看到一个个具体而微的、活灵活现的、千人千面的人物，我们总是不可能不想到，这正说明了对于过往人物及其功业的尊重。所以，如果再从任公提到的两宋时代向上

---

① 梁启超：《中国历史研究法·中国历史研究法补编》，北京：中华书局，2014年，第281页。

回溯，那就要再追踪到倡导"三不朽"的古老传统，从而跟着钱穆去沿着司马迁向上溯源了——"钱穆讨论纪传体问题如同他讨论《史记》书名时一样，并没有把目光仅仅局限在史学著作上，而是联系到先秦诸子。这是极具启发性的。由诸子而发现历史中特别看重人的事实，这就把思考引到了正确的轨道上来。因为以'人'为中心的纪传体史学著作之所以出现，一定是因为对'人'在历史上的作用有了新的认识。"[①]

耐人寻味的是，如果比照着西方文化的镜像，这当然也可被说成某种中式的"传纪"。不过仍需留意的是，那些大规模的人物传记，在西方的印刷历史上，反而属于相对晚出的现代读物，它们更要迎合图书市场的需求，所以更属于大众化的商业行为。在这个意义上，倒是这种历时久远、其来有自的中国式年谱，反而并非为了取悦别人，倒首先是为了满足年谱的作者自己。——正如梁启超就此给出的判断："时人做的年谱真多极了。他们著书的原因，大概因景仰先哲，想彻底了解其人的身世学问，所以在千百年后做这种工作。"[②]此外，从问题的另一面来说，同样是出于这种研究的心情，凡是看惯了年谱的方家，则情愿阅读这种处处"留白"的古老文体，而不是被想象力灌满了的、更具有文学格调的现代传记。

不过，既已说到了这里，也就应当不失平衡地指出，一旦被移植进当代的学术环境，什么种子都有可能"橘化为枳"。如果说，在政治压力过大的岁月，这种对于史料的巨细靡遗的编纂，还能帮我们留存一点历史真相，从而期许着"守先待后"的学术之功，那么，年谱这种历史文体的存在，在当今这个"佞史"压过了"良史"的

---

①胡宝国：《汉唐间史学的发展》，北京：北京大学出版社，2014年，第13页。
②梁启超：《中国历史研究法·中国历史研究法补编》，北京：中华书局，2014年，第260页。

年代，也有可能让史林里充满了南郭先生。"人们似乎不约而同地发现了，写史竟能提供一种非常方便的借口，来掩饰自己内心的惰怠无能，因为它相对而言更容忍述而不作的表面形式，并不苛求独立大胆的立论。"①——正因为这样，就有必要仍以那句"古之学者为己，今之学者为人"②的古训，来在学人中呼吁恢复古风的回归。在我看来，想要判明究竟是"橘"还是"枳"，其标准也还是相当简捷明了的，只需看作者编写年谱的初始动机，到底是在"为己"还是"为人"？——因为，只要作者的动机是属于前者，他就不会停留在年谱的编写上，而只会将此当作学术的初阶；而更重要的是，只要其动机是属于前者，他就理应在对于前贤的追慕中，逐渐得到自身境界的提升，而这些都终将在他今后的治学中，自然而然地、甚至坚忍不拔地表现出来。

（二）

后人将来恐怕都难以置信，对于梁启超年谱长编的编写，竟有一段并不比他本人生命更短的、充满了曲折起伏的故事；而且，读到后边大家还会想到，这个故事还远没有结束。——幸而，我们在中华书局的合作者俞国林，已经根据不少唯在书局内部才能读到的文献，特别是很多不为人知的信札，大致厘清了这段历史的前半部；而我在本节中的不少描述，也要仰仗他所提供的细节材料。

还要从 1929 年任公逝世时说起。在一片悲痛的心情中，梁家

---

① 刘东：《"文胜质则史"的真义：历史与现实中的佞史传统》，《道术与天下》，北京：北京大学出版社，2011 年，第 163—164 页。
② 《论语·宪问》，《十三经古注》第九册，北京：中华书局，2014 年，第 2010 页。

的亲属故旧曾经议定了两件大事：其一，是基于 1916 年版的《饮冰室全集》，和 1926 年版的《饮冰室文集》，编出更完整的梁启超著作集，这件事交由林志钧负责；其二，则是开始准备梁启超年谱的编修，来为将来的梁启超传记铺垫材料，这件事交由丁文江负责。到了 1936 年，随着《饮冰室合集》的面世，林志钧负责的工作已告完成，足见当初之所托尚称得人。而相比之下，身为地质学家的丁文江，则由于总是无法全力投入，遂不得不通过顾颉刚等人的推荐，于 1932 年从燕大聘来刚毕业的赵丰田，协助自己来推进年谱的工作。

这么着，我们便可从赵丰田的回忆中，获悉丁文江对于年谱的设计，从而方便了对其中得失再进行检讨："……丁文江对此已有了比较成熟的意见，向我强调了下面几个主要之点：一、梁启超生前很欣赏西人"画我象我"的名言，年谱要全面地、真实地反映谱主的面貌；二、本谱要有自己的特点，即以梁的来往信札为主，其他一般资料少用；三、采用梁在《中国历史研究补编》中讲的编辑方法，平述和纲目并用的编年体；四、用语体文先编部年谱长编。这最后一点与梁家的意见不同。梁的家属主张编年谱，并用文言文。丁文江觉得重要材料很多，先编年谱长编，既可以保存较多的材料，又可较快成书。他又是胡适的好友，很赞成胡适提倡的白话文运动，所以仍是坚持用白话文。"[①]

到了 1934 年秋，主要是在近万件往返信札的基础上，也涵括了一些其他的材料，丁、赵二人共同编出了其第一稿，总共抄成了厚厚的二十二册、计约一百万字有余，这便是任公年谱最初的初稿，可称为《梁启超年谱长编·原抄本》；而相对于后出的篇幅较短的

---

①赵丰田：《梁启超年谱长编·前言》，丁文江、赵丰田（编）：《梁启超年谱长编》，上海：上海人民出版社，2009 年，第 2 页。

"长编",它也被人们称为"长编之长编"。至于分别对这部"原抄本"的具体贡献，以及此后对它的改写方案，则可从丁文江1935年写给舒新城的信中略窥：

> 新城先生足下：
>
> 在申晤谈，承允为《任公年谱》设法出版，至为感慰。兹就前日所谈各点，拟具办法如下：一、《年谱长编》系赵君丰田拟稿，计共为五十万字（原文如此——引者），字数过多，应详加删节，方可出版；兹拟假定年谱字数为二十万（最多二十五万），于最近期中请赵君来京，与弟会同，着手删节。二、预计删节工作，应可本年内完成。三、拟请中华书局预付版税洋八百元（六月初付一半，九月初再付一半），为钞写费用及赵君数月薪水。四、出版时期，一听中华酌定。以上各节统祈查照，赐覆为荷。此颂
>
> 大安！
>
> 弟丁文江顿首 号在君
>
> 五月二十一日[①]

屈指算来，从丁文江自南京发出这封信，到他于次年初猝死于长沙，也只有短短的半年时间了。在此之后，则由其友翁文灏接管此事，而赵丰田也已感到不可恋战，故只到了1936年的5月，便草草地完成了其第二稿，篇幅约有六十七万字。它被题名为《梁启超先生年谱长编初稿》，总共只油印了五十部，而每部又被装订为十二

---

① 转引自俞国林：《梁任公著作在中华书局出版始末》，《饮冰室合集》（典藏版）附册，北京：中华书局，2015年。

册，用以在小范围内征求意见。在这里为了区分的方便，又可把它称为《梁启超年谱长编·油印本》。

1936 年 11 月 5 日，陈叔通曾就此修书给梁令娴和梁思成，从中不仅可以看出上述油印本的草率处，也能由此理解这个版本何以未能面世——"《年谱》底本，确不满意。赵君未克负在君委属之意，后尤草率。花钱不少，可以请一位比赵君高明得多的人亦不难。弟阅第一本，当以为大致不差，愈看愈不对，始主张宰平总阅。实知张君亦不足以了此事也。弟盼速成，但亦不愿草率。"可无论如何，根据赵丰田在 1963 年的回忆，又可知编写的努力仍在继续。而为了帮读者了解发展至此的脉络，这里应把它原本引证出来：

（1）信札原件（约六千通），绝大部分为副本，馀信手稿（电稿仅此），这批资料不在台湾；发表过的文字，主要根据乙丑重编本《文集》（当时《合集》未出版）；笔记之类的材料，亦皆传抄副本；他人发表过的文章和有关事实的陈述，则分别根据其原书原文而成。以上为第一批原料，该项原料本身（主要指抄副本）已存在着一些错漏字句。

（2）根据上述各项资料编成了一套资料汇编（或称长编之长编），装定为二十二册，基本上全部按年排列，中加简单说明联系的文句。这份资料共三部，第一部系墨笔钞本（现在北京，誊写员所钞），馀二部则据第一部用晒兰纸印成者，可能台湾有一部，但估计"台本"并未据此本校订。这套资料约多于《长编》百分（之）三十上下。在誊写员钞录过程中，又出现一部分错漏字句，似较上述副本中的还多些。

（3）根据上述资料又编了一部《年谱长编》，分量约达前者十分之七。这部长编稿本是用墨笔钞成的（可称为《梁启超年谱长编·墨笔本》——引者），在这次编钞过程中，改正了一部（分）错字，可能又产生了一些错字。这部稿本可能在台湾。

（4）现在流行的油印十二本的《年谱长编》（初稿），是根据上述稿本用蜡纸刻印的，在刻印过程中，又产生许多错漏字，其数量可能较前三次更多。[①]

如果说，尽管出现了人事的突兀变故，可年谱的编写至此仍然属于正常，那么，此后则因为种种的战乱与动荡，竟使种种不同的前述稿本，分别获得了不同的命运。——更令人嗟呀的是，如果当年甫从燕大毕业的赵丰田，还只是因为师长们信手推荐，而不无偶然地参加了年谱编写，那么，这件工作竟被一再地迁延，并最终演成了他毕生的沉重背负。

在此要插进来交代的是，到了1962年的12月17日，梁家长子梁思成曾托人将前边提到的"年谱长编"的原稿，送到了位于翠微路的中华书局《梁集》编辑室，并附带写来了一封便简：

王代文同志：

　　兹将"年谱长编"原稿送上，请查收。建议将其中有些关于家庭琐事的信札钞录删去。乞封达丰田先生。即颂

　　撰祺！

梁思成

62年12月27日[②]

---

①转引自俞国林：《梁任公著作在中华书局出版始末》,《饮冰室合集》(典藏版)附册,北京：中华书局, 2015年。
②同上。

这正是我们在五十多年以后，想要原样影印出来的稿本！它们是整整齐齐的二十二册，统一誊抄在印有"梁启超先生年谱稿纸"字样、如今已经发黄变脆的纸面上，——而我们借由前文中的说明，可知这正是那部所谓"长编之长编"，或曰《梁启超年谱长编·原抄本》！再从信中所谓"乞封达丰田先生"的字样，还可知若按梁思成本人的初衷，仍是要帮助赵丰田去完成年谱。可不管是由于什么原因，总归这部稿子是自此之后，便已安躺在中华书局的保险柜里，既很遗憾地未能被赵丰田利用上，[①] 却也很侥幸地躲过了"文革"的赤焰。

既然这样，读者们也就可以推知，迟至 1983 年才得以面世的，标明了是由丁文江、赵丰田合编的《梁启超年谱长编》，就只能基于此后生成的其他稿本了。而按照前引的赵丰田之回忆，可知它们分别就是《梁启超年谱长编·墨笔本》和《梁启超年谱长编·油印本》，而两者间虽可能存在些许笔误的差别，但毕竟后者是基于前者而刻成的，所以大体上还是属于同一种东西。于是不待言，既然《梁启超年谱长编·墨笔本》据说"可能在台湾"，那么赵丰田接下来的工作，就只能再基于《梁启超年谱长编·油印本》了。

更进一步，在我们这条叙述的主线之外，还应当交代两个较小的插曲。其一是，后来海峡对岸为了纪念丁文江（而不是梁启超），曾从史语所里借出了年谱油印本，仍以《梁启超先生年谱长编初稿》为题，在 1958 年由世界书局重抄出版，而丁文江的生前友好胡适，以及丁文江的四弟丁文渊，还分别为这个本子撰写过《序》或《前言》。并且，该书后来也辗转流入了大陆，或许还曾对中华书局有过促动。

---

① 甚至，根据书局编辑向当事人的了解，还曾经发生过这样的事情："'文革'结束后，赵丰田派助手来京，商谈《梁任公先生年谱长编初稿》重新整理事宜，欲撇开原整理本，独立承担，重新整理，并希望中华提供'长编之长编'、'油印本'等，李凯未允。"（转引自俞国林：《梁任公著作在中华书局出版始末》。）

不过，由于它只是在重抄的过程中，修正了若干明显的错字，却又无端错排了若干字，还删改了一些不利于国民党的内容，若从版本学的角度似可忽略。

其二是，接下来在中华书局的促请下，大约是从 1962 年开始，复旦大学的陈匡时即着手校补，以便重印大陆版的年谱油印本。这项工作经过了两年多的努力，至 1964 年 4 月 16 日宣告完成，并当即全数寄到了中华书局。所以，细心的读者还不可不察，这个《梁启超先生年谱长编初稿》，或曰《梁启超年谱长编·油印本》，又有个出自陈匡时之手的"复旦校注本"，它至今还躺在中华书局的书柜里，而当时只是出于下述的考虑，才未能被书局顺利印行出来：

（一）《年谱长编》中引用梁氏信札很多，这些信札，我们现在已搜求到，而陈匡时同志则是无法见到的，因而这部分的核对工作须补做。

（二）现在梁集小组搜求的梁氏信札，也有一部分是赵丰田先生编《年谱长编》时没有见到。如果我们出版这部书，以把这一部分资料补充进去为宜。（台湾本仅改正了油印本的若干显著错字，同时也错排了若干字。且有删改，尤其是不利于国民党的言论。我们补充以引所见的资料可大大超过台湾本。）

（三）赵丰田先生有自行整理这部《年谱长编》的意思，此书如果出版，似以请赵丰田先生亲自或由他委托他的助手来最后完成为宜。[①]

---

① 转引自俞国林：《梁任公著作在中华书局出版始末》，《饮冰室合集》（典藏版）附册，北京：中华书局，2015 年。

无论如何，赵丰田至此已属于众望所归了，而他终究也算是不负众望，赶在生命结束前献出了《梁启超年谱长编》，使大家得以在久违之后，再次亲切地了解到任公跌宕起伏、线条交织的平生。只是，如从赵丰田于1932年受命编写它算起，到它最终于1983年由上海人民出版社出版，竟整整迁延了半世纪的时间，而作者至此也已从翩翩一少年（27岁），被拖延成了垂垂一老者（74岁），岂能不令人为之浩叹？不过即使如此，一方面，读者们自应感佩他杜鹃啼血的精神，而另一方面，这位作者到了自己生命的官子阶段，也同样要感激命运对他的眷顾。毕竟，尽管少数专家还可以记住，赵丰田又曾出版过《晚清五十年经济思想史》的论著（哈佛燕京学社，1939年版），但广大读者之所以会熟悉他的名字，则主要还是因为这部梁启超年谱。由此也就不妨说，这位作者竟是几乎毕其一生，都跟任公的名字连在了一起，而梁启超生平本身的意义，也就赋予了赵丰田以相应的意义。

（三）

正如本文之初所述，此后围绕这部年谱的故事则是，到了2010年的5月，中华书局又曾跟本院合作，推出了《梁任公先生年谱长编（初稿）》，而为了区别起见，这个本子又可被称作"年谱新编"。它是由欧阳哲生另据一部"油印本"整理而成，并和卞僧慧的《陈寅恪先生年谱长编初稿》一起，被收入了"清华大学国学研究院四大导师年谱长编"的系列。所以，如果更仔细地点算，年谱的稿本更有下述的发展和分散过程：

（1）长编之素材（原件，已佚）

（2）长编之长编（原抄本，现存中华书局）

（3）长编墨笔本（据说可能存于台湾）

（4）长编油印本（又称"初稿"，分藏于各地）

（5）复旦校注本（未刊，现存于中华书局）

（6）年谱长编（上海人民版）

（7）年谱新编（中华书局版）

此间的复杂性表现为，尽管就一般的规律来讲，年谱这种层层累加的文体，总可能是后来居上、晚出转精的，可眼下情况却比较特殊，使得我们在埋头忙碌了许久之后，终究还是要再回过头来，面对这样一部珍贵的孤本、即作为原抄本的"长编之长编"！职是之故，自从在五年前偶然听说，这个原抄本居然有可能还存在，只是无端遗失了保险柜的钥匙，我就不断在跟俞国林商量，希望能尽快地找到它，并想个法子把它公之于众；因为根据以往的经验教训，但凡碰到这种纸质脆弱的孤本，只有尽快把它印刷出来，才能保住其中的珍贵内容！

我这种按捺不住的心情，当然还是如前文中所述，来自我对于传主本人的、通过阅读而建立的同情。最近几年间，我已经多次就任公发过笔，所以这种同情也不必再赘言。无可辩驳的是，尽管早在将近一个世纪前，这位本院早期的导师就已被说成"过时"了，然而此后，不管是在国际还是在国内，他都仍然在占据着议论的中心。由此，在这部所谓"长编之长编"中，很多当年看来不重要的细节，如今却未必就不值得发表，而很多当年需要删改的地方，如今反而有可能更值得保留。即使梁思成在那个"山雨欲来"的年代，曾明确地"建议将其中有些关于家庭琐事的信札钞录删去"，但以我对于任公生平的关切，那些家常话于今读来也很有味道，它会让当年梁家的很多生活细节，都显得更加历历在目、清晰可辨，也让《梁启超和他的儿女们》之类的书籍，有了更丰富可靠的增补素材。更不消说，正因为那些发自任公的、哪怕是比较简短的信函，在此后都早已佚失了或毁弃了，这个抄本就更显出了它的价值，甚至显得是弥足珍贵。

当然，我在此无意去指责前边的工作，说人们当年实在是不识货。事实上，我自己的判断也只有在今天，才能够自然而然、毫不费难地得出。这是因为，一旦随着历史语境的迁移，哪位传主在过往历史中的地位，也开始出现了相应的变化，那么，围绕他本人所修撰的年谱，无论是其内容还是其篇幅，也都会跟着发生相应的变化。在这个意义上，我们自然能够会心地理解，这部命运多变的梁启超年谱，从他谢世起就开始提出动议，到总算是找到人协助修撰，到只是为了纪念丁文江才草草付印，到在"文革"前又打消了复旦校注本，到在开放时代则公开印行了定本，到中华书局又对之重新校订，到我们现在还要再付出努力，打算公开推出这部"长编之长编"，——这一切说白了，都无非是梁启超本人不断沉浮的历史地位之缩影！

而不管怎么说，只要是有了这部"长编之长编"，毕竟就能拿来对照上海人民版的年谱，验证一下赵丰田的工作质量，看看有没有被他抄错的字句，看看他都保存、增补或删掉了哪些内容，而这些处理是否都在合理的范围？——从正面来讲，如果他的保存、删节或增补，看起来都是理由充足，我们便可从中体会到他的文心，感受到一番印证妙合之乐；从反面来说，如果他的某些删节不见得合理，我们就更要着重地记载下来，也许就找到了以前未曾被注意到、以后仍然用得着的史料。

说到这里，想起曾从俞国林整理的文件中，见到过一些耐人寻味的段落，它们虽然不是赵丰田写下的，却有助于理解他那部年谱的好处："删节与否？年谱□□□天有参考价值的内容不少，但所关系张的内容也有许多，要不要删节，是会提出来的。从主要是供研究工作者参考和使用来看，我们认为还是保留年谱本来面目为宜，仅作一些技术上的改动。另外，删节的要求与界限也极难划分与掌握，弊病较多。"[①]"如果考虑删节，则年谱使用价值就会降低，研究工作者也不得不重新利用年谱油印本，进而使重印的目的也会部分的达不到，形成研究者又要交叉地使用重印本与油印本的困难。"[②]我想，凡是细读过1983年版梁启超年谱的人，读到这里都将会心地微笑了，——这正是赵丰田工作的价值所在，并且也正因为这一点，使得他最终拿出来的这部年谱，肯定无愧于此中的典范之作，既充满了一定的勇敢与解放，也充满了相当的机敏与智慧。

　　不过，我们在前边的叙述中，也曾预留了一些存疑的伏笔，现在又要把它们再激活出来。大家肯定都还记得，丁文江为这部书特制的规则是："本谱要有自己的特点，即以梁的来往信札为主，其他一般资料少用"。不管这样的规则是否合理，它都不是作为晚辈的赵丰田能够质疑的。所以，尽管他也从原抄本中删节了一些家常书信，但他在油印本的基础上所增补的内容，也同样是一些后来发现的书信。正因为这样，看来正是受到了丁文江的约束，我们现在所能读到的这部以赵丰田为第二作者的《长编》，如果验之以对于年谱本身的文体要求，其在书信和著述之间的比例，还是显得大大偏重或失衡了。

---

①转引自俞国林：《梁任公著作在中华书局出版始末》，《饮冰室合集》（典藏版）附册，北京：中华书局，2015年。
②同上。

那么，到底为什么要只收书信呢？一般的解释是，这是出于《年谱》与《合集》的最初分工。但更有意思的是，即使对像年谱这般中国化的文本形式，那篇根据丁文江的意见所拟定的《梁任公先生年谱长编例言》，还在其第二条上赫然援引了国外的权威："本书采用英人《赫胥黎传记》（*The Life and Letters of Thomas Henry Hexley*）体例，故内容方面多采原料，就中尤以信件材料为主。"[①] 这就不能不令人警觉地意识到，尽管丁文江跟任公很有私交，甚至为后者写下了这样的挽词："生我者父母，知我者鲍子。在地为河岳，在天为日星"，但两人在文化观念上毕竟南辕北辙；正因为这样，也才会出现赵丰田回忆到的情况："梁的家属主张编年谱，并用文言文。丁文江……又是胡适的好友，很赞成胡适提倡的白话文运动，所以仍是坚持用白话文。"[②]

问题的关键在于，尽管无论在古代还是现代，也无论在国外还是国内，书信都有重要的文献价值，比如坊间流行的《曾国藩书信》，或者《康德书信百封》，但我们又须有所留意：相比起其他类型的文字来，书信都会更具有私人性，谈论的范围也相对狭窄，故而参考价值也有其限度。尤其是，对于像梁启超这样一位备受瞩目的公众人物，这样一位勤于公开发表的作者，这样一位早已著作等身的学者，仅仅在年谱中辑录他的书信，就显得太过偏颇狭隘了。如果说，这样的偏颇对他那个时代的人，由于普遍对其著述都还耳熟能详，还不大会立马就显露出来，那么，由于写出书来本是要"传诸后世"的，所以再到了"恍如隔世"的后人那里，这样的年谱就很难传达

---

① 《梁任公先生年谱长编例言》，丁文江、赵丰田（编）：《梁启超年谱长编》，上海：上海人民出版社，2009年，第1页。

② 赵丰田：《梁启超年谱长编·前言》，载丁文江、赵丰田（编）：《梁启超年谱长编》，上海：上海人民出版社，2009年，第2页。

传主的全貌了。此外还有一点，由于书信保存的难易程度不同，和珍视与收藏的意识不同，即使在任公刚过世就征集它们，但肯定还是越到晚近就越丰富，所以如果只拿书信来充填年谱，就注定要出现"前疏后密"的问题。

更加有趣的是，正如前边已经预先提到的，如果拿着这部年谱中的问题，来对照梁启超对于"年谱作法"的要求，我们几乎会恍然大悟地发现，原来正是任公本人，在预防着这里可能出现的偏差。比如，梁启超在《年谱及其作法》中写道："个人是全社会的一员；个人的行动，不能离社会而独立。我们要看一个人的价值，不能不注意和他有关系的人。年谱由家谱变成，一般人做年谱，也很注意谱主的家族。家族以外，师友、生徒、亲故都不为做年谱的人所注意。这实在是一般年谱的缺点。"①——这不正是在指我们刚刚谈到的、由于专收书信而导致的内容偏差吗？

此外，对于同时在追求"内圣"与"外王"的人，梁启超还在他的书中特别指出，一定要注意保持住必要的张力，而不要让其一侧掩盖了另一侧，以致于在无形的夸张中失真："此外还有一种政治兼学问，学问兼政治的人，我们若替他做年谱，对于时事的记载，或许可以简略点，但须斟酌。譬如王阳明是一个大学者，和时事的关系也不浅。但因为他的学问的光芒太大，直把功业盖住了，所以时事较不为做他的年谱者所重。其实我们为了解他成功的原因起见，固然不能不说明白他的学问；为了解他治学的方法起见，也不能不记清楚他的功业。因为他的学问就是从功业中得来，而他的功业也从他的学问做出，二者有相互的关系。所以他的年谱，对于当时大

---

① 梁启超：《中国历史研究法·中国历史研究法补编》，北京：中华书局，2014年，第268页。

事和他自己做出的事业，都得斟酌著录。"①

虽然说，如果与王阳明的情况相比，梁启超的情况是正好相反，即不是怕"内圣"遮掩了"外王"，而是怕"外王"遮掩了"内圣"，但此间的道理毕竟是相通的。所以，有了这本"长编之长编"的对照，我们才能更加确然地发现，由于严守着丁文江所制定的规则，竟然原已收进"原抄本"中的著述部分，到后来也还是被赵丰田给删去了，——不知道他为何就没有对照一下，任公曾经很明确地指出过，"本来年谱这种书，除了自传的或同时人做的以外，若在后世而想替前人做，非那人有著述遗下不可。没有著述或著述不传的人的年谱，是没有法子可做的，除非别人的著述，对于那人的事迹，记载十分详明才行。"②所以，在充分肯定该书长处的前提下，我们也不得不同时指出，就全书所带来的阅读效果而言，这部主要收纳了任公书信的年谱，只是突出了他作为活动家和宣传家的一面，而对他毕其一生都保持着浓厚的研究兴趣、且越到晚年就越是热衷于学术的一面，相形之下就交代得很不充分。

也正是因为这一点，由于那个不尽合理的侧重点，使得这部年谱有了相应的局限，只能对学理的部分略而不谈，使得它对身在清华国学院的我来说，尤其会显得不够充分和解渴。在这个意义上，当自己写出对于任公的这类判断时，其实也正是要突破有关他的那种失真形象："只有充分理解到了发生在《欧游心影录》中的思想变化，才能真正看清梁启超于同步进行的生平转向。也就是说，一旦完成了这本破除外部迷信的著作，而惊喜地找回了中国文化的世界定位，梁启超就势必需要一个合适的话语场，来发表、整理和激发

---

①梁启超：《中国历史研究法·中国历史研究法补编》，北京：中华书局，2014年，第267页。
②同上，第261页。

自己的发现,而这正是后来碰巧出现的清华国学院对他的意义。——也正是在这个意义上,梁启超到清华国学院来,就绝不是一次遁逃或一次落败,而是其生命中一次进取式的升华和蜕变。"①

可喜的是,如今总算看到了这部"长编之长编",让我们得悉它在专收书信的侧重之外,毕竟还标示过另外的可能性。比如我们看到,它还收入过任公少年时代的科场文字,还收入过他在特定情景下写出的诗词,还收入过他对《时务学堂遗编》写下的批语,还收入过他那些不无戏谑的绰号如"兼士""佞人"……可惜这些后来已被节略掉了。更不要说,它还收入过与梁启超并称"四怪"的曹箸伟的对联"我辈耐十年寒供斯民煖席,朝廷具一副泪闻天下笑声",还收入过有关梁启超本人少年得志的对联"就贡举才十有六岁,诵诗书已念余万言",还收入过《亡友夏穗卿先生》一文中有关学理的讨论,甚至还写下过"中国士大夫之公开集会,实自强学会始"这样的按语,可惜这些后来也被节略掉了。——看起来,除了"只收书信"的规定之外,这些颇能显出当年士夫意气的话语,到后来恐怕都只能被判为"守旧"了?

当然在另一方面,这部原样影印的"长编之长编",正因为它最是原汁原味的,就仍然只能带着它的原始性,从而难免显得泥沙俱下、良莠不一。所以,它无论如何都还不能算是成熟的年谱,而只能算是提供给成熟年谱的坏胎。所以,在我暂时还只是作为理想的计划中,今后真正能令人满意的《梁启超年谱》,不仅要基于更完备的《梁启超全集》,还要基于日文的《梁启超年谱长编》,因为任公在日本的活动很多,而日本学者的工作又向称精细;甚至,还需要

①刘东:《未竟的后期:〈欧游心影录〉之后的梁启超》,《中国学术》第三十辑,北京:商务印书馆,2011年,第129页。

进而了解英文和法文的材料，因为对于梁启超的专题研究，在美国乃至法国的中国研究界也很热门。——而不消说，所有这一切"锦上添花"的底本，则仍要推这部"长编之长编"，它应当是我们再次出发的起点。

那么，究竟怎么来完成这样的计划？实际上，我对于这一点也已经有了腹稿。令人欣慰的是，清华国学院那项浩大的"院史工程"，如今已经快要进入它的尾声了，也就是说，我们在付出艰苦而持续的努力之后，已经接近完成长达五十余卷的《清华国学书系》，可以把早期院友的成就一并端给读者。那么，一旦这项工程彻底杀青，今后就可以腾出手来，就一些学术量更大的课题，专门定向地请来研究人员，让他们到这里来全力攻克难关，这中间会包括很多精彩的课题，当然也包括更高版本的《梁启超年谱长编》。

而说到这里，就又想起任公跟清华的缘分来了。这次拿《年谱长编》和"长编之长编"对读，又两次读到了他在临终前半年（1928年5月8日），曾在书信中对远方的长女说："我清华事到底不能摆脱，我觉得日来体子已渐复元，虽不能摆脱，亦无妨，因为我极舍不得清华研究院"①，心头真不禁怦然一动，觉得真该请来哪位书法家，就把任公这句"我极舍不得清华研究院"，写成高挂在本院中的大字匾额。而与此同时，清华人对于梁启超老师的感情，也同样溢于言表并且经久不衰，——比如，它反映在任公于最后岁月收到的这封弟子来信中：

> 任师夫子大人钧鉴：自别道范，相从南来，河山虽隔，系念常殷。每度京津同学有道出沪上者，辄相与把臂促膝问津门

---

① 丁文江、赵丰田（编）：《梁启超年谱长编》，上海：上海人民出版社，2009年，第758页。

起居。闻师座清恙大减，则粲然色喜，若闻玉体违和，则相与蹙额浩叹矣。客岁党军占领江南，南北之音问遂疏，师座因历史关系，为各方所注耳，邮电往来，常被检查，用不便径修书候，然间接因同门诸子传达状况崇颂起居者，盖无时或缺焉。暑假中得刚主信，称师座近况佳善，息影著书，私心窃喜，以为稍养数月，或能全愈矣。今为时不过三月，乃报忽载病重入协和医院之说。诚然此信非虚，惟此间同门所急欲知者，即师座病为旧疾复发耶，抑新恙乍添耶？饮食行动尚能如常否？尚祈师座有以示之。师座以一身关系国家前途、文化前途，今政治方面虽较黯淡，而全国学术待师座之整理、全国学子待师座之指导者极多。即就政治方面言，初亦非全然绝望，惟暂时不得不权安缄默耳，他日春雷陡起，万象或能更苏矣。尚望师座节忧寡虑，清心静养，留得梁木，为他日用。此间同门有足为师座告者，即全体俱能安心向学，无一轻率浮动者，且社会各方皆相推重，是悉由师座囊日训诲之功也。专此敬禀，即叩钧安。（民国十七年十二月一日）[1]

发出这封《致任师夫子大人书》的，为徐中舒、程璟、杨鸿烈、方欣、陆侃如、刘纪泽、周传儒、姚名达等八人，他们后来都有很好的学术成绩，也都同样属于本院的骄傲。而值得顺便一提的是，我的学生杨朗眼神真好，发现仅只这么一封书简，等到被抄进《年谱长编》以后，便出现了三处小小的修改，如"相纵南来"被改成了"相从南来"，"全辞"被改成了"全体"，而"由于"则被改成了

---

[1]《致任师夫子大人书》，载《梁启超年谱长编·原抄本》，第22册，第3531–3533页，凡加"着重号"处，均据丁文江、赵丰田（编）《梁启超年谱长编》第771页中文字订正。

"由"。大约这种"鲁鱼亥豕"式的差别，原本是抄录者出现的差错，又由赵丰田据信件进行了矫正。

而我相信，信中所述的"闻师座清恙大减，则粲然色喜，若闻玉体违和，则相与蹙额浩叹矣"，绝不会是什么客套的虚文，而真正传达出了国学院学生的深挚情感。事实上，既然把《清华国学文存》编到这个地步，我已知道有很多梁门弟子如姚名达等等，后来都是痛感到自己的导师壮志未酬，才慨然接过了学术上的接力棒，去续写其《中国文化史》计划的某一章节。——毫无疑问，梁启超确实具有如此强大的人格魅力，而且他的这种个人魅力，也正是本院早期如此成功的关键原因之一。

也正是冲着任公的这种人格魅力，我们才会在他辞世八九十年之后，仍在"编写→阅读→重编→再读"着他的种种年谱，而且即使这样都还嫌不够，还要继续来规划更完备的年谱长编。所以说，虽则是"人死不可复生"，可是这种不断为之编修年谱的过程，不正是在让他一次次地复生，而且一次比一次更生动和更丰满吗？正是在这样的意义上，我才在本文开头写下了"又让任公复生一次"的标题，因为我知道等把文章写到这里，一定会触及如此高远的话题，即正是在中华民族发达的历史意识中，其追求"三不朽"的古老传统才得以落实，使得那些值得被我们追慕的伟大人格，能在后人们一次次的历史书写中，被证明为"精神不死"和"风貌不死"。

而由此又联想到，梁启超本人在临终之前，也还在拼尽自己最后的力气，为南宋的精彩人物辛弃疾编修年谱。对于这件事，其胞弟启勋曾在《曼殊室戊辰笔记》中，为我们留下了详细的记载："《辛稼轩年谱》，九月十日始属稿，二十四日编至稼轩五十二岁，入夜痔大发，竟夕不能睡，二十五日过午始起，侧身坐属稿。二十六日，痔疮痛剧，不能复坐，二十七日，始入京就医，十月五日，始返，仍未能执笔。十月五日，从北京就医归，归途感冒发烧，不自觉，六七两日执笔校改前稿甚多。七日下午，始知有病，遂卧床两日。九日下午，势全退，乃赓续作此。十月十日，昨日午势已全退，今晨复升至三十七二，可厌之至。无聊故，仍执笔，十二日，为最后绝笔。"[1]

是啊，这种至死方休的、总要由后辈来为前人编修年谱的习惯，正是华夏民族代代相传、而生生不息的缩影和写照，它既能让古人生活在今人中间，也能让今人生活在古人中间，使我们得以跟这么多值得追思的丰满人格日夕相处，——这正是把中国的文化生活给丰富点染起来的诀窍之一，正是让人们从未在生活中感觉到寂寞的原因之一，也正是使得我们的同胞即便没有外在的宗教，也仍能保持住道德自律的原因之一。

2015 年 6 月 28 日于清华学堂 218 室

---

[1] 转引自丁文江、赵丰田（编）：《梁启超年谱长编》，上海：上海人民出版社，2009 年，第 768 页。

有关陈寅恪的思考提纲

还记得早在九十年代之初，我就向老友钱钢推荐过"陈寅恪"这个悲壮的选题，而这位当年曾以挖掘史料著称的"报告文学家"，还从我这里拿走了一大摞有关陈寅恪的书籍。可惜，他后来又默然无语地把它们全都还给我了，似乎我推荐的并不是适合于纪实文学的题目。

同样还记得，也就在钱钢把书还给我不久，我们再次见面时又谈到过陆键东刚出的那本书，他也解释了无论如何仅凭我那些书，还写不出后者所达到的轰动效果。当然我也应当承认，我本人当初也无法想象到《陈寅恪的最后二十年》所搜罗到的那些历史细节，——我原本也只是受到了陈寅恪生平之悲壮故事的感染，特别是那种由其早期的治学可能性而在现实的人生轨迹中所留下的巨大悲剧性悬念。

实际上，正因为有了陆键东所披露的那些细节，陈寅恪这个名字才真正受到了广泛的关注、留恋和尊重，而这也正是这本书的主要历史作用。否则，仅以当今中国公众的低下文化，以他们对于本国国史的肤浅了解，真正够格去欣赏陈寅恪学术成就的，哪里会有这么多？

就在这种广泛而持续的公众关注中，陈寅恪这个名字，构成了一种令人骄傲的精神象征。——他那封倔强的要门生去转告"毛公或刘公"的信，成为了空谷足音，成为了旷世绝响，成为了整整一代学人的"最后的颜面"。因此，后人绝对应当用纯金的材料，把陈寅恪的下述语句永远铭刻下来：

> 必须脱掉"俗谛之桎梏"，真理才能发挥，受"俗谛之桎梏"，没有自由思想，没有独立精神，即不能发扬真理，即不能研究学术……独立精神和自由意志是必须争的，且须以生死力争。正如词文所示，"思想而不自由，毋宁死耳。斯古今仁贤所同殉之精义，其岂庸鄙之敢望"。一切都是小事，惟此是大事。……
>
> 因此，我提出第一条："允许中古史研究所不宗奉马列主义，并不学习政治。"其意就在不要有桎梏，不要先有马列主义的见解，再研究学术，也不要学政治。不止我一人要如此，我要全部的人都如此。我从来不谈政治，与政治决无连涉，和任何党派没有关系。怎样调查也只是这样。
>
> 因此，我又提出第二条："请毛公或刘公给一允许证明书，以作挡箭牌。"其意是毛公是政府最高当局，刘少奇是党的最高负责人。我认为最高当局也应和我有同样的看法，应从我说。否则，就不谈学术研究。[①]

无论如何，在当代中国的一般大众那里，这种从"独立精神，

①陆键东：《陈寅恪的最后二十年》（修订本），北京：生活·读书·新知三联书店，2013年，第106—107页。

自由思想"方面的对于陈寅恪的体认，肯定是至关重要的。甚至，从本院会议室的墙上也可以赫然看到，就连当代中国的最高领导人，同样要向这种精神的力量致敬。——不过话说回来，还是从清华国学院的角度来看，如果仅限于这样去理解，却又显得太单薄和太平面了。还应当进一步去领会到，如果换在八十年代的"文化热"中，尽管人们可以心怀悲愤地去纪念张志新，可以心怀仰慕地去怀想顾准，但他们却不会如此珍惜地去眷恋一位研究国学的大师。——事实上，只有进一步地等到整个民族都开始珍惜自家传统的时节，人们才会如此心悦诚服地去钦敬陈寅恪，乃至去惋惜他曾经悉心呵护的故国文化。

君不见，历史语境的斗转星移，有时候是大起大落的，有时候则是润物无声的，而当代国人对于自家传统的态度转变，显然就属于后一种类型。——曾几何时，就连援引一下"仇必和而解"的古训，都会无情地碰到官方的雷区；而那些看似怀有"逆反心理"的民众，也由于受到统治意识形态的先入制约，而同样地沉浸在由《河殇》所代表的反传统情结中。

所以很有意思、也相当戏剧化的是，后来人们简直是在一觉醒来后，就觉得自己的思想背景全都掉转过来了。他们简直如梦方醒一般地，突然不再把自己不堪忍受的现实，全都归罪于传统文化了；相反，他们开始意识到了所有这一切，都是因为刚刚过去的文化浩劫，——换句话说，不再是传统文化本身、而是传统文化的毁弃与丧失，才是凡此种种滔天罪孽的真正祸首。

正是在如此特定的舆论气候下，就需要更体会相应的解释语境。

尽管有人简单化地把陈寅恪也说成了"自由主义者",甚至是"政治自由主义者",然而却需要警惕的是,把一位公认的国学大师,一位始终不渝的文化保守主义者,归类到某种准西化的狭隘派别,恐怕只能带来更大的误解。——在我看来,陈寅恪对于"独立精神,自由思想"的提倡与坚守,充其量也只是强调"秉笔直书"的传统士风史德,在跟外来的学术精神作有条件的重叠与契合。

而如果再回顾得远一些,就连陈寅恪的父亲陈三立,也曾写诗赞扬过西方的思想家穆勒——"吾国奋三古,纲纪匪狡狯。侵寻狃糟粕,滋觉世议隘。天阍缚制之,视息偷以忽。卓彼穆勒说,倾海挐众派。砭懦而发蒙,为我斧天械。又无过物忧,绳矩极显戒。萌芽新道德,取足持善败。"[1] 当然同样不待言,那位散原老人也绝不是满眼西化的"自由主义者",他也只是从传统士大夫的立场与操守出发,契合与赞同了由严复所阐释的要求划定"群己权界"的主张。

顺便还要再说一句——而且也并不是什么题外话——作为晚清大诗人陈三立的儿子,陈寅恪本人也同样是一位重要的诗人:他不仅毕生都在进行诗歌创作,也不光把诗歌修养和学术研究结合了起来,更重要的是,他还就用自己充满跌宕与坎坷的生平本身,写下了一首可歌可泣的传世长诗,而这也正是我当初所体会到的其悲壮之处。

再回到这篇提纲的主线来。——如果看不到文化传统在陈寅恪

---

①陈三立:《读侯官严复氏所译英儒穆勒约翰群己权论偶题》,《散原精舍诗集》卷上,民国二十六年十一月版,第57页。

那里所表现出的巨大能动性，还是一如既往地受制于激进主义的话语，只允许外来和尚到中国的讲台上大念"洋经"，那么，就会像张祥龙对于新文化运动的判定那样，只能把自家的文化传统压制得完全失语，从而虽然以"自由"作为一种好斗的口实，却适得其反地丧失了"深层的思想自由"：

> 广义的新文化运动接受的恰恰是传统西方的二分法思想方式（dichotomous way of thinking），所以一直带有强烈的思想专制倾向，却意识不到这一点，还要经常标榜自己的多元、宽容和思想自由。这其实是更可怕的……它并不偶然，并非由某些人士的个人性格决定，而是这个运动的思想方式本身所命定的。既然相信真理已经在握，道路已经标明，剩下的只是如何去充分实现这真理，那么也就不可能尊重他们眼中的非真理的自由和生存权。[①]

相形之下，倒是当时尚在芝加哥大学念书的甘阳，大约因为天性就喜欢立异鸣高——也许还额外地因为我把它带出国门后曾专门托人送给了他——就反而旗帜鲜明地反对过《二十年》这本书，认为它反映了"没落的"、"自恋的"保守主义倾向，并且还就基于这种极为偏颇的判定，流露出他对这种舆论气候的敏感：

> 我个人对此非常怀疑。因为在我看来这种保守主义只能造成知识界在思想上暮气沉沉，在知性上顿足不前，在心态上

---

①张祥龙：《深层思想自由的消失：新文化运动后果反思》，《科学文化评论》2009年第2期，第30页。

则未老先衰，一派黄昏景象。例如只要注意到《陈寅恪的最后二十年》那种文化没落主义式的自恋心态在中国知识界能引起如此普遍的心理共鸣，我们就不能不怀疑中国知识界是否已经穷途末路，惟借凭吊遗老而发遗少之牢骚？①

当然，没必要为这类最容易过时的"时文"去多费笔墨了，还是应当从陈寅恪自己的立场出发。无论如何，要是在这个盛行"后殖民"的年代，还是只把眼睛盯住了舶来的西学，只愿去引进它现实拥有的某个流派，而今天要去执信它的这一个极端，明天则去转向它的另一个对立面，却又总是满足于一叶障目和一知半解，那么就恕我直言，实则就其深层的做派而言，即使是当今中国最旗帜鲜明、也最富于勇气的自由主义者，也和往年的、同样富于牺牲精神的共产主义者，在思考习惯上是同出一辙的。

正是针对诸如此类的简单化倾向，我才在新近完成的《再造传统：带着警觉加入全球》一书中，这样来提示本国文化的必要能动性：

> 试想一下：为什么偏偏是坚守儒生气节的陈寅恪，反会奋笔写下堪称"清华校魂"的名言："来世不可知也，先生之著述，或有时而不彰。先生之学说，或有时而可商。惟此独立之精神，自由之思想，历千万祀，与天壤而同久，共三光而永光"？又为什么偏偏是被称为"一代儒宗"的马一浮，反而会在反驳章学诚的考据时，沿着儒家的思路发挥出这样的思想："今人言思想自由，犹为合理。秦法'以古非今者族'，乃是极端遏制自由

---

① 甘阳：《反民主的自由主义还是民主的自由主义？》，《二十一世纪》杂志，1997年，2月号。

思想,极为无道,亦是至愚。经济可以统制,思想云何由汝统制?曾谓三王之治世而有统制思想之事邪?惟《庄子,天下篇》则云:'古之道术有在于是者,(某某)〔墨翟、禽滑厘〕闻其风而说之。'乃是思想自由自然之果"?①

当然进一步说,此间的答案还更心同此理地在于,国学与西学之间原本就有这样的叠合处。——而正是在这个叠合处上,验证出了陈寅恪的中西文化观,从一开始就是"选点准确"的。尽管有不少重要的学者,如邓广铭、傅璇琮、桑兵,显然是出于"维护"前贤的目的,否认过陈寅恪曾主张"中体西用",而不那么有名的蔡仲德,虽说认定了这一点,却又把陈寅恪的这种文化立场,直截"归谬"为不言自明的错误,不过,一旦摆脱了文化激进主义的这类桎梏,我在这方面的看法却完全相反,——也就是说,正因为他如此明确地主张"中体西用",陈寅恪跟本土学术文化的关系,才同他跟西方学术文化的关系一样,可以说是非常经典和堪为楷模的。

我还曾充满感叹地对同学们讲,陈寅恪竟从一开始就如此眼光锐利、选点准确,肯定是和他那丰厚而严格的家学有关:"我近年来一直在思考中体西用的问题,最后笃定,就应该是中体西用。这个问题历来思想家各有各的看法。但陈先生从一开始就笃定中体西用,一生未改。这种识断,高明,不容易。陈先生毕竟是陈宝箴的孙子。陈宝箴跟张之洞可算得上是战友。凭这样的家世,陈先生从小所看到、听到的掌故,所结交、了解的人,耳濡目染的那种文化,真不

①刘东:《再造传统:带着警觉加入全球》,上海:上海人民出版社,2014年,第209–210页。

是旁人所能想见的。所以，他的判断错不到哪儿去。"[1]

正因为这样，我们才会充满赞叹地看到，时年只有三十几岁的陈寅恪，就能在他著名的《王观堂先生挽词》中写下这样的话：

> 当日英贤谁北斗，南皮太保方迁叟。
> 忠顺勤劳矢素衷，中西体用资循诱。[2]

这就是此后他那句有名自述——"思想囿于咸丰、同治之世，议论近乎湘乡、南皮之间"[3]的思想渊源。而从这样的文化立场出发，他自然要将自己的学术纲领表述为："窃疑中国自今日以后，即使能忠实输入北美或东欧之思想，其结局当亦等于玄奘唯识之学，在吾国思想史上既不能居最高之地位，且亦终归于歇绝者。其真能于思想上自成系统，有所创获者，必须一方面吸收输入外来之学说，一方面不忘本来民族之地位。此二种相反而适相成之态度，乃道教之真精神，新儒家之旧途径，而二千年吾民族与他民族思想接触史之所昭示者也。"[4]

我又曾在其他地方分析过，此种看似"简单化"的文化框架，曾经引起过相当的反弹，因为看起来它好像把两边都给"看扁"了，既未能看到西方本身的精神文化，又未能看到中国自己的物质文

---

① 刘东：《如何同情理解陈寅恪》，彭姗姗记录稿，未刊。
② 陈寅恪：《王观堂先生挽词并序》，《陈寅恪集·诗集》，北京：生活·读书·新知三联书店，2015年，第13—14页。
③ 陈寅恪：《冯友兰〈中国哲学史〉下册审查报告》，《金明馆丛稿二编》，北京：生活·读书·新知三联书店，2015年，第285页。
④ 同上，第284—285页。

化。——不过，如果人们又能转念想到，当年的"中体西用"之说，其实并不是在泛泛而谈，而是在针对中国的特定语境，原也不难同情地理解到：这种纲领并非在抽象的意义上去判定，西方的文明世界中只有物质文化，而是从"跨文化"的意义上来指出，它带给中国的主要震动与冲击，是表现在高度的物质文明方面；此外，这种纲领也并非在抽象的意义上去宣称，唯独东方的文明世界才有真正的精神文化，而是在"路径依赖"的意义上指出，对于生活这块土地上的国民而言，如果想要保住改革与转型的根基，就唯有先去保住自家的精神传统。[①]

正因为这样，还正如我又曾接着指出的，对于陈寅恪当年做出的文化选择，我们就不应当去撇弃它、绕过它或曲解它，而应当旗帜鲜明地去重新阐释它和有效激活它，让它获得更为丰富、具体和全面的内容：

> 要知道，寻常所谓的"西方文明"，其本身也是多元的甚至分裂的，而真正能跟中国文明既相通又互补的，则首推所谓"两希文明"中的希腊文明。跟中国文明的基因一样，这种文明的基因同样既是理性的、怀疑的，又是现实的、审美的，还是人间的、乐观的；但跟中国文明不同，由于偶然发生的历史成因，它却发展出了科学文化与民主制度，而这两者都被五四先辈总结为现代文明的基本因子。

[①]参阅刘东：《未竟的后期：〈欧游心影录〉之后的梁启超》，《中国学术》，第三十辑，北京：商务印书馆，2011年，第65—141页。

在这个基础上，晚近以来我一直在思索着，应当重新阐释和激活"中体西用"之说。试想，如果我们未来的社会共同体，能够建立在"中-希文明"的文化间性之上，既保有丰厚的传统文化资源，足以修持个人的道德心性，又能借鉴从希腊舶来的民主体制，来调节这些个人之间的关系，那么将会是一幅多么和谐又活跃的图景！进而，如果将来培养出来的年轻人，都能既有"慎独"的道德操守，又有"仁者爱人"的相互关系，还更能以喜悦静观的好奇心，去探究自然物理的奥秘，那将会是一种多么成功的教育体制！如此一来，我们就将在个人与自我、个人与个人、个人与社会、个人与自然诸方面，全方位地进入良性规范，——这将是一个多么健康的、生机勃勃的文明！①

由此又联想到，曾经不断地听到有人说到，早期的清华国学院是个"神话"，有时候他们这么讲是充满了追慕和艳羡，有时候则是暗含着揶揄和嘲讽。可不管怎么样，此刻我却要咬紧牙关，对此再追加上一句：如果早期清华国学院是个"神话"，那么身处这种"神话"中的陈寅恪，就更属于"神话中的神话"！——令人惊叹的是，即使陈寅恪的命运是以悲剧的形态结束的，他还是向我们雄辩地证明了，哪怕就在如此混乱可怕的时代，也还是照样能够出现精神上的伟人，而且这种出现还并不属于什么意外，而是从文化逻辑上就完全可以预料的。

由此令人可惜的是，一旦中国的国门在他身后再度向世界敞开，

①刘东：《重新激活"中体西用"——关于"当代精神困境"的答问》，《思想的浮冰》，上海：上海人民出版社，2014年，第276—277页。

西方人几乎是出于本能地，马上就要来找"中国的阿赫玛托娃"之流了。对于这一点，我已借着《黑天的故事：文革时代的地下手抄本》①一文，提示过深藏其中的文化误解，以及由此带来的取向误导。而相形之下，我们眼下却能较为清晰地看到，如果真要来寻找什么的话，那么像俄罗斯人那样的文化坚守，更应保藏在较为丰厚的本土传统中，比如在古代中国最被看重的史家传统中。——从这个意义来看，陈寅恪和顾准当年都在研究历史，这绝不会是纯属偶然的巧合。

当然从另一方面说，又跟俄罗斯的帕斯捷尔纳克、阿赫玛托娃、曼德尔斯塔姆、茨维塔耶娃、巴别尔、肖斯塔科维奇等人同病相怜的是，陈寅恪也是以其个人所遭遇到巨大生活苦难，换得了对于固有精神传统的挽歌般的延伸。——如果我们把他的这种苦难经历，跟同为"四大导师"的赵元任后来在海外的幸运生涯进行对比，就可以看得更加清楚。

这也就涉及到了对于自由选择的严峻承担问题。——无论如何，正因为那个个人的结局太过悲惨，就引起了人们在事后的不断复盘，而总是想要从各种细节中去寻绎：这种苦难对于陈寅恪本人而言，究竟是否可以通过"渡海"来避开。事实上，这正是余英时那本《陈寅恪晚年诗文释证》的源起；而近些年来，胡文辉以其《陈寅恪诗笺释》，张求会以其《陈寅恪丛考》，更是让各种细节都逐渐浮出了水面。

---

① 参见刘东：《黑天的故事：文革时代的地下手抄本》，《道术与天下》，北京：北京大学出版社，2011 年，第 52—82 页。

不过更值得注意的是，陆键东的这本《二十年》还向我们暗示，即使是在选择留在大陆之后，陈寅恪原也还可以有另外的选择，可叹他竟又再次倔强地对抗了官学，而宁可选择滞留在南国一隅（用他的话是"栖身岭表"）。实际上，从事态发展的最终结局来看，那次毫不妥协的倔强选择，也同样是付出了惨重的个人代价。——我本人偏巧借住过社科院位于干面胡同的"国宝楼"，见到过一大批劫后余生的老学者，由此也就难免要生出这样的联想：要是陈寅恪果然能来职掌历史二所，得以簇拥在大批文科学者中间，那么尽管这位枯眼的老人后来也会受到冲击，但至少总不至于被红卫兵直接斗死吧？那座"国宝楼"中又有哪位是被斗死了呢？

　　从这种个人选择又油然联想到，我还曾见到过不少陈寅恪的学生——后来照例都成为了学界大佬——在一次座谈会上非要咬定，他们的老师当年是绝不会"赴台"的。这好像是解答了我多年的悬疑，然而，一问到支撑他们这种猜测的理由，居然又只是因为认定"陈先生是爱国"的。这就根本说不通了：毕竟台湾并不是什么"外国"吧？再说，就算去了"外国"又有多么"大逆不道"？陈寅恪当年不是曾经明确地想要远赴牛津么？而且，获得了美国国籍的杨振宁，后来还不是被这边引为旷世的荣耀么？

　　所以，其实那些大佬的潜台词还在于——陈寅恪跟后来的执政党并没有什么"过结"，由此当年才没打算去刻意趋避之。然而我想，真正站得住的合理答案还在于，即使以陈寅恪的历史经验之丰富，恐怕他当年也不可能充分逆料到，以自己的地位之高、声望之隆，而且还灰暗到只打算写写《柳如是别传》这类文字了，竟然还会受到政治力的不断迫害。毕竟，像"文革"那样极端恶劣的历史经验，是连像在苏俄的历史中都找不到的，属于人类社会史中最为凄厉惨烈的一次！

此外，对于陈寅恪的缺乏必要理解，还表现在人们眼下对他的景仰，除了那句"独立精神，自由思想"的格言外，也就只剩下羡慕他的学术"基本功"了，比如他通晓着多少门外语、他可以熟诵多少部典籍、他能够随口回答多冷僻的掌故等等，而由此一来，也就把他跟某些只会掉掉书袋、撑撑门面，却又受到了过分优待的腐儒或佞史，雷同为同一等的低下水准了。

正因为这样，我才刚刚向《新京报》的记者指出，其实陈寅恪的真正重要性和不可替代性，乃在于他是本土史学传统"最后的玫瑰"，而这一点恰恰被当代人给普遍忽略了。——而反过来说，也正因为这种普遍的忽略，此刻才更需要旗帜鲜明地提出，作为孔夫子、欧阳修和司马光的学术传人，作为保有着价值关怀和伦理判断的、从宋代学术精神中走出的一代"良史"，陈寅恪属于我们曾经拥有过的、而现在更是特别急需恢复的文化传统！

> 默念平生固未尝侮食自矜，曲学阿世，似可告慰友朋。至若追踪昔贤，幽居疏属之南、汾水之曲，守先哲之遗范，托末契于后生者，则有如方丈蓬莱，渺不可即，徒寄之梦寐，存乎遐想而已。呜呼！此岂寅恪少时所自待及异日他人所望于寅恪者哉？
> 虽然，欧阳永叔少学韩昌黎之文，晚撰《五代史记》，作《义儿》、《冯道》诸传，贬斥势利，尊崇气节，遂一匡五代之浇漓，返之醇正。故天水一朝之文化，竟为我民族遗留之瑰宝。孰谓

空文于治道学术无裨益耶？①

而眼下的可怕情况则是，由于受到种种有形无形的桎梏，被拉住"牛鼻绳"的学者们，几乎都在为"社科基金"、"核心期刊"等等所苦，偏又食髓知味、嗜痂成癖，竟致不光是浑然不觉其苦，而且还茫然不以为耻。——正如陈寅恪当年的一首诗所云："弦箭文章苦未休，权门奔走喘吴牛。自由共道文人笔，最是文人不自由。"②甚至有的时候，更如陈寅恪当年的另一首诗所云："改男造女态全新，鞠部精华旧绝伦。太息风流衰歇后，传薪翻是读书人。"③

对于宋代文化，陈寅恪曾经给出过著名的论断："华夏民族之文化，历数千载之演进，造极于赵宋之世。"④而蔡仲德亦尝就此综述说："在中国文化中，陈寅恪突出地推崇宋代史学，如其《陈垣〈明季滇黔佛教考〉序》说，'中国史学莫盛于宋'，《略论稿》说，'宋贤史学，今古罕匹'。而在宋代史学中，陈寅恪最推崇的则是欧阳修、司马光其人其学，故其《赠蒋秉南序》说，'欧阳永叔少学韩昌黎之文，晚撰《五代史记》，作《义儿》、《冯道》传，贬斥势利，尊崇气节，遂一匡五代之浇漓，返之淳正'，其《述论稿》说，'吾国旧史多属于政治史类，而《资治通鉴》一书，尤为空前杰作'。"⑤

---

①陈寅恪：《赠蒋秉南序》，《寒柳堂集》，北京：生活·读书·新知三联书店，2015年，第182页。

②陈寅恪：《阅报戏作二绝》，《陈寅恪集·诗集》，北京：生活·读书·新知三联书店，2015年，第20页。

③陈寅恪：《男旦》，《陈寅恪集·诗集》，北京：生活·读书·新知三联书店，2015年，第88页。

④陈寅恪：《邓广铭〈宋史职官志考证〉序》，《金明馆丛稿二编》，北京：生活·读书·新知三联书店，2015年，第277页。

⑤蔡仲德：《陈寅恪论·上》，《南阳师范学院学报》（社会科学版）2003年第1期，第27页。

长期以来，对于陈寅恪这种判断的充足理由，人们一直都未闻其详，还无法从现代的狭隘分工来理解，一位以魏晋隋唐为业的史家，何以如此越俎代庖地独重宋代，直到其门生卞僧慧老人拿出了早年的听课笔记，我们才恍然大悟地从中得悉，原来陈寅恪当年已经开出了宋史方面的课程，而且如果不是紧接着就爆发了抗战，也许他就会在我目前所在的这所清华园内，把自己在这方面的想法给源源地讲出来了。——当然，这就更属于充满偶然与伤感的历史悬念了！

　　　　研究欧阳修，最可注意者为《朱子语类》。卷一二九自国初至熙宁人物，讲人；卷一三九、一四〇论文，讲著作。朱子批评国朝人物、读书方法，是了解朱子最好材料。朱子无忌讳，不似清人；不似明人门户之见。最公正，最深刻。

　　　　今日中国，旧人有学无术；新人有术无学，识见很好而论断错误，即因所根据之材料不足。朱子有学有术，宋代高等人物皆能如此。[①]

　　与此同时，当然也勿需讳言，对于陈寅恪的缺乏同情理解，还表现在人们对于《柳如是别传》的无原则捧杀。

　　　　写作这样一部书，还是跟陈先生眼睛坏了有关，属于无奈之举。如果陈先生眼睛没坏，凭他的才华，决不可能就盯着这件事，跑一趟图书馆就得有二三十个题目出来。但眼睛坏了，

① 卞僧慧：《陈寅恪先生欧阳修课笔记初稿·一九三六年九月二十六日第一课》，《中国学术》第二十八辑，北京：商务印书馆，2011年，第2页。

只能是秘书去替他找材料，再一句一句读给他听，所以就认准这个事，一写写了三大本。但必须要承认，陈先生写这个书，是非常非常有毅力的。除了上面说过的困难，还有许多只有写作的人才能理解的难处。比如，我一写作就会便秘。这是因为，写作的时候即使在睡梦中也会有心神相系，会有焦念，这就影响肠子半夜的运动，晨起就会便秘。据说，陈先生都是把每句话想到十分成熟，才口授出来，由秘书笔录。一个目盲的老人，要把每句话都想到成熟的地步，那晚上肯定就是不能睡觉了。想必陈先生得需要特别强烈的进口安眠药，才能够入睡。所以，陈先生写作《柳如是别传》，还是相当令人佩服的。①

很多时候，陈先生想好的稿子，一觉起来就忘了。最精彩的句子，就没有了。陈先生晚年最好的句子，相当部分曾经存在于他的心里而没有发表出来。到了口述的时候，他只不过是在借助手之手写作，无论灵感、语气与生动都已经和存于他内心的历史场景有异。陈先生晚年最大的痛苦，除了病痛之外，就是著述与写作的痛苦。他是以全部生命投入著述。晚年陈先生的神经衰弱与失眠已经日趋严重，睡不着觉，因为要想问题。②

事实上，也正因为这种写作的基本特点，陈寅恪对它的局限性早有自省，正因为这样他才在1963年，就此写下了这样的感叹——"十年以来继续草《钱柳因缘诗释证》，至癸卯冬粗告完毕。偶忆项莲生鸿祚云'不为无益之事，何以遣有涯之生'，伤哉，此语实为寅

---

① 刘东：《如何同情理解陈寅恪》，彭姗姗记录稿，未刊。
② 曾琳：《剧变时代的陈寅恪》，《南方人物周刊》，2014年4月23日。

恪言之也。"①

正因此，我们就更要从方法上明确，像汪荣祖在《史家陈寅恪传》一书中那种"句句是真理"式的捍卫或辩解，并不见得就算是对于陈寅恪的最好维护，因为那样做看似再忠诚不过，实则反而有违于"独立精神"、"自由思想"和"批评态度"，由此也就有损于他生前最为看重的治学精神。在我看来，秉持着这种精神的治学生涯本身，而不是某个具体的研究结果，对于一位学者来说才是最重要的。所说我们最后要说，还是那几句我们在前面已经引证过的、当年他写来纪念王国维的名言，才可以最贴切和最允当地被用来纪念陈寅恪自己：

> 来世不可知也，先生之著述，或有时而不彰。先生之学说，或有时而可商。惟此独立之精神，自由之思想，历千万祀，与天壤而同久，共三光而永光。②

2013 年 7 月 17 日于清华园立斋

---

① 陈寅恪：《十年以来继续草钱柳因缘诗释证，至癸卯冬粗告完毕。偶忆项莲生鸿祚云"不为无益之事，何以遣有涯之生"。伤哉此语，实为寅恪言之也。感赋二律》，《陈寅恪集·诗集》，北京：生活·读书·新知三联书店，2015 年，第 147 页。
② 陈寅恪：《清华大学王观堂先生纪念碑铭》，《金明馆丛稿二编》，北京：生活·读书·新知三联书店，2015 年，第 246 页。

历史与现实中的清华国学院

——访清华国学院副院长刘东教授

　　本报按：清华大学将于十一月一日召开国学研究院成立大会，社会各界对此极为关注。为此，本报特派记者走访了正在忙于创院的刘东教授，就一些相关问题进行了深度采访。在采访中，记者有幸目睹了张充和女史所书国学院院名与饶宗颐先生所书院训。

　　记者：欣闻八十多年前大名鼎鼎的清华国学院即将重现在清华校园，我比较感兴趣的是——为何时隔这么久，它才又再次出现？

　　刘东：历史的断档的确耐人寻味。清华国学院从一九二五年成立到一九二八年解散，在历史舞台上只存在过短短四年。我想，当时的人们恐怕并未完全意识到它的重要性，否则就不会投票赞成解散了。然而，断档并不意味着空白，正是毕业于清华国学院的那些前辈，以此后辉煌的学术履历证明了，这个学府在现代中国的教育史、学术史和文化史等方面，有着极其深远的影响，甚至从一定意义上说，可以被追溯为当代文科学术的重要源头。那么，清华校方何以对国学院的恢复如此慎重？这不是一个刚从北大调来的教授就能回答的，原因想必有各种各样。但从眼下的出发点上，我们至少可以正面地说，它的重振肯定和近来国学广受欢迎的宏观环境有关。无论如何，国学不应只出现在电视中，也应走进学理研讨班，不仅可以具有娱乐性，更要显示出严肃性，不仅具有某种商业价值，更应显示出学术品格。基于这样的考虑，清华做出今天的举措，可以说正是时候！事实上，在本校恢复国学院之前，已有几所兄弟院校建立了类似的机构，它们或着手整理基本典籍，或普及基本知识，或从某一侧面展开探究，都在为国学发展尽一份力。这种局面自然也刺激了清华去回想自己那段最为辉煌的历史和传统。

记者：我们注意到，贵院使用了"清华大学国学研究院"的院名，而被惯称为"清华国学院"的那个学府，在历史上的真实名称，则是"清华学校研究院"。那么，如今它究竟算是重新建立呢，还是从头做起？

刘东：你的问题总是这么尖锐！不过对于这般非此即彼的问题，我的回答却是——其实两者兼有。

我们当然是在从头做起。历史不可能简单地重复，更没有谁想要比附为几大导师。回想起来，初建清华国学院的时候，传统文化虽已遭到重创，但它的文脉还没有断裂，还有很多念书人谙熟经典，更重要的是，当时的社会风习还服膺经典。正因为这样，只怕当时无论办什么研究院，都没有办国学研究院方便，只要大纛一立，各方的才俊都会来带艺投师。而现在，财力物力虽非昔日可比，各类学科也早已形成规模，却偏偏只有国学这一行，已经面临着中断失传的危险。所以你看，两次建院的历史背景，就有这么大的差异！此外，1925 年成立的清华国学院，实际上早于清华大学成立，由此自然要为了凝聚师资，而承担培养高端人才的任务。而现在，清华大学早已是国内规模最大的学府，国学院自然无需再走原来的老路，否则无异于堂上架屋，很难跟现行的教务沟通理顺。基于这种考虑，今天的清华国学院，就把自己定位为一个高级研究机构，它将从普林斯顿高等研究院、哥廷根科学研究院与哈佛燕京学社等机构那里，广泛地寻找办院的经验和灵感。与此同时，随着本国国力的逐渐强大，中国也确实应该逐渐建立具有这种水准的研究机构，来使自己的学术文化保有旺盛的创造力。

但我们确实又是在恢复和重建。国学院的前贤们，留下了宝贵的教学经验、丰硕的研究成果和自由的学术精神，举国的学术界都在承继它，我们自己又岂敢自外于它？别的不说，只要看看国学院现在的人员构成，你就可以依稀看到往日的影子，因为国内其他类似机构，往往都是一种雁阵式的构成，无意间在突显某个带头人，而我们这边却从一开始，就只愿吸引并驾齐驱的学者，——这当然还是有旧日的影子在，因为往昔的清华国学院，就是以师资特别雄厚和平衡而著称的。

记者：重建清华国学院，固然令社会各界都充满期待，但同时也让人不无迷惑，比如曾经听人说，清华国学院不过是一种神话。我很想听听，你作为局内人，如何看待这种说法？

刘东：很多朋友都说过这类的话，比如我在北大的同事陈平原教授，就曾以《解读作为神话的清华国学院》为题，到这个校园里做过讲演。我倒觉得，这种说法本身并没有什么，只要不对"神话"做太过狭隘的理解。当然也不能否认，"神话"一语确实包含一个义项，即幻想与不真实，常用于批评和贬义的评价，使人只要一听到"神话"，就觉得这是一种人为的拔高，是子虚乌有，是荒诞不稽。不过，如果你细读有关神话学的论著，还有柯文刚刚在《历史三调》中的论述，你或许会转而想到，其实神话本身是人类思维中最古老、最正常的方式之一。一个人总会有一个玫瑰色的幼年，总爱叙述那些充满神秘色彩的、对自己非同寻常的早年故事，那正好证明了人们的这样一种期望，即便过去不是实然如此、将来也当应然如此！或者说，神话这种思维方式喻指着，就算过去没有做到、未来也必将做到！就此而论，其实只有享有神话的人，才会有心力去建构光明的未来。有意思的是，我刚从北大中文系那边调来，而那个学府在全国人民心中，特别是在孩子们心中，肯定也属于另一种神话，也同样具有类似的积极意义。

当然，也不妨坦荡承认下来：清华国学院确实就是一个神话。稍稍回顾一下，一个只存在过短短四年的教育机构，竟能拥有梁启超、王国维、陈寅恪、赵元任和李济这样的老师，并能培养出像吴其昌、徐中舒、杨鸿烈、周传儒、高亨、姚名达、谢国桢、陆侃如、朱芳圃、戴家祥、王力、姜亮夫与罗根泽这样的学生，恐怕随便你放眼宇内，再没有哪个学府可以做到了吧？甚至，即使像哈佛那样得天独厚的学府，让它只在四年内招收七十个学生，也难以保证就能培养出多达四十以上的知名学者！在这个意义上，就算承认清华国学院是个神话，那也一点都不过分。再者说，无论是外乱还是内耗，这个曾像流星那般一耀而过的学院，以及其导师陈寅恪为其导师王国维所写的、如今已是残损斑驳的碑文，都一直在激励着后学们坚持求索，保持操守、守护文化，这难道还不是一个神话么？

进一步说，面对这个神话，更加需要深思和追问的是：为什么偏偏是当时那些人，他们占有了怎样的契机与条件，才足以创造出这种神话？限于时间，在这里只特别指出一条，那就是清华国学院的独特教育模式。回到当时的历史语境，你会发现，清华大学那时还没有建立，而这就反讽地意味着，所有现代大学教育模式所带来的好处和坏处，当年的国学院都还未曾经历。由此，沿着原有的文明惯性，它虽名叫"清华学校研究院"，却在很大程度上，仍然维持着具有古风的师生关系。这样一种类乎书院的教育方式，所产生的独特师承关系，跟现代学院人之间的竞争关系，绝对是迥然有别的。比如，当时梁启超就常跟学生做无所不至的竟夕之谈，并且每每站在书案前信笔挥毫，为他们写下砥砺学风的话语。在那样的氛围中，学生对老师高山仰止，老师对学生倾囊以授，彼此都如沐春风之中，共同涵泳着中国文化。这样的教学和求学经验，曾是以往书院教育不可或缺的组成部分，却跟现代学术体制格格不入。正因为这样，我们可否再做一点畅想，想到也许清华国学院正是有意无意间，用了一种最适宜传授中国文化的方式来传授中国文化，这才导致了它的高度培养命中率。想到这一层，或许类似的奇迹就未必不会再现，因为只要真能去身体力行，也就有可能去再造神话。

记者：在当今的语境下，"国学"这个词充满歧义。最保守的看法认为，国学只能包含最古老的学问如六艺，而最开放的人则认为，国学简直可以是无边无沿的，只要是与中国有关的学问，都可称之为国学，哪怕是千奇百怪的时髦学问。那么，您对于这个词是如何理解的？您将用什么样的观念来开放它，又用什么样的观念来收束它，这里面有没有一种库恩所说的必要的张力？

刘东：把"国"和"学"并列起来的称谓，其实用得很早，最开始指国之庠序，就是国家所开办的学校，官办的教育机构，而不是某种知识领域。而现在所说的"国学"，尽管在字面上看着雷同，却并不是这个意思，它既不是国家之学，也不是官府之学，而是民族之学，或者本土之学。事实上，正是在西学东渐之后，国人在遭遇外来冲击之余，发现除却西学之外，还有本民族的学术文化，所以它是参考着一个外来的他者，才得以重新界定自己的。对于"国学"的这两层含义，一入手就要清楚地辨析，而不要望文生义，在一个到近代才产生的概念里，强行填入远古的知识系统。

由此出发，回顾一下国学院几位导师的知识结构，你自然会想到，清华国学院从来都不曾抱残守缺过。比如梁启超，不仅在中学方面是通人，在西学方面也同样是通人。当年他那支健笔，传递过多少西方知识？很多国人在这方面的基本通识，都是通过他的报刊文章而获得的。王国维的早年，更是完全沉浸在西学中，他曾系统研读过德国古典哲学，还翻译了不少外文著作，成为中国现代美学和比较文学的开山。对于他的治学方法，陈寅恪曾经总结为三种对比关系：即取地下之实物与地上之遗文互相释证；取异族之故书与吾国之旧籍互相补正；取外来之观念与固有之材料互相参证。你看看，这里哪一项是死守着老旧的传统？然而，它们却也没有一个是脱离了文化本根的，都是在外来刺激下产生出来的、对于西方文化的回应与对答。至于陈寅恪本人，其主要的治学能力，即所谓四大支柱，都是在十余年的留学中奠定的，而他一生信守的学术自由观念，一方面既体现着中国秉笔直书的良史传统，另一方面也和西方的自由主义传统密不可分。另外的两位导师赵元任和李济，一个为中国带来了语言学（Linguistics），一个为中国带来了考古学（Archeology），在当时都是绝对新颖的学问，那是更不在话下的了。

所以，当年的清华国学院，无论说四大导师也罢，讲五大导师也罢，做起学问来都是熔古今中外于一炉，而又能对紧迫的本土问题，做出适时的文化回应。透过他们的学术实践活动，你很容易联想到，所谓"国学"并不是固定不变的，而是一直如维根斯坦所说，构成了一组意义不断滑移的家族相似的语言游戏。如果到了今天，还有人只说国学就是六艺，那就使人不免想起黄侃当年那句名骂了——八部书外皆狗屁也！

当然了，即使是这种听上去并无道理的坚持，我也能体会到它的用心，那就是对于国学不断变异的忧虑。基于中国文化本身的主体性，我们必须再追问一句：所有的中西合璧都必是好的吗？那倒未必！照我说，只有在中外融通的过程中，本文明的独到特色和价值理性，不是被蚕食鲸吞，和逐渐化为乌有，而是在汲取了国际文化的养料之后，发育得更加茁壮，这样的跨文化效果，才是健康的和可以接受的，才有助于保持世界文化的多样性。否则，要是仅仅作为普世样板的西方文化的地方性知识，这样的国学发展之路，就会越走越窄了。所以对于国学这个概念，又必须有一个收束，必须基于或者无违于本民族的价值传统、问题意识、生活经验和审美情感。

最近我正在写一本新书，叫《跨越与回归》，就是在谈这个问题。在这本书里，我循序考察了十九世纪末二十世纪初最具西学知识的那几位学者，比如严复、辜鸿铭，还有梁启超、王国维、陈寅恪、吴宓，乃至整个的学衡派。特别有意思的是，恰恰是这些无论外部知识还是外语能力在当时都堪称最佳的学者，尽管完全可以享受他们自己的西学话语权力，却在获得了世界性眼光之后，反而会从比较文学的意义上，回过头来依次进行文化的回归，重新来正视固有的文化传统。事实上，正是在这种"跨越与回归"的循环往复中，国学这个概念也得到了不断地扩展与丰富，这是一个螺旋型上升的过程，它正是在熔铸了中西知识之后，固有的学术文化不断焕发出新意的必要途径。

记者：跨越与回归，——听起来真有意思！那么，马上就要成立的清华国学院将如何来实现"跨越与回归"呢？有什么具体的设想能让我们先知为快吗？

刘东：刚才已经说过，新的国学院主要是一种学术研究机构，所有的基本计划都必须准此出发，我可以在这里先介绍设想得稍微成熟一些的项目。

首先，为了追思本院当年的"三大巨头"，我们最想开展的项目就是启动三大讲座。其中，"梁启超讲座"将由陈来教授主持，其大体的治学方向将是思想与宗教；"王国维讲座"将由我主持，其大体的治学方向将是美学、比较文学与汉学；而"陈寅恪讲座"则由刘迎胜教授和姚大力教授共同主持，其大体的治学方向将是元史及边疆民族史。今后如果条件成熟，我们行有余力的话，还想创办其他讲座，比如赵元任讲座、李济讲座，还有专门纪念对三四十年代清华文科卓有贡献的冯友兰教授的讲座。

需要特别说明，这种讲座形式本身，就是对本院传统的一种继承。不知你是否了解，中国现代史上几次最著名的来华学术交流，就是由梁启超组织的讲学社所发起的，该团体曾经每年一个，先后请来了美国哲学家杜威、英国哲学家罗素、德国哲学家杜里舒，和印度大诗人泰戈尔，到中国来进行较为长期的学术交流，不仅在当年轰动一时，而且对于此后的文化也是影响久远。而相形之下，尽管在经济上有了巨量的增长，目下人文学术界的所谓开放，还主要是指我们自己"走出去"，而不是把谈话对手"请进来"。由于这样的学术交流，都是对方在出资金定课题，所以知识生产的主动权，就几乎完全交到了别人手里，很多诧异国人和迎合外人的奇谈怪论，就是沿着这条路产生的。到现在，总算是风水轮流转，仰仗着清华校方的大力支持，我们终于有了能力，可以直接邀请海外学界的领军人物，来国内进行较为长期的交流活动了。

你想，杜威和罗素来华的时候，中国的国力该多么贫弱啊！然而他们毕竟是大哲学家，有着超乎寻常的洞察力，足以透过很多表面现象和暂时状态，看到更深层的价值选项问题，所以他们的一些惊世骇俗之论，不仅在当时激发了想象力，就是拿到今天，仍然是博士论文的好题目。由此就更不要说，按照我们现在的设想，将要请到清华的国外领军学者，并不是只到这里照本宣科，他们将要在校园里放松一段时间，跟同学们唇枪舌剑地交流，跟中国学者隔着圆桌各抒己见，甚至如果时间允许，还打算带着他们到处去逛一逛，去实地认识一下中国，再回来补充和修改自己的讲稿。如果真能做到这一点，那么他们的知识生产的过程本身，就已渗入相当多的中国经验。

这样做会有怎样的好处呢？其中之一，就是可以通过这种高端的交流，来逐步避免或部分克服这样的窘境，即现有的政治哲学、社会思想和文化理论，主要是对欧洲经验的理论总结，而一旦挪用到对于中国经验的解释上，总难免就会出现脱节和错位。二十多年以来，我一直在孜孜译介国际汉学知识，至今已经有了巨量的翻译成果，然而你必须知道，那些厚重的学术著作背后，都潜在着某种西方理论的预设或框架。正因为这样，它们有时候听起来很能说服人，有时候就有点隔靴搔痒，是在拿欧洲理论和中国经验在进行尝试性磨合。而今后，我们希望借助于上述讲座的交流，不再仅仅跟汉学家们对话，而且还跟他们背后的那些"理论制造者们"直接对话，促动他们在下次再写书的时候，能够纳入一些中国的或印度的经验，乃至其他发展中国家的经验，尤其当那些发展中国家来自古代文明时。我想，这样的一种交流，不光对中国学者有好处，而且对世界学术也有好处，因为由此所产生的理论总结，就会带有更大的普世性，从而避免再听到大声的抗议——你的理论强暴了我的经验！

记者：听起来，清华的学子们真是有福了！那么，更多的不在清华读书的学生，能够分享到这些讲座的内容么？

刘东：作为计划的一部分，这种讲座一旦完成，马上就会进行翻译、整理与修订，以便尽快在一套新创的《讲学社丛书》中，公布给全社会！我们希望，诸如此类的深度学术交流，会为当代文化交锋留下一个活生生的样本，也向后人提供一个研究比较文学和学术交流的鲜活案例。

记者：除了三大讲座以及延请国外知名学者的计划外，还有没有其他具体设想？

刘东：设想不一而足，但限于时间关系，无暇逐一说明。但简单说来，可以概括为两份学刊，四套丛书。

学刊方面，首先一份是由我本人主持的、长期得到哈佛燕京学社资助的《中国学术》杂志，而随着我本人的加盟清华，标明为"清华国学院院刊"的最新一期，这几天也已出版。这份杂志以所坚持的学术论证质量和中西互动深度，也可以代表国学院今后的学术方向和水准。而另外一份学刊，则是将由姚大力教授主持的《清华元史》，至于它的内容和主旨，你最好请他来说明。

丛书方面，除了已提到的《讲学社丛书》丛书外，还将启动《清华国学书系》的编纂。清华国学院既然成立，就要对自己的历史负责，我们已经为了做到这一点，而专门招收博士后了。目前，虽然也有北大同事夏晓虹教授的一些相关努力，不过就整体而言，学术界对于清华国学院院史的认识，还是远远不够，而对其导师和学子著作的系统整理，更显得尤为欠缺。比如，就连像梁启超、王国维这样显赫的导师，其著作都缺乏一个完备的善本，更不要说在五位导师之外，还有不少像马衡、浦江清这样曾在这里代过课或当过助教的学者，他们后来都取得很高的成就，可惜反映其学术成果的出版物，还有很大的补课空间。此外，更为艰巨的任务来自，前边已经说过，清华国学院的四届毕业生中，后来有相当多都取得了很高的成就，他们的学术研究，既体现着清华国学院的教育成果，也是学术薪火传承的重要环节，但其中不少人的遗著都未曾得到整理。我想，只有在对每一个人都编出学案，并整理出一卷选集之后，人们才能更加全面地纵览到本院当年的成就，而你所说的那个学术"神话"，也才能活灵活现地展示在大家面前，而与此同时，我们也才能更加切实地去体会和总结清华国学院的当年经验。

另外，我们还将创办一套《清华国学丛书》，专门收纳本院教授、合作学者和访问学者的最新成果。国学院的工作一旦正式开展，我们就会通过网站和其他媒体，提供一些公开竞争的机会，吸引世界范围内的学者们，到清华园里来享受它的幽静和便利，并且在一个相对宽松的时间内，完成一定的科研项目。我们还会实行member制，即凡是在国学院工作的学人，无论资质深浅，都是理所当然的member，都可以平等享有学术发言权，从而共享一个自由宽松的讨论空间，人们有了新的研究成果，也都会轮流拿到院里来展示，接受同行们的挑剔与批评。由此，最终自然会形成一些成果，然后我们会把它们拿到学术委员会上，讨论它是否够格纳入《清华国学丛书》。顺便介绍一句，本院的学术委员会主席，将由刘迎胜教授担任。

最后，我们还会创办一套《清华国学译丛》。目前，整个国家都在推动类似的计划，要把古代的学术经典、乃至百年来的学术经典，逐步翻译成外文推出，以利于外部世界对中国的如实认识。清华国学院对这个计划的襄助，将会是从自己的立场和资源出发，首先选取部分导师的代表作，指导它被相对精确地翻译成英文。比如，我们首先会推出梁启超的《清代学术概论》、王国维的《人间词话》和陈寅恪的《唐代政治史述论稿》的英文本。与此同时，这套译丛也将会收纳一些国学院现任教授的代表作，乃至国内其他著名学者的代表作。

记者：谢谢您向我介绍了这么多！但最后还有一个问题：刚才有幸见到饶宗颐先生为清华国学院题写的院训——宽正、沉潜、广大、高明，您能详细解释一下吗？

刘东：这个院训，最早是在游泳池里想到的，此后就形成习惯，一连好几天，每逢进入池中击水，脑际就不断地回响那几个关键词。

你当然知道，清华大学本有一个校训——"自强不息，厚德载物"，也是本院导师梁启超所提，它一直是清华人的骄傲，也一直是清华人的修身之本。不过，考虑到梁先生提出的校训，主要是针对大学生群体，而突出一个做人的标准，那么清华国学院作为一个高等研究机构，则应当基于更高的标准，来进一步规范做学问的问题。

院训内容经过了反复讨论，甚至直到前几天我给饶公写信时，还在询问他是否需要斧正。但现在从他刚刚寄到的手书来看，饶公似乎是认可了我的想法，使我也总算松了口气。最终定下的"宽正、沉潜、广大、高明"这八个字，都涉及对学风的倡导与垂范，它们当然各有经典出处，这里其实也不必细讲，更为重要的是，你只要想到各自的反义词，就会想到它们在针砭和砥砺什么了。"宽正"是针对"偏激"而言，反对刻意求新而不惜偏激；"沉潜"是针对"浮躁"而言，反对急功近利和浅尝辄止；"广大"在反衬"偏科"，要求思接千载心忧万民，而非为了课题意识而舍弃问题意识；"高明"则在反衬"表浅"，要求既有高远的终极关怀，又有深刻的洞察力。

另一层重要的意思是，你从梁启超先生在八十年前为清华所题的校训，到饶宗颐先生于九十高龄为国学院书写的院训，足以看到绵绵不绝的薪火相传，而对于学术的责任心，对于文化的使命感，就这么一代又一代地交接下去、叠印下去，只要这样的传统不中断，那么前贤们守先待后的努力，就肯定不会白费，中国文化也就必将会有光大的未来。

跟饶公的书法交相辉映的，还有张充和女史为我们书写的院名。充和先生的年事，甚至比饶公更高，已经97岁了！然而她写起大字来，还是这么挥洒自如，更不会带半点烟火气。我这次能借着到耶鲁开会之机，请这样一位世纪老人来为国学院题名，真是莫大的荣幸。我甚至还受到那情景的感染，当场为她写下了这样一句话——

"充和先生,见到你才更使我想起中国文化之可爱!"值得注意的是,饶宗颐先生和张充和先生,原本就是生平好友,而且饶公的一些诗作,也是由张充和先生来书写的。而现在,他们一个为我们题写院训,一个为我们题写院名,两件墨宝一阳刚一阴柔,相映成趣,更显得弥足珍贵。清华国学院马上就要召开成立大会,到时候我们会现场展示这两幅字,相信它们会使会场增色不少!

2009 年 10 月 23 日于清华园立斋

原载《中国社会科学报》,2009 年 10 月 29 日

儒学传统中的家庭文化

一、作为文化传统的家庭

放眼世界，所有的文明都不约而同地，把"家庭"这个最小的社会组织，当作了最基本的文化单位，而且，它们也都基于这个最初始的社会细胞，逐步发展出了更为复杂的机构与形态。这也就明确地告诉了我们，尽管会出现各种各样的变体，可如果从宏观的视角来看，作为最小社会组织的家庭，却是经过了千百万年的试错，而应着共通的人性与社会需要，一无例外地逐渐创化出来的。

也就是说，尽管并非完全没有、而且越来越会有例外的情况，——比如，美国女权主义者朱迪斯·巴特勒，就曾基于当代酷儿（奇异性生活）的激进实践，而代表那些因"乱伦"而产下的生命，去质疑社会中不断沿革着的"伦常"；准此，她也便借助于索福克勒斯笔下的、无法见容于天地间的安提戈涅，即那位俄狄浦斯与其生母的乱伦产物，向社会发出了要求获得合法承认的诉求：

> 安提戈涅所代表的不是理想样态的亲缘关系，而是血缘的变形和移位。她引发了表征体系中管辖权的危机，同时也提出了让安提戈涅活下去的文化承认的问题。究竟何种社会关系能够承认可活的生命？如何理解重读安提戈涅时引发的令人感到

260

混乱的关系？如何承认那些不被社会认可甚至不合法的爱欲，以及挽救我们所失去的一切？这些问题重新打开了血缘和文化认可之间的关系，以及在认识论意义上可能的社会转型的讨论。当谈及亲缘关系时，似乎很难作答，或是被那些维护规范的亲缘关系的问题压抑着，但是这个问题对于文化的运作本身至关重要。这个问题总是因为恐慌而提前被封杀了，这说明最高权力通过禁止乱伦行为而建立了稳定的社会结构并使其成为不变的真理，但是有没有考虑对俄狄浦斯后代的影响呢？[1]

然则，正如英国考古学家戈登·柴尔德所指出的，由于我们所属的晚期智人这个特定物种，为了提高适应环境的学习能力，就不得不姑且先把后代给"小产"下来，然后再慢慢去发育他们的大脑，使之逐渐吸收相应的外来讯号，于是，他们就必须依靠集体结成的力量，来保护此一被大大延长的"婴儿期"，而这种保护自身基因的集体，又势必是基于血缘的自然单位：

> 为了生存，人类必须学会很多技能。但因婴儿的学习能力有限，所以人类在婴儿期就显得特别的脆弱和无助。并且，这种脆弱无助的状态持续时间很长，比其他动物的婴幼期都要长。学习过程中的辅助性产物就是促进身体器官的生理进化：人类把习得的经验储存于大脑，再把大脑各神经中枢联结起来，如此就必定使大脑保持着不断发育的态势。为了使大脑处于不断发育的状态，婴儿颅骨内的大脑组织各部分只是疏松地连接在

---

①朱迪斯·巴特勒：《安提戈涅的诉求：生与死之间的亲缘关系》，王楠译，郑州：河南大学出版社，2017年，第67—68页。

一起，以便骨缝可以缓慢地愈合。然而，婴儿颅骨骨缝愈合缓慢，骨骼不够结实，致使婴儿大脑在一段时期内处于无保护的状况，因此婴儿非常容易遭遇伤害，婴儿的死亡也是司空见惯的。

由于上述相关原因，人类的婴儿期被迫持续很长时间。早期的人科成员如果要存活下来，就需要不止一个群体、很多年聚集在一起生活，直至婴儿被抚养长大。像人类这样由父母和子女组成的自然家庭，与那些发育成熟快的其他物种的相比，是比较稳固和持久的。实际上，人类似乎普遍以家庭为单位，聚居在一个大的社会群体中，这种群居的生活方式与牧群及其他群居动物的一样可以相提并论。的确，从某种意义上说，人类也是群居的动物。①

由此就从演化论医学的角度，既扎实又雄辩地启发了我们：建基于天然血缘基础上的家庭，至少在迄今为止的人类历史中，具有无可怀疑的、普适性的社会价值。即使今后到了哪一天，由于生物科技的意想不到的发展，或者社会组织的无可挽回的崩塌，而在人们可以选择的生活方式上，出现了相当另类的可能选项，那也会给本来就有点失控的社会，带来更是空前严峻的挑战。——甚至，年轻的以色列学者赫拉利，还干脆把当今这种日渐危险的生物工程，描绘成了我们此身所属的、整个晚期智人的共同"末日"：

如果智人的历史确实即将谢幕，我们这些最后一代的智人，或许该花点时间回答最后一个问题：我们究竟想要变成什么？

---

① 戈登·柴尔德：《历史发生了什么》，李宁利译，上海：上海三联书店，2012年，第4页。

有人把它称之为"人类强化"(Human Enhancement) 的问题，所有目前政治家、哲学家、学者和一般大众所争论的其他问题，在人类强化问题前都算不上什么。毕竟，等到智人消失之后，今天所有的宗教、意识形态、民族和阶级很可能也会随之烟消云散。而如果我们的接班人与我们有完全不同的意识层次（或者是有某种已经超乎我们想象的意识运作方式），再谈基督教或伊斯兰教、共产主义或是资本主义，甚至性别的男女，对他们来说可能都已不具意义。①

可话说回来，历史学家和人类学家又都可以证明，至少在迄今为止的人类进程中，受各自不同的"路径依赖"的制约，各个文明在不同时间阶段的家庭组织，又会显出相当程度的"同中之异"来。而进一步说，在中国文明的传统中，这种社会组织的文化功能还尤为重大。这主要是因为，这个文明的主导性价值学说即儒学，曾经把家庭这个最小的社会单位，当成了培植与操演仁爱之心的最初场所，从而就当作了体现全部社会价值的基点。——也正因为这样，我们就可以在突出的对比中看到，在雅斯贝尔斯意义上的那四个"轴心文明"中，其他文明都可能存在毁弃或部分毁弃家庭的倾向，而且越是其中最要严格奉行教义的人物，就越可能成为独身的教士或和尚，却唯独只有儒家文明在坚定地认为："男女居室，人之大伦"，②而且"不孝有三，无后为大"。③

---

① 尤瓦尔·赫拉利：《人类简史：从动物到上帝》，林俊宏译，北京：中信出版社，2014年，第405—406页。
② 《孟子·万章上》，《孟子正义》下册，(清)焦循撰，沈文倬点校，北京：中华书局，1987年，第618页。
③ 《孟子·离娄上》，《孟子正义》上册，(清)焦循撰，沈文倬点校，北京：中华书局，1987年，第532页。

梁漱溟曾经指出，儒佛"两家同为在人类生命上自己向内用功进修提高的一种学问。然在修养实践上，儒家则笃于人伦，以孝弟慈和为教，尽力于世间一切事务而不息；佛徒却必一力静修，弃绝人伦，屏除百事焉。问其缘何不同若此？此以佛家必须从事甚深瑜伽功夫（行深般若波罗密多），乃是根本破除二执，从现有生命中解放出来，而其事固非一力静修，弃绝人伦，屏除百事不可也。"[1]

为了强调这种基于家庭亲情的价值，儒家往往会告诫社会的成员说，只要能够去"老吾老，以及人之老；幼吾幼，以及人之幼"，[2]那么，个人的善良天性就会自动得到启迪和滋养，社会也就会自动得到和谐的生机；而这样的教诲一旦流传到了蒙学的课本中，更会由于传授对象本身的幼稚与单纯，而越发显得天真无邪和一厢情愿。"古之欲明明德于天下者，先治其国；欲治其国者，先齐其家；欲齐其家者，先修其身；欲修其身者，先正其心；欲正其心者，先诚其意；欲诚其意者，先致其知；致知在格物。物格而后知至，知至而后意诚，意诚而后心正，心正而后身修，身修而后家齐，家齐而后国治，国治而后天下平。自天子以至于庶人，壹是皆以修身为本。其本乱而末治者否矣，其所厚者薄，而其所薄者厚，未之有也！"[3]当然，尽管后来的历史经验不断地证明，实际的情况并不如此简单，还会有各种例外的情况在层出不穷；不过话又要说回来，这种说法还是曾经作为一种精巧的"道德暗示"，有效地和正态分布地制造出了人们的"文化前理解"。

---

① 梁漱溟：《儒佛异同论》，中国文化书院学术委员会编，《梁漱溟全集·第7卷》，济南：山东人民出版社，2005年，第159—160页。
② 《孟子·梁惠王上》，《孟子正义》上册，（清）焦循撰，沈文倬点校，北京：中华书局，1987年，第86页。
③ 《礼记·大学》，《礼记训纂》下册，（清）朱彬撰，饶钦农点校，北京：中华书局，1996年，第866页。

应当予以肯定的是，这也正是中华文明得以赓续繁衍的关键。由此，也就在数千年的演进历史中，形成了底蕴丰厚的家庭文化传统，它表现为作为文明常态的"耕读传家"的世系、"富而好礼"的名门等等。由此，其实跟五四时代的偏激指责正好相反：有幸生活在这种正常文明环境中的人们，才算是真正的有福了：他们生长在这样的安乐窝中，既操演了最为严整的礼仪，又体验了最为丰富的人情；由此一来，他们的教育完整性就最有保障，从而对于自己的前途也就最有把握。

正如卫礼贤曾在中国观察到的："值得注意的是，中国的教育方式通常总是成功的。孩子们不断长大，毫无困难地适应了家庭环境。他们早在少年时代就被纳入到对共同生活所应尽的义务中，对此他们也自愿接受。人们可能常常看到，那些自己几乎还走不太稳的孩子，却已经在照看比自己更小的兄弟姐妹了，从很小就已经在接替父母的某些工作了。家庭亲情就是这样自发产生的，可以说是崇高的，乃至在中国抒情诗中，除了像欧洲常见的那种爱情诗之外，还有表达深切而真挚的父子或兄弟之爱的诗歌，这种感情丝毫不亚于欧洲人至多对心上人才有的爱慕之情，整个生活中都充满了这种依恋之情。为了养家糊口，中国人不得已才到远方旅行，但他的心总是牵挂着自己的家庭和故乡。一旦挣到钱后，他便毫不耽搁地频频花钱买各种礼物寄回家。最后，当他攒够了养家的钱，便返回家乡，不管他去的是南洋群岛还是加利福尼亚，结果都一样。如果他在活着时未能回家，那么他至少会做好安排，让自己的遗体在故乡土地上得到一片小小的墓地。"①

的确，这种对于小小家庭的珍爱，如果从"泛爱天下"的高度

---

①卫礼贤：《中国人的生活智慧》，蒋锐译，济南：山东大学出版社，2010年，第25页。

来看，可以算作一种"特殊主义"的文化起点，而无法从逻辑的起点上，就满足"平等主义"的理想要求，正如曾子明确提倡的那样："无内疏而外亲"①；甚至，孟子还认为从起点上就提倡"兼爱"的墨家，实则跟"拔一毛利天下，不为"的杨朱一样，都走向了某种思想上的偏颇："杨氏为我，是无君也；墨氏兼爱，是无父也。无父无君，是禽兽也。"②

有意思的是，在不断为动机进行论证的文明进程中，结论和理由有的时候是可以分开的。比如，在孟子上述那段话中，他提出的"无君无父"的理由，在后世看来就未必可靠了，由此就需要向那个结论，另外赋予更可靠的理由。——"无君"二字就不用多说了，那照现在看来已是天经地义；即使是那另外的"无父"二字，到了宋明也会让人生出迟疑。而王阳明的下面这段答问，就既显出了相应的困难，也重申了这方面的理由：

问："程子云：'仁者以天地万物为一体。'何墨氏'兼爱'，反不得谓之仁？"

先生曰："此亦甚难言，须是诸君自体认出来始得。仁是造化生生不息之理，虽弥漫周遍，无处不是，然其流行发生，亦只有个渐，所以生生不息。如冬至一阳生，必自一阳生，而后渐渐至于六阳。若无一阳之生，岂有六阳？阴亦然，惟其渐，所以便有个发端处，惟其有个发端处，所以生。惟其生，所以不息。譬之木，其始抽芽，便是木之生意发端处。抽芽然后发干，发干然后生枝生叶，然后是生生不息。若无芽，何以有干有枝

① （汉）韩婴撰：《韩诗外传集释》，许维遹校释，北京：中华书局，1980 年，第 41 页。
② 《孟子·滕文公下》，《孟子正义》上册，（清）焦循撰，沈文倬点校，北京：中华书局，1987 年，第 456 页。

叶？能抽芽，必是下面有个根在，有根方生，无根便死。无根何从抽芽？父子、兄弟之爱，便是人心生意发端处，如木之抽芽。自此而仁民，而爱物，便是发干生枝生叶。墨氏兼爱无差等，将自家父子、兄弟与途人一般看，便自没了发端处。不抽芽，便知得他无根，便不是生生不息，安得谓之仁？孝弟为仁之本，却是仁理从里面发生出来。"①

所以，在王阳明看来，如果从万物本性上说，原应是天地一体的；不过，如果从入手功夫说，却又有亲疏、厚薄之分。正因此，他又有了下边一说：

问："大人与物同体，如何《大学》又说个厚薄？"先生曰："惟是道理，自有厚薄。比如身是一体，把手足捍头目，岂是偏要薄手足，其道理合如此。禽兽与草木同是爱的，把草木去养禽兽，心又忍得？人与禽兽同是爱的，宰禽兽以养亲与供祭祀、燕宾客，心又忍得？至亲与路人同是爱的，如箪食豆羹，得则生，不得则死，不能两全，宁救至亲，不救路人，心又忍得？这是道理合该如此。及至吾身与至亲，更不得分别彼此厚薄。盖以仁民爱物，皆从此出；此处可忍，更无所不忍矣。《大学》所谓厚薄，是良知上自然的条理，不可逾越，此便谓之义；顺这个条理，便谓之礼；知此条理，便谓之智；终始是这条理，便谓之信。"②

---

① （明）王阳明：《传习录·上》《王阳明全集·上》，吴光等编校，上海：上海古籍出版社，2011年，第29—30页。
② （明）王阳明：《传习录·下》，《王阳明全集·上》，吴光等编校，上海：上海古籍出版社，2011年，第122—123页。

正是从这种"特殊主义"的原则出发,王阳明虽然也赞成把"仁、爱"说成是一体,却又不赞成抽象地或者无原则地讲什么"博爱"或"泛爱",或者用大白话来说就是当一个不加区分的"滥好人"。——这更是自觉地挑明了儒学就此与佛教的区别,而且从现代人的角度看,也是无意间挑明了儒学就此与基督教的区别。

> 来书云"韩昌黎'博爱之谓仁'一句,看来大段不错,不知宋儒何故非之?以为爱自是情,仁自是性,岂可以爱为仁?愚意则曰:性即未发之情,情即已发之性,仁即未发之爱,爱即已发之仁。如何唤爱作仁不得?言爱则仁在其中矣。孟子曰:'恻隐之心,仁也。'周子曰:'爱曰仁。'昌黎此言,与孟、周之旨无甚差别。不可以其文人而忽之也"云云。

> 博爱之说,本与周子之旨无大相远。樊迟问仁,子曰:"爱人。"爱字何尝不可谓之仁欤?昔儒看古人言语,亦多有因人重轻之病,正是此等处耳。然爱之本体固可谓之仁,但亦有爱得是与不是者,须爱得是方是爱之本体,方可谓之仁。若只知博爱而不论是与不是,亦便有差处。吾尝谓博字不若公字为尽。大抵训释字义,亦只是得其大概,若其精微奥蕴,在人思而自得,非言语所能喻。后人多有泥文著相,专在字眼上穿求,却是心从法华转也。①

即使存在着这样的理论辩难,但又不可否认的是,中国文化的底气和厚度,也往往保藏在它的世家望族之中。也就是说,出身于

---

① （明）王阳明:《与黄勉之书》,《王阳明全集·上》,吴光等编校,上海:上海古籍出版社,2011年,第217页。

这样的传统家族中，自然更会讲究如何"穿衣吃饭"，不过，这种来自"家学渊源"的教养，却更表现在对高雅文化的传承中。——而作为它的现实的反例，一旦荡平了这样的世家望族，自然会使全社会显得更加平均化；只可惜，在这种平均化的过程中，全社会最精致的文化阶层，也会令人惋惜地化为乌有，使整个文明基准都趋于"粗鄙化"。

缘此，《世说新语》中才有这样的说法："客有问陈季方：'足下家君太丘，有何功德，而荷天下重名？'季方曰：'吾家君譬如桂树生泰山之阿，上有万仞之高，下有不测之深；上为甘露所沾，下为渊泉所润。当斯之时，桂树焉知泰山之高，渊泉之深？不知有功德与无也。'"①

所以，也正如陈寅恪曾经撰文指出的：

> 所谓士族者，其初并不专用其先代之高官厚禄为其唯一之表征，而实以家学及礼法等标异于其他诸姓。如范阳卢氏者，山东士族中第一等门第也，然魏收著《魏书》，其第肆柒卷《卢玄传》论（李延寿於《北史》叁拾卢玄等传论即承用伯起元文）云：
>
> > 卢玄绪业著闻，首应旌命，子孙继迹，为世盛门。其文武功业殆无足纪，而见重于时，声高冠带，盖德业儒素有过人者。
>
> 其实伯起此言不独限于北魏时之范阳卢氏，凡两晋、南北朝之士族盛门，考其原始，几无不如是。②

---

① （南朝宋）刘义庆（编）：《世说新语·德行七》，长沙：岳麓书社，2015年，第2页。
② 陈寅恪：《唐代政治史述论稿》，见《隋唐制度渊源略论稿·唐代政治史述论稿》，北京：三联书店，2009年，第259页。

而钱穆也同样就此落笔写道：

> 余曾有略论魏晋南北朝学术文化与当时门第之关系一长文详论其事。盖此一时期之门第，不仅能自保，而中国传统文化亦赖以维系。两汉经学以外，文学、史学，莫不有继续苗长之势。政治乱于上，而社会定于下。自汉迄唐，历史民族生命之护养，亦胥当时门第之力。纵谓当时门第，乃一种变相之贵族，然固不得加以轻视。[1]

更加重要的是，从生存价值的意义来讲，在中国文化的正常语境中，家庭和家族作为一个放大的、延续的自我，还可以相对地缓解和释放个体对于自身死亡的焦虑，而绝不会鼓励"我死后，管它洪水滔天"的妄念，或者索性像"始作俑者，其无后乎"那般作孽，由此便有效支撑了人心中的伦常观念。换句话说，只要基于骨肉基础的家庭还存在，那么，死亡所带来的人生有限性，就会得到一定程度的超越，——哪怕这种超越仍然难免是有限的，但它仍会为社会带来相当积极的文化成果。

> 既在情理之中、又在意料之外的是，正因为平时总是对死亡念兹在兹，而且也正是出于这种心结，而知道尽可能珍惜地享受生活，所以，真等到那个大去去期来临时，由于已在心理上得到了相对的补偿，所以在这个星球上，中华民族反而可能是最能平和接受死亡的民族。只要能够得到所谓的"善终"，只要是得享公认够长的"天年"，只要在生命终点并无太大的痛苦，

---

[1]钱穆：《国史新论》，北京：生活·读书·新知三联书店，2012年，第46—47页。

只要其生命尚能由子嗣继承，那么，中国人对于一位老者的归去，就完全有可能目为正常的"喜丧"，甚至在中国民间的风俗习惯中，还会把这种冲淡了悲哀的"喜丧"，统称为可以跟婚礼并列的"红白喜事"。①

作为长期有效的文化暗示，儒学还曾经很有道理地认为，人生的快乐并非只在于个人，而更在于人际或人与人之间，于是也便蕴含于每个家庭之中。所谓的"吾与点也"，所谓的"孔颜乐处"，都确凿地含有这样的意味。而王维笔下的"独在异乡为异客，每逢佳节倍思亲"，和苏轼笔下的"但愿人长久，千里共婵娟"，也都同样说明了这一点。同样地，作为一种现实的反例，一旦失去了这种群体的安乐窝，个人就会变成现代的孤独个体，而罹患癌症的几率也就会增加很多。

二、革命后的废墟与滋生

令人嗟呀的是，自从"五四"的文学革命以来，从被以西格中地诠释的《红楼梦》，到一味去演绎西风的《家·春·秋》，由于受到西方个人主义思潮的冲击，中国社会中占据压倒地位的意识形态，都是在申诉作为社会组织的家庭、特别是大家族的负面效应，——这恰好表现为源自现代西方的"全球化冲击"的一种形式。与此相应，人们便把强调个体孤独的"易卜生主义"，当成了代表历史趋势的、无可怀疑的观念。而在这种西风的摧残下，原本被儒家有效控制的、

———————

① 刘东：《论儒杨互补》，未刊稿。

"拔一毛利天下，不为"的杨朱观念，不仅失去了正统理念的有效抑制，反而显得比利他主义更加"先进"了。

这方面的复杂关系，本如我在以前的研究中所说："中华文明所以能演进数千年而不坠，恰是借助于'天理'和'人欲'间的这种持续紧张和有效制衡。然而，所有这一切都毕竟已时过境迁了：在外缘文明的强力逼迫下，华夏民族正面临着不得已的根本文化转型。由此，五四运动在整个中国文化史上的重要地位，并不在于哪几位具有异端倾向的书生在介身其中的文明内部发现了——其实任何堪称正常的文明都必会以某种形式体现出来的——伦理规范的严峻一面，而在于随着中国社会天平的倾斜，他们对于纲常名教的逆反心理获得了迥然不同的崭新意义。"①

可五四时代的新派文人，却根本来不及顾上这么多，比如傅斯年就在一篇文章中，把中国的家庭看称了"万恶之源"："可恨中国的家庭，空气恶浊到了一百零一度。从他孩子生下来那一天，就教训他怎样应时，怎样舍己从人，怎样做你爹娘的儿子。决不肯教他做自己的自己。一句话说来，极力的摧残个性。"②所以，正如王汎森就此综述的，"对傅斯年而言，中国的家庭是'万恶之源'，善是从个性发出来的，而家庭阻碍了个性的发展。在传统家庭中，'人一天一天向"不是人"做去'；换言之，儿童们受到的教育是遵守罔顾其个性的家庭尊卑秩序。傅斯年将《大学》中的'八目'看作'一团矛盾'；譬如，修身必要'率性'，而齐家必要'枉己'。他鼓励人们将父母、兄弟和妻子的意见置之不理，完全依照个人自己心志的命令行事。他甚至鼓励人们独身。顾颉刚收藏了挂在傅斯年宿舍墙

①刘东：《失去儒家制衡的"个人主义"——周作人案例研究》，《理论与心智》，杭州：浙江大学出版社，2015年，第102页。
②孟真（傅斯年）：《万恶之源（一）》，《新潮》，1919年第1卷第1期，第125页。

上的一幅字,写着'四海无家,六亲不认'。"①

无可置疑,接着往下延烧的革命乃至继续革命,又在不断扩大和散播这种破坏作用。哈佛大学的社会学教授怀默霆(Martin King Whyte),曾经撰文关注过这样一种现象:尽管同样属于"五四"之后,可由于革命文化的进一步剥蚀,使得在"全能政治"的强力挤压下,中国大陆的家庭规模与功能,就远比台湾的家庭规模与功能更弱,尽管后者所达到的现代化程度,相形之下显然更为开展与发达。②——这种历史发展中的悖论、错位或反差,足以说明"以革命之名"而对家庭的继续破坏,并不是现代化进程中的必经阶段和必要牺牲。

进一步说,如果激进的革命曾使中国的社会生活,呈现出二元化的断裂与分化,从而迫使人们一边到喧闹的外间,去接受社会风暴的无情洗礼,一边又借家中的支点,来保守最后的人间亲情,那么在中国的大陆地区,接踵而来的更加激进的革命烈焰,尤其到了登峰造极的"浩劫"时期,就越发无情地焚毁了社会的家庭细胞。——曾几何时,骨肉之间的反目、父子之间的成仇、夫妻之间的离间,居然"不以为耻,反以为荣"地,被当作了"先进的"革命事迹,被大肆地鼓励和高调地宣扬。

> "事情发生在 1970 年 2 月 13 日夜晚,我们家人在一块辩论
> '文化大革命',母亲说:'我就是要为刘少奇翻案!毛泽东为什
> 么搞个人崇拜,到处都是他的像!'作为毛泽东的忠实红卫兵,

①王汎森:《傅斯年:中国近代历史与政治中的个体生命》,王晓冰译,北京:生活·读
　书·新知三联书店,2017 年,第 43-44 页。
②参见怀默霆:《中国家庭中的赡养义务:现代化的悖论》,《中国学术》,第八辑,北京:
　商务印书馆,2001 年,第 255-277 页。

我立即投入了对母亲的批判斗争，这个时候我父亲张月升说：
'从现在起，我们就坚决和你这个坚持反动立场的现行反革命
分子划清界线，你就是敌人，我们斗争你！你把你刚放的毒，
全部写出来！'母亲写完一张纸以后，父亲就拿着这张纸，
出了家门，他没有告诉我出去干什么，我意识到：父亲可能去
县有关部门报案。"

张红兵回忆说，当时听到母亲说这样的话，他非常震惊。
"在我的印象中，一贯紧跟党走、工作积极、待人亲切的母亲竟
能说出这些话！顿时，她在我心目中的形象完全改变——她不
是我的母亲，而是一个张着血盆大口、青面獠牙的阶级敌人！"
张红兵说，"在我的脑海里、融化到我的血液中、落实到我的行
动上的是红歌——'爹亲娘亲不如毛主席亲'、'毛泽东思想是
革命的宝，谁要是反对它，谁就是我们的敌人'，这是一种条件
反射。我担心父亲没有真的去报案，作为毛泽东的一名忠实的
红卫兵，为了证明自己在与母亲这个'阶级敌人'进行斗争的
过程中'站稳了无产阶级革命立场'，我马上写了封检举信，当
晚就把信和我的红卫兵胸章一起，塞进和我家同住县卫生科大
院的军代表宿舍的门缝里。"①

因此，再把下边这段特定时期的大字报征引出来，并不是为了
再去追究或寒碜当事人，而是为了用它的内容来清晰地说明，哪怕
是在最"根红苗壮"的革命家庭，"革命"和"家庭"都曾经相互角力，
因为前者总要无情地撕裂后者，直到把最后的人性都剥离干净：

---

① 《张红兵为"弑母"道歉背后》，《新民周刊》，2013年9月21日。

我问我父亲："你执行错误路线决不是什么偶然的，一定有根源，你以前还犯过什么错误。"王光美在旁边听了后气得直发抖，哭着对我控诉了一番，说我没良心，想保自己，是个人主义，你也触及触及自己的灵魂。这个家你也可以不回了，说我老逼我父亲。又说"你父亲是中央的，有些事情不能跟你讲。你老逼他。"说"你欺负我欺负得太甚了。"说她以前对我又是怎么好。当时给我压力很大，父亲也在旁边说：你要是觉得这个家妨碍你的话，你也可以不回家了，如果经济上不独立，可以给你点钱。由于自己没有真正地站到毛主席一边，没有真正与家庭划清界线，压力很大，就软下来了，于是王光美就抱着我哭了一通。自己也就"保"爸了，这是一方面。另外王光美还造成弟妹的压力，说我给妈妈的那一张大字报是有个人主义。我当时的确有个人主义，但与自己的家庭真正从政治思想上划清界线，这就是我克服个人主义，抛弃私心杂念的第一步。①

　　不过，却又显得相当反讽的是，对于家庭文化的这种肆意破坏，并未彻底毁掉人们对于家庭的认同；相反，它的躯壳或残骸不仅仍然存在，还在外来的压力下日益固化了。也就是说，遭到毁坏的并不是家庭的全部，而只是家庭的文化意蕴；而与之相应，家庭一旦失去了文化的保护，就只剩下一个徒有其表的、往往有害于更大社会组织的生硬外壳了。

　　正是为此我们才会看到，越是在革命形势紧张的时候，越是在阶级斗争白热化的时候，也正是最苛求"家庭出身"的时候。曾几何时，所谓"老子英雄儿好汉，老子反动儿混蛋"，反而成了一种极

---

① 刘涛：《造刘少奇的反，跟着毛主席干一辈子革命》，《井冈山报》，1966年12月31日。

难逾越的个人宿命。由此一方面，实则是"一人得道，鸡犬升天"，连夫人和亲属都进入了领导核心；而另一方面，任何出身于"革干"家庭的子女，只要他们的父母一朝失势，也马上会被株连到劳改的队伍中。说来，也唯有那位勇敢的遇罗克，曾企图以《出身论》对此进行反抗，而他又为此付出了惨痛的生命代价。

"出身压死人"这句话一点也不假！类似的例子，只要是个克服了"阶级偏见"的人，都能被我们举得更多、更典型。那么，谁是受害者呢？像这样发展下去，与美国的黑人、印度的首陀罗、日本的贱民等种姓制度有什么区别呢？[1]

正因为这样，这种类似印度种姓制度的、相当僵化与野蛮的"家庭出身"观念，也就激起了文革那一代人的、几乎是一呼百应的反抗：

> 也许最后的时刻到了
> 我没有留下遗嘱
> 只留下笔，给我的母亲
> 我并不是英雄
> 在没有英雄的年代里
> 我只想做一个人[2]

再往后，几乎像绝望之余的"枯木逢春"，到了积重难返的开放初期，我们的残缺不全的家庭，就在这种矛盾状态中继续发酵了。

---

[1] 遇罗克：《出身论》，参见罗竹凤主编：《中国新文学大系·1949—1976·第61集·杂文卷》．上海：上海文艺出版社，1997年，第786页。
[2] 北岛：《宣告：献给遇罗克》，《北岛诗歌集》，海口：南海出版公司，2003年，第22页。

一方面应当看到，纵然中国的家庭已是面目全非，但它毕竟还是在这个原始积累的阶段，起到了关键的纽带与发动机的作用。也就是说，纵然中国的家庭已在文化方面严重地残缺不全，但这种建基于血缘的天然社会单位，却毕竟内部的交易成本最小，而相互默契与信赖的程度又最高，最适于那个"一穷二白"的、原始积累的起步阶段。由此回头来看，恰正是这个小小的、曾被根本瞧不起的家庭细胞，反而向中国奇迹般的经济起飞，提供了社会组织方面的基本支持。

可另一方面也不应忽视，一旦亲密合作的收益期来到了，那么，由于价值层面的家庭文化，已被激进主义的思潮焚烧殆尽，这个社会细胞的功能也就走向反面了。令人遗憾的是，长期不管不顾的独生子女政策，尽管可以使经济数字显得好看，也使自然生态的压力略有减缓，却又短视而变本加厉地在家庭文化上，造成了难以弥补的、悔之晚矣的伤害。别的不说，如今就连用来指称亲属的大量汉语词汇，都已开始被下一代普遍地遗忘了，而这本是中国文化之最精微的部分，就像法国人对红酒或奶酪的精微味觉一样。所以，在这种业已"焚琴煮鹤"的文化废墟上，再想把中国的家庭恢复为往日那种"知书达礼"的初始操演场所，又谈何容易！

正因为这方面的明显缺失，首先最令人担忧的就是，由出生率的急剧下降而导致的"未富先老"现象，——而该现象的一个潜在的根源，就在于没有去呵护传统的家庭文化，正如我前年在一次获奖演说中指出的："第三个忧虑，中国对人口学的研究太少，人口能不能真正反弹？其实全世界的教训都是人口下去就上不来。现在放开二孩都是笑话，为什么下去就上不来？因为中国文化依附于家庭，孟子的学说'老吾老以及人之老，幼吾幼以及人之幼'，从家庭里操演出社会的感情，然后推演到社会上去，这个文化一断掉就起不来了。我们现在一个很重要的问题，从国学家的角度来说，不光是称谓没有了，更重要的是家庭给我们带来什么样文化的意义。如果这件事不能恢复，我相信中国人只会想到再生一个孩子要多少钱，这样我们的老龄化就没有办法解决了，家庭生活当中的韵味，'每逢佳节倍思亲'都不存在了。"①

事实上，如果大家读过英国生物学家理查德·道金斯的《自私的基因》，那就很容易循着其中的论证而想到，其实以往常受批判的"多子多福"观念，才是正常而充分地反映了人类自然天性的。——也正是在这个意义上，美国的生物学家彼得·里克森和人类学家罗伯特·博伊德，才把当代人类生育率的普遍下降，定义为由某种文化因素所导致的"适应不良"，并认定它是源于"自私文化变异的演化"：

当代人口生育率的下降始于发达国家，不过现在世界上的大部分地区都出现了，这个问题吸引了人口学家相当大的注意力。他们在很大程度上用积极的术语来描绘这一现象：这是一种经济变迁的伴随物，它令工业社会的人们变得富足，并阻止了不必要的世界人口过剩。抛开全球环境不说，生育率的下降代表着最大化个体遗传适应度的失败，这需要一个解释。天主教对节育的厌恶才和演化理论通常的预测接近得多，从罗马教皇和自然选择的角度来看，现代社会的财富被浪费在了具有消费主义的生活方式上，这是在向愚蠢的唯物主义屈服。想象一种恶性的，能够降低生育率的病原体在疾控中心所能引发的恐慌，尤其当新一代的细菌开始在全球的广泛区域内引发人口下

①刘东：《社会自治可驯化政治力》，《腾讯文化》，2015 年 11 月 26 日。

降的时候，梵蒂冈的罗马教廷也是这种感觉。①

　　而耐人寻味的是，这两位作者接下来却又笔锋一转，指出由文化因素所导致的"适应不良"，也同样可以由文化因素来克服，例如在他们书中作为反例而呈现的、基督新教的再洗礼派："再洗礼派的文化信念和实践能够成功地左右他们对主流社会文化的获取，对于每一种可能接触到降低生育率信念的途径，它们都有着应对的措施。"②而由此一来，"再洗礼派群体中的生育率可以比得上人口变化之前那些国家中最高的生育率，尽管他们的死亡率也在工业化社会的平均水平之上，结果，他们的人口增长率非常高。"③于是，这种反向的情况也就足以启发我们：本来中国人还有用以抵抗"适应不良"的手段，或者说是抵制现代性之负面效应的方法，那就是他们传承已久和行之有效的家庭文化，——只要他们还能保守住家庭生活的情致与韵味，而不致一讲到"生儿育女"就想到"成本核算"，从而把以往的一件天大的合家欢庆的喜事，糟蹋成了现在的一种无穷的烦恼。

　　还是由于在文化方面的缺失，这方面的另一件堪忧之事，就是相当普遍的缺乏家教，而且越到了社会上层就越是如此。由此，作为一种现实的报应，如今充盈于耳际的种种劣迹，无论是来自官方渠道，还是来自小道消息，无论是从公而言，还是就私而论，上至政经大事、下至家务小事，全都触目惊心地暴露出，我们眼下的家庭，实在是太缺少文化滋养了！这种文化的缺失，竟使人们浅陋地误

①彼得·里克森、罗伯特·博伊德：《基因之外：文化如何改变人类演化》，陈姝、吴楠译，
　杭州：浙江大学出版社，2017年，第203-204页。
②同上，第219页。
③同上，第217页。

以为，家庭无非就是几个"小我"的叠加，无非就是稍加扩大的、作为攻守同盟的"自私"，所以它的功能也只是用来"营私"的。然而，其实《礼记》上早就提醒过，如果一个人本身的道德有亏，那他就势必会因为偏见，而最终败坏自己的家庭。

> 所谓齐其家在修其身者：人之其所亲爱而辟焉，之其所贱恶而辟焉，之其所畏敬而辟焉，之其所哀矜而辟焉，之其所敖惰而辟焉。故好而知其恶，恶而知其美者，天下鲜矣！故谚有之曰："人莫知其子之恶，莫知其苗之硕。"此谓身不修不可以齐其家。①

> 人心所从，多所亲爱者也。常人之情，爱之则见其是，恶之则见其非。故妻孥之言，虽失而多从。所憎之言，虽善为恶也。苟以亲爱而随之，则是私情所与，岂合正理？②

正因为这样，所谓富二代、官二代等等，已经构成了突出的社会问题；而可以想见，如果不能尽快挽回这种颓势，很快还会有富三代和官三代的问题、甚至富四代和官四代的问题，接连不断地在挑衅着全社会的忍耐力。甚至毫不客气地说，他们现在几乎成了"过街老鼠"的代称，当然也首当其冲地败坏着自己的家庭，——正如古人笔端那类道德败坏的下流小人："达则骄而偏，穷则弃而累；其肢体之序，与禽兽同节，言语之暴，与蛮夷不殊，出则为宗族患，入则为乡里忧。"③令人嗟呀的是，也只有被逼到了这般田地，人们

---

① 《礼记·大学》，《礼记训纂》下册，(清) 朱彬撰，饶钦农点校，北京：中华书局，1996 年，第 867 页。
② (宋) 程颐：《周易程氏传卷第二》，《二程集》第二册，北京：中华书局，1981 年，第 785 页。
③ (汉) 韩婴撰：《韩诗外传集释》，许维遹校释，北京：中华书局，1980 年，第 152—153 页。

才有可能痛心地省悟到,把"传统"与"现代"水火不容地对立起来,该是多么的糊涂与荒唐!

如果从人性、特别是从伟大母性的本能出发,没有谁会成心要给自己的孩子下绊子。相反,如果问问那些东窗事发的赃官,特别是他们欲壑难填的妻子,他们(她们)往往正是因为舐犊心切,才给自己的家庭带来了灭顶之灾。只可惜,也只有到了东窗事发的时候,这些家庭才会像剖开的腐果一样,暴露出其间是何等缺乏基本的家教! ——既是这样,我们就不禁要去追问,在这个畸形而破碎的社会中,为什么一个家庭所享有的起点越高,它所面临的风险反而偏偏越大呢? 为什么越是无原则地疼爱孩子,就反而会为下一代的顺利成长,造成了难以逾越的人格障碍呢?

三、应当传给下一代什么

进一步问,人们兢兢业业去维护的家庭,和辛辛苦苦去累积的家业,到底应当向后代传承什么呢? 事实上,如果排列组合下来,也无非就只有下述四种可能。而首当其冲的第一,便有可能是除了赤贫本身,什么都不能传承给后代。——而如果是那样的话,情况肯定会比较被动,因为孩子们的起点会相当低,什么都只能靠自己打拼,在社会上大获成功的几率,如果从统计学的层面来看,肯定也只会微乎其微,充其量也只是慢慢向上流动,以便再给接下来的一代,去创造机会和充当阶梯。这样一来,也无非是意味着,又把所谓"传承什么"的问题,传给了后面的几种类型。

第二,也许人们未曾想到的是,相形之下或许更糟的是,只传给自己的后代以"身外之物"。——这个起点往往看似颇高,而且身在其中的"幸运儿",还往往会自以为特别优越。不过,在家庭文化普遍缺失的大背景下,由于其终点往往更加可怜或可悲,所以有的时候,甚至比前一种的危险性更大。对于这一点,只需把中、西的两句谚语连读起来,我们就可以看得很清楚了:一方面是,向来都"富不过三代",或者"一代创,二代守,三代耗,四代败";另一方面又是,只有"当过帝王者,方知当百姓之不易"!

第三,相对而言,主要是向后代传授了家教与素质。在这种情况下,孩子们自然也免不了要忍耐"寒窗之苦",不过这样的刻苦训练,从正常的文化预设而言,却也正是他们砥砺人格的入门功夫,所以相比起来,就不会像前二种情况那么被动。比如,现代学术史上著名的绍兴周家、无锡钱家,和义宁陈家等等,都主要是传递了这种文化上的家风。正因为这样,在中华文明还像个正常文明的时候,也就出现过许多家学渊源、子承父业的学者。——由于他们在精神上相对富有,所以也就在人生的道路上,享有更令人羡慕的起点和轨迹。

第四,家长以高度的和双向的警觉,同时铺垫出精神和物质的基础,以使后代在较为均衡的平台上,进行较为从容和宽广的发展。不待言,这种全面发展的人生平台,肯定是最为符合大多数家长的愿望,——尽管不怕败兴地讲,即使难能可贵地做到了这些,也并非不会再产生出新的烦恼,特别是,一旦被上代看重的、甚至被视作家族使命的前景,却并不为下代所认同和喜爱,此时过于厚重的家族产业,或过于辉煌的家学渊源,就反而会被视作负担或累赘。

中篇小说《一个企业主的童年》涉及重大的哲学命题:人是什么?来到世上干什么?吕西安作为企业主的继承人,前程早已由家庭为他安排妥当。但他自己不清楚自己是谁,该怎样生活，怎样决定自己的命运。他年幼时，按照家人给"乖孩子"制订的行为规范而行动，让他感到与演戏没什么差别。进入少年时期，他开始探索自我：我是谁？……经过长期努力，他摆脱了恋母情结，同性诱惑，胆怯怕事等等，但始终无法为自己界定。他觉得真正的吕西安并不存在，只有一具白生生的、彷徨无主的行尸走肉。"我是什么呢？"勒莫尔当的评语也不合适。他说，吕西安到头来变得像"一块明胶状透明物"。①

再把话给说得更透彻些，即使把上述两方面的基础，全都不遗余力地往下传递，在这个变幻无常的世界上，也不会有永续不败的家业，所以，对于自我基因的永远呵护，终不过只是出于本能的善良愿望罢了。万物有成亦必有毁，所以就像个体生命终将完结一样，任何曾经辉煌过的一家一姓，也总会由各种各样的偶然性，来打断这种一厢情愿的授受进程。——记得曾国藩曾经说过，商贾之家，勤俭者能延三四代；耕读之家，勤朴者能延五六代；孝友之家，则可以绵延十代八代。照此说来，即使是达到了十代八代，也仍只属于历史中的一个瞬间吧？

正因为这样，又记得林则徐当年在书房里，还曾挂上这么一副对联："子孙若如我，留钱做什么？贤而多财，则损其志；子孙不如我，留钱做什么？愚而多财，益增其过。"这既可以说是一种豁达态度，又可以说是一种忧患意识。事实上，无论短暂还是久长，也只有当这种忧患意识还在起作用时，一个社会单位的稳定与繁荣，才是可以去想象和指望的。由此可知，孟子所讲的"生于忧患，而死

---

① 沈志明：《萨特文集·小说卷导言》，北京：人民文学出版社，2000年，第11-12页。

于安乐"，①绝对是亘古不易的人生至理。——对于一个个人是这样，对于一个家族是这样，对于一个国家也是这样，甚至，即使对于全体人类来说，也同样是这样。

> 不富无以养民情，不教无以理民性。故家五亩宅，百亩田，务其业而勿夺其时，所以富之也。立大学，设庠序，修六礼，明十教，所以道之也。《诗》曰："饮之食之，教之诲之。"王事具矣。②

由此而显得可怕的是，正如我们一开始就着重说明的，一旦西风随着全球化吹来，这种经历过历史洗礼的、长期行之有效的家庭文化，便被"弃之如敝屣"地革除了，而且更加可怕的是，对于由此所造成的、虽无形又确凿的社会伤害，人们甚至直到现在还不以为意。也就是说，一方面，在当今社会各个成员之间，已经普遍失去了最基本的信任，这已是众所公认的、触目惊心的事实，它也使整个社会氛围都遭到了毒化；可另一方面，即使这样人们还是未能去反思，其实整个社会肌体的这种萎靡，正是从家庭细胞的微观萎缩开始的。——要是在这样的意义上，那么也的确可以说，我们这个民族的苦头"还没有吃够"，甚至还有可能才刚刚开始。

---

① 《孟子·告子下》，《孟子正义》下册，(清)焦循撰，沈文倬点校，北京：中华书局，1987年，第872页。

② 《荀子·大略》，《荀子集解》下册，(清)王先谦撰，沈啸寰、王星贤点校，北京：中华书局，1988年，第498—499页。

四、始于家庭而达于天下

正因为认识上的晦暗不明，就更要参验惨痛的现实教训，来体会早已摆在那里的先哲教诲。——无论如何，所有可能被动中最大的被动，还不是现实中是否存在着困境，而在于能否确认和反省这种困境。所以应当指出，最为悖谬和要命的还是，即使已经严重遭遇了缺乏家庭文化的问题，然而囿于长期施行的、先入为主的激进主义教育，人们对于问题到底出在哪里，是出于传统的存在还是出于传统的丧失，仍然很难去把握它的要领。也就是说，他们仍有可能懵懵懂懂地，把家庭文化丧失后所导致的恶果，再次归罪于几乎已经荡然无存的传统，甚至还企图去进一步毁坏这种传统，因为他们充其量能够了解到的"传统"，也无非就是过时教科书中所描绘的、早已被歪曲过了的"传统"。

他们无法理解的是，正如儒学一方面最是"为己之学"，却又最提倡"利他主义"一样，在人生这根微妙平衡木的两边，古代的儒者们也早就看到了，虽然一定程度的自卫和自保，在任何时候和任何场合都是必要的，因为那正是个体生存的先决条件；但与此同时，却又必须高瞻远瞩地看到，恰恰是那种赤裸裸的自我谋私行为，如从长远的和发展的眼光来看，反而是最不能自卫和自保的。无论如何，不管是个人还是家庭，乃至沿着"修齐治平"的逻辑而外推出的、作为其他同心圆的社会组织，都必须既跟其他的相关社会单位，保持一种良性的互动与平衡，又必须让自己的精神立足点，在不断上升的人格修养中，去朝着更为高远的境界迁移与提升。

所以，切忌过于简单化地望文生义。要兼顾而全面地看到，恰恰是为了保障个人的发展，乃至于保障家庭的和睦，像"家族传承"这样的自然念头，既可以是很有文化意蕴的，也可以是毫无文化可言的，既可以是很有社会担当的，也可以是全无责任心的，既可以是纯属自私的行为，也可以超越这样的杨朱立场，而把忧患的关切推广到全社会去。事实上，正由于有了这样的价值关怀，在"格物、致知、诚意、正心、修身、齐家、治国、平天下"的认同扩张中，人们才有可能在一种谨慎的权衡之中，并且在一个合理的限度之内，去呵护他们的作为基本社会单位的家庭，——正如他们也同样可能充满仁爱之心地，去呵护任何其他的所属社会单位，比如社群、族群、家国乃至天下。

> 曾子曰："敢问何谓七教？"孔子曰："上敬老则下益孝，上尊齿则下益悌，上乐施则下益宽，上亲贤则下择友，上好德则下不隐，上恶贪则下耻争，上廉让则下耻节，此之谓七教。七教者，治民之本也。政教定则本正也。凡上者民之表也，表正则何物不正是故人君先立人于己，然后大夫忠而士信，民敦俗璞，男悫而女贞。六者教之致也，布诸天下四方而不窕，纳诸寻常之室而不塞，等之以礼，立之以义，行之以顺，则民之弃恶如汤之灌雪焉。"

> 夫温良者，仁之本也；慎敬者，仁之地也；宽裕者，仁之作也；逊接者，仁之能也；礼节者，仁之貌也；言谈者，仁之文也；歌乐者，仁之和也；分散者，仁之施也。儒皆兼而有之，犹且不敢言仁也。其尊让有如此者。

> 公曰："何谓贤人？"孔子曰："所谓贤人者，德不逾闲，行中规绳，言足以法于天下而不伤于身，道足以化于百姓而不伤于本。富则天下无宛财，施则天下不病贫。此则贤者也。"①

---

① （魏）王肃编著：《孔子家语》，郑州：中州古籍出版社，1991年，第8-9、18-19、24页，着重号为引者所加。

> 梁王、赵王，国之近属，贵重当时。裴令公岁请二国租钱数百万，以恤中表之贫者。或讥之曰："何以乞物行惠？"裴曰："损有余，补不足，天之道也。"①

到了宋明时期，王阳明又再次以理学的独有话语，重新表述了儒学的这种普遍关切：

> 圣人之求尽其心也，以天地万物为一体也。吾之父子亲矣，而天下有未亲者焉，吾心未尽也；吾之君臣义矣，而天下有未义者焉，吾心未尽也；吾之夫妇别矣，长幼序矣，朋友信矣，而天下有未别、未序、未信者焉，吾心未尽也。吾之一家饱暖逸乐矣，而天下有未饱暖逸乐者焉，其能以亲乎？义乎？别、序、信乎？吾心未尽也；故于是有纪纲政事之设焉，有礼乐教化之施焉，凡以裁成辅相、成己成物，而求尽吾心焉耳。心尽而家以齐，国以治，天下以平。故圣人之学不出乎尽心。②

由此也就可以看到，尽管正如前边已经提到的，家庭的单位在儒家的思想体系中，作为教化的起点和修养的门径，对于任何具体的人生历程而言，都的确可以说是"特殊主义"的，不过，也正如我早已论述过的，这种生命成长的特殊印记，却不仅不应沿着西学的逻辑，被判定为儒学的致命弱点，反而应当基于本土的价值立场，把它视作既充满独特中国风格、又充满亲切人情味的优长："正因为格物、致知、诚意、正心、修身、齐家、治国、平天下的认同扩

---

① （南朝宋）刘义庆（编）：《世说新语·德行一八》，长沙：岳麓书社，2015年，第4页。
② （明）王阳明：《重修山阴县学记》，《王阳明全集·上》，吴光等编校，上海：上海古籍出版社，2011年，第286—287页。

张乃是一气呵成的，其间并无其他文化中那种艰辛、阵痛与磨难的割裂、舍弃与背离，亦无需像寺庙或者修道院那样离群索居的苦修，而保藏着亲情和乡情在终生记忆中的美好印迹，所以它所主张的前后相随层层递进的树人过程，不仅不会抹平或淡化丰富而殊别的个人阅历，反而会鼓励不同风格的个性张扬。由此，这里展示出的是一种充满经验露水的、生意盎然的道德实践。也就是说，尽管日益领悟到集体共在的分量，个体却仍然为自己独特的性命而生活。"①

之所以做出这样的判定，是因为我们已经了解到，儒家基于家庭而施行的德性培养，虽说是立足于这个最小的和具体的社会单位，然而其人格培养的目标，却从来都是指向利他的、舍生取义的君子，而绝非自私自利的、甚至"拔一毛利天下，不为"的小人。在这个意义上，我们也同样应当意识到，尽管儒学对家庭投以了很高的重视，但那却并非出于纯然自私的目的，——哪怕这种自私的动机已经稍有扩大，是指若干个共享着同一血缘的、共同去对抗整个社会的"自我"。正如我也曾进一步论述的："尽管在中西对比的框架下，曾被庸俗归约成'家庭哲学'，然而说到底，儒学的眼界却决不固执于家庭。相反，《大学》中这个层层外推的同心圆，倒是最为昭然无疑地揭示出——在人格境界渐次拓宽的应然顺序中，家庭之于修身的意义，也会不断地有所转移：若能通过'老吾老以及人之老'的外推过程，顺利获得对于较大共同体的关切，在家庭中焕发蒙养的亲情，固然可以构成推动'仁者爱人'的道德实践的心理动机；不过，要是因为什么缘故，不能把心胸顺利拓宽到更大的生命群体，那么即便是甚为儒家推重的孝悌之情，照样有可能反而成为人格成长的

---

①刘东：《个人认同与人格境界——从跨文化的立场诵读"八条目"》，《道术与天下》，北京：北京大学出版社，2011年，第149页。

障碍。"①

根据《孝经》的记载，孔子的优秀门生曾子，曾经这样问自己的老师："若夫慈爱恭敬，安亲扬名，则闻命矣。敢问子从父之令，可谓孝乎？"一般人或许会想当然地以为，那自然就是所谓"孝道"了，即所谓"孝顺"者，"孝且顺"也。可没想到孔子却这么回答："是何言与？是何言与？昔者天子有争臣七人，虽无道，不失其天下。诸侯有争臣五人，虽无道，不失其国。大夫有争臣三人，虽无道，不失其家。士有争友，则身不离于令名。父有争子，则身不陷于不义。故当不义，则天不可以不争于父，臣不可以不争于君，故当不义则争之，从父之令，又焉得为孝乎。"②我们由此可以看出，家族在儒学的传统中，只属于引发美好人类情感的起点，而并非由此而去对抗社会的、自我封闭的终点。

也正因为这样，梁治平才就此得出了这样的结论："以特殊主义与普遍主义的分野来观察、描述和概括儒家伦理与新教伦理的不同，此种尝试始见于韦伯，后经美国社会学家帕森斯归纳发挥，这一被归于韦伯的看法传布甚广，成了几乎是今人普遍接受的定见。但在林端看来，视儒家伦理为特殊主义，以与新教伦理所代表的普遍主义相对照，这看法过于简单化。儒家伦理固然注重等差，但是推己及人，至于天下，其实是一种'以特殊主义为基础的普遍主义'。实际上，中国文化内部，就有'仁'与'法'两种普遍主义，前者是人伦意义的普遍主义，后者是客观意义的普遍主义。二者之间容有紧张和冲突，解决的办法，则是分别位阶高低，令后者服从于前者。所谓德主刑辅，刑以弼教，就是此意。由哲学上言，中国式的'以特殊主

---

①刘东：《个人认同与人格境界——从跨文化的立场诵读"八条目"》，《道术与天下》，北京：北京大学出版社，2011年，第149—150页。
②《孝经·谏诤》，《十三经古注》第九册，北京：中华书局，2014年，第1939页。

义为基础的普遍主义'，体现的是理一分殊，一多相融的原则。"①

不待言，也只有从这种普遍主义出发，我们才能在《王阳明全集》中读到，要么是他本人、要么是他的同志，又对孟子讲出的下述命题，即"禹思天下有溺者由己溺之也"，和"稷思天下有饥者由己饥之也"，进行了既雄辩滔滔、又中规中矩的阐发："昔孟子论禹、稷之急于救民，而原其心以为大禹之平水土也，虽其所施，无非决川距海之功，而民可免于昏垫矣；然其汲汲之心，以为天下若是其广也，吾之足迹既有所未到之地，则夫水之未治者，亦必有之矣；水之泛滥，既有所不免之地，则夫民之遭溺者，亦容有之矣；夫民之陷溺，由水之未治也，吾任治水之责，使水有不治，以溺吾民，是水之溺民，即吾之溺民也；民之溺于水，实吾之溺之也，吾其救之，可不急乎？后稷之教稼穑也，虽其所为无非播时百谷之事，而民可免于阻饥矣；然其遑遑之心，以为万民若是其众也，吾之稼穑，固未能人人而面诲矣，能保其无不知者乎？民之树艺，即未能人人而必知矣，能保其无不饥者乎？夫民之有饥，由谷之未播也，吾任播谷之责，使谷有未播以饥吾民，是饥之厄民，即吾之厄民也，民之饥于食，实吾之饥之也，吾其拯之，可以缓乎？"②

在这个意义上，虽说是"始于家庭"、却又"心向天下"或"达于天下"的儒学，就确凿地向我们传达出了这样的教诲：尽管家庭肯定属于最基本的社会单位，然而它毕竟又属于最微小的社会单位；所以，人们在这样的社会单位里，应当首先体会和习得"父慈，子孝，兄良，弟悌"的社会情感，再把这种修养逐步推广到社会上，而不

---

① 梁治平：《超越韦伯，理解传统，指向现实：一个华语社会学家的努力与追求》，《东方早报·上海书评》，2013 年 2 月 24 日。

② 《王阳明全集·外集四》，原编者注："本录原列为隆庆刊本卷三十一下，然非皆阳明之作，今移置于本卷，附于阳明序文后。"

是只把它据为一个"谋私"的营垒，然后再想方设法地跟外在的整个社会为敌。——正因为这样，无论你自己特殊的家庭怎么重要，它的内涵也不能无限地膨胀与扩张。也就是说，如果某个家庭的威权居然盖过了社群，那就会使得社群里的其他姓氏，乃至那些出了五服的本姓后裔，都在事实上成了它的"家奴"；进一步说，如果某个家庭的利益居然盖过了国家，则整个国家也不啻沦为了它的"家天下"，而如果那样去引喻失义，则对于家庭的呵护也就变成了专制的残暴。

正因为早有此种意识，中国的先哲也早就发现了，在"人皆可为尧舜"的高度预设下，在社会各阶层中保证相当的流动，乃是一个社会"文明与否"和"平等与否"的标志。也只有基于这样的价值观念，我们才能顺理成章地理解，为什么早在科举制落成的隋唐时期，旧时的门阀士族就已飞入寻常百姓家了。——在这个意义上，跟"五四"时期的盲目指责正好相反，恰因它对于个人才能与努力的公平肯定，中国文明在所有的前现代社会中，才属于社会流动性最大的、从而最贴近人性的文明；而且，正如我的同事包华石教授反复强调的，这种中国式的平等观念在传入欧洲以后，还曾作为一种启蒙话语而启发了伏尔泰们。

平等使得事实代替了社会地位，成为政治权力和犯罪惩戒的标准。这是对于事实与逻辑的尊重，而这种尊重也促成了平等主义的制度。匿名意味着个体的存在。它将个体的私有领域——这个领域是超出国家的合法范围之外的——与公共表现分离了开来。后者是官府招募系统或是刑事司法系统所感兴趣的，而前者则需要被置于国家权力之上。如果不是这样的话，国家就会根据血统、宗教信仰、脸书朋友，或是其他偶然性来将人民分配成不同的群体。正如我们在几个世纪之后看到的那样，启蒙运动的激进分子们也会有同样的结论，以及基于类似的理由。[1]

在中国的理论中，权威和地位均系于才学，至少是根据一系列决定官职归属的科举考试所测量的才学而言。而在日本的实践里，尽管有儒家的装饰，权力分配在规范上是由出身决定的。幕府藩国的儒教学者，无论他如何视自己为"有才之人"，基本上只有中级甚或下级武士的身份。他确实能够有一定的影响力，但影响力鲜能达及最高层。他的武士职责使他乐于接受这一状况。但是，以儒学学说衡量，可以推出这样做是不对的结论，而到了这个地步，儒家对于幕府来说也变成颠覆性的东西了。[2]

当然话说回来，还是在"人皆可为尧舜"的高度预设下，即使获得了儒学所劝谏的上述改进，中国的古代文明仍大有改进的余地。——此间最大的问题所在，就是它在未能突破"传统型"政治之前，尽管已经在"帝制"的社会前提之下，争取到了相对的平等与社会流动，却仍未能在合法性的来源上，去彻底突破"一家一姓"的"家天下"问题；而由此到了后世，尽管其他家庭都相对地平等起来，却唯有皇帝家族仍可免于这种重新洗牌。——正如明清之际的大儒黄宗羲，在其《明夷待访录》中所忿然批判的："今也天下之人怨恶其君，视之如寇仇，名之为独夫，固其所也。而小儒规规焉

①包华石：《西中有东》，王金凤译，上海：上海人民出版社，即出。
②威廉·比斯利：《明治维新》，张光、汤金旭译，南京：江苏人民出版社，2012年，第25—26页。

以君臣之义无所逃于天地之间，至桀、纣之暴，犹谓汤、武不当诛之，而妄传伯夷、叔齐无稽之事，视兆人万姓崩溃之血肉，曾不异夫腐鼠。岂天地之大，于兆人万姓之中，独私其一人一姓乎？"[①]不待言，也正是这种"以为天下利害之权皆出于我，我以天下之利尽归于己，以天下之害尽归于人，亦无不可。使天下之人不敢自私，不敢自利，以我之大私为天下之公；始而惭焉，久而安焉，视天下为莫大之产业，传之子孙，受享无穷"[②]的家族自私行为，才最为雄辩地点燃了后世的革命火种。

> 黄宗羲在此处第一次明确否认了王朝之法的地位，他称之为"非法之法"——它"非法"，因为它唯服从皇帝一家之私利，而非人民的利益。此等品质恶劣的法，不仅不值得重视，而且与孔孟阐发的更高的先王之法相比，是完全无效的……凭借这种新的高于国家的法的观念，通过他主张的将君主置于这一更高的法之下，黄宗羲试图对君主的权力（根据法律规定和制度设置，这种权力与政府组织合而为一）施加一种宪政限制，而不是继续信任君主的自制能力——轻信君主的自制，这不独是儒家思想的缺陷，道家和法家思想皆然。[③]

更推广开来说，从孟子所谓"闻诛一夫纣矣，未闻弑君也"的说法（《孟子·梁惠王下》），到荀子在下文中所谓"桀、纣者，民之怨贼也"的说法，都说明儒家的相应立场是一以贯之的："世俗之

---

① （清）黄宗羲：《明夷待访录·原君》，段志强译注，北京：中华书局，2011年，第9页。
② 同上，第8页。
③ 狄百瑞：《亚洲价值与人权：儒家社群主义的视角》，尹钛译、任锋校，北京：社会科学文献出版社，2012年，第94页。

为说者曰：'桀、纣有天下，汤、武篡而夺之。'是不然……汤、武非取天下也，修其道，行其义，兴天下之同利，除天下之同害，而天下归之也。桀、纣非去天下也，反禹、汤之德，乱礼义之分，禽兽之行，积其凶，全其恶，而天下去之也。天下归之之谓王，天下去之之谓亡。故桀、纣无天下，而汤、武不弑君，由此效之也。汤、武者，民之父母也；桀、纣者，民之怨贼也。今世俗之为说者，以桀、纣为君，而以汤、武为弑，然则是诛民之父母，而师民之怨贼也，不祥莫大焉。以天下之合为君，则天下未尝合于桀、纣也。然则以汤、武为弑，则天下未尝有说也，直堕之耳。"①

> 吾党常言，二十四史非史也，二十四姓之家谱而已。其言似稍过当，然按之作史者之精神，其实际固不诬也。吾国史家以为，天下者，君主一人之天下，故其为史也，不过叙某朝以何而得之，以何而治之，以何而失之而已，舍此则非所闻也。昔人谓《左传》为"相斫书"，岂惟《左传》，若二十四史，真可谓地球上空前绝后之一大相斫书也。虽以司马温公之贤，其作《通鉴》，亦不过以备君王之浏览。（其"论"语，无一非忠告群主者。）盖从来作史者，皆为朝廷上之君若臣而作，曾无有一书为国民而作者也。其大蔽在不知朝廷与国家之别，以为舍朝廷外无国家。②

只可惜，在深层的价值未能疏通之前，历史的躁动尽管自有其缘由，却未必就真能解决问题，反很有可能去适得其反、欲速不达

---

① 《荀子·正论》，《荀子集解》下册，(清) 王先谦撰，沈啸寰、王星贤点校，北京：中华书局，1988 年，第 322–324 页。
② 梁启超：《新史学·中国之旧史》，北京：商务印书馆，2014 年，第 85–87 页。

和"生出跳蚤"。事实上，推翻"一家一姓"的辛亥革命，已差不多是一百年前的事情了，然而打量一下周遭的情况，再对比一下历史上的既有成绩，那么，到底历史是发生了可喜的进步呢，还是发生了可怕的退步？——且不说像以往那样通过公平考试，从寒门中选拔出如范仲淹、欧阳修、苏轼那样的一代名臣了，就只讲在教育机会上的基本平等，我们也是越来越痛心地看到，偏偏在社会财富如此暴增的今天，那些来自农村和偏远地区的孩子，或者那些出身贫贱寒微的孩子，却反倒越来越受其出身的制约了。可想而知，这种在社会流动方面的反向发展，一旦使社会因鸿沟过深和过于固化，而最终坠入了全社会的玉石俱焚，那么，哪怕是最为谋私的个人与家庭，以及那极少数的"抱团取暖"的家族集团，到头来也会悔之莫及地发现，他们那种过于吝啬的、短视的自利行径，无异于愚不可及的自掘坟墓。

且看看早在一千多年以前，中国人就已在儒学的范导下所达到的"社会流动"吧：

> 王介甫（即王安石）、苏子瞻，皆为欧阳文忠公所收。公一见二人，便知其他日不在人下。赠介甫诗云："老去自怜心尚在，后来惟与子争先。"子瞻登乙科，以书谢欧公。欧公语梅圣俞曰："老夫当避此人，放出一头地。"当时二人俱未有声，而公知于未遇之时如此，所以为一世文宗也欤。[1]

> 慈圣光献大渐，上纯孝，欲肆赦。后曰："不须赦天下凶恶，

---

[1]（宋）葛立方：《韵语阳秋》第十八卷，见何文焕：《历代诗话》（下），北京：中华书局，1981年，第629页。

但放了苏轼足矣。"时子瞻对吏也。后又言:"昔仁宗策贤良归,喜甚,曰:'吾今日又为子孙得太平宰相两人。'盖轼、辙也,而杀之可乎!"上悟,即有黄州之贬,故苏有《闻太皇太后服药诸诗》及挽词甚哀。①

只有通过这种古今之间的鲜明对比和反差,我们才能更深切地理解陈寅恪后来发出的感慨:"余少喜临川新法之新,而老同涑水迂叟之迂。盖验以人心之厚薄,民生之荣悴,则知五十年来,如车轮之逆转,似有合于所谓退化论之说者。"② 同样也是唯其由此,我们也才能更为紧迫和汗颜地体会到,重塑作为中国社会支柱的家庭文化,恢复这个文明肌体的良性细胞,对于天下所有的炎黄子孙来说,都是刻不容缓和迫在眉睫的任务。——如果连这一点都做不到,那么我们就根本无力去侈谈什么文化了;正相反,毫不夸张地说,只要是缺乏了这种文化的护佑,则我们这个由来已久的中华民族,就实在谈不上什么可以指望或者可以梦想的未来了!

2018 年 1 月 6 日再修订

---

① (宋)陈鹄:《西塘耆旧续闻》卷二,见《涧泉日记·西塘耆旧续闻》,上海:上海古籍出版社,1993 年,第 15–16 页。
② 陈寅恪:《读吴其昌撰梁启超传书后》,《寒柳堂集》,上海:上海古籍出版社,1980 年,第 150 页。

传统的毁弃与更生

　　——关于当代文化问题的对话

传统的毁弃与残存

　　问：您曾说传统就像空气，只有在它被污染之后，我们才会觉得它重要，只有在它遭到毁弃之后，我们才会感受到它的报复。您所谓的报复指什么？

　　答：最起码的，老太太倒在地上了，总得抢上去扶一把吧？可你真要这样做，社会就得有个潜在的传统。所谓"恻隐之心，人皆有之"，看见老人跌倒而不扶，对于孟子那个时代的人，那根本是不可能的，因为通过长期的教化，这已变成人们的习惯甚至本能了，也不会有人怀疑你说，没你的事儿干嘛要扶？现在却不一样了，第一个不扶老人的案例发生后，你确实会感到惊讶，因为你发现传统变稀薄了，后来你干脆又发现，大家普遍都不敢扶老人了，也都见惯不怪了，这就说明传统就快要消失或衰微了。为什么？恐怕主要还在于一部分老人，他们年轻时是红卫兵，不仅没有受到传统的教化，还"打砸"过教化的传统；现在他们虽然年龄上变老了，却并没有老年人的慈眉善目，很可能反过来讹你一把。所以人们才会说，不是"老人变坏"了，而是"坏人变老"了。

　　再举个例子。在这样的背景下，我们的前任校长曾经提议，让清华国学院也办个少年班，我们就不敢接下这任务。那还不是因为，现在的人心没法提供支持了？所谓少年班，无非是要招收超常的孩子，而这事又全由主考老师说了算，这样一来，你此后就没有好日子过了。第一，那得有多少家长找到你，要你看看他们的孩子怎样？那你自己还做不做学问？第二，在国学方面超常的孩子，在其他方面又难免偏科，比如不大喜欢奥数等等，甚至有可能愤世嫉俗，所以只要想来挑毛病，就总能找到他们的麻烦。再说，哪怕你挑选得再对，也要很多年后才能验证，可网友们能管那么多吗？比如，钱锺书当年考清华，外语得了100分，数学得了15分，按规则是不该招的，而清华偏偏就招了他，后来虽说仍有偏颇，也总算成了一代宗师。可是，现在要招这样的学生，正由于传统已经太稀薄了，总是不吝以坏心度人，那就不会被传为美谈了，只会被猜忌甚至"人肉"。所以你看，一旦丧失了基本的传统，那就像是失去了空气，做什么事都困难了，就连喘口气都困难了。

当然，如果再往积极面来看，传统一方面确实被毁了，可另一方面还仍然残存，而这又是我们的基础与转机。实际上，一旦传播到媒体上，对于能不能扶老人，人们之所以感到纠结，就是因为现在的沉重现实，跟他们的道德情感在打架，而这种情感正好又来自传统。再者说，要是传统全都荡然无存了，那么打个比方，刚过去的双十一购物节，也就不可能被发展出来了，因为社会失去了基本的信用支撑。简单地说，是世俗儒家的小传统还没有被彻底葬送，这才能支撑起中国电商的发展；只可惜，精英儒家的大传统，却已被毁弃得太厉害了，正所谓"黄钟毁弃，瓦釜雷鸣"。一方面，如果精英的儒家还在，那还是不能赞成这种单向度的现代化，它把消费主义看成唯一目的，而这同传统的"义利之辩"正相反。另一方面，作为底层的社会心理，世俗的儒家毕竟还残存着，它克勤克俭、隐忍平和、重视教育、讲求信用、看重血缘，尊敬权威。所有这些文化心理要素，都被人们视作了理所当然，其实也包括那些否定传统文化的人，却不知那正是他们的文化前理解，而且也正是这样的文化特性，才支撑了对于现代化的移植，才构成了当代生活的隐秘地基。

当然，如果把眼光放得更长远，就不能只看一时的经济指标，更要从历史的隐秘处看到，就文明发展的后劲来说，儒家大传统的基本毁弃，还是使我们的民族损失惨重。人们往往误以为，儒家是服从政治威权的，但其实只有世俗儒家，才会倾向于盲从权威，而精英儒家则并不盲从，在历史上从来就如此，任何一位儒生只要把学理读进去了，他就会更加服从道义的召唤，哪怕为此而舍生取义。而到了近现代的历史中，我们就不去说陈寅恪、梁漱溟了，他们的大无畏姿态，构成了上世纪下半叶的最强音。就是最反对本土传统的鲁迅，他临死前提出的那几类人，什么"拼命硬干的人"，什么"为民请命的人"，什么"舍身求法的人"，如果拿到历史上去对照一下，难道不都是最纯正的儒者吗？

最跟两位先生对接

问：传统文化有什么内在的优越性，能够回应当代社会的尖锐问题？

答：一方面，不能笼统地否定固有的传统，因为中国文化有很多独到的优点，比如我经常强调的一点就是，它由于受到了儒家思想的范导，而具有"无宗教而有道德"的特征。另一方面，也不能笼统地主张向西方学习，因为寻常所讲的西方文化，由于地理上的偶然原因，其实是由"两希文化"杂凑而成的。在这中间，如果希腊文化是重视现世、多元、科学、民主，那么，希伯来文化就在注重绝对超越的一神教，两者在历史上就未能融合好，到了当代更像油、水一般地分离开来。四百多年以前，利玛窦来中国传播西方的基督教，可他采取的策略却是，也同时把西方的科学给带进来，那意思好像是在说，我们有了如此发达的科学，都还在相信这些讲不通的东西，难道你们还不愿相信它吗？然而，中国社会上层士夫的心灵，却是受过先秦理性主义清洗的，在头脑中都预装了孔子的教诲——"未知生，焉知死"，和"不语怪力乱神"。所以弄到最后，他们还是自行从西方文化里总结出"德先生"和"赛先生"，而那却都是来自希腊的东西。

问：但是佛教在中国生根了，这是为什么？

答：一方面，前边的话已经意味着，在"religion"意义上的宗教，严格讲只有"亚伯拉罕宗教"，也就是犹太教、基督教和伊斯兰教。由此，你也许就应当转念想到，佛教并不是那种意义上的教义，特别是，释迦牟尼本人的理论，而不是后来的世俗化，只应被视作一种理论或学说。另一方面，由于经过了太长时间的消化，这种教义也就越来越中国化了，更像是依附在中国文化上的、被特别设计出来的补充。所以，只是在被"中国化"的意义上，中国传统才有限度地接受了佛教。试想，中国人原本是那么入世，那么，即使偶然去一趟山林中的寺庙，也算是"平生难得半日闲"，而且即使去往了那里，也并不是为了出世的目的，反而是为了增加世俗的幸福。佛学本是主张"四大皆空"、"六根清净"、"六亲不认"的，然而绝大多数的中国人，去那里却怀着现世的欲望，尤其是为了能香烟后代、多子多福。所以，佛教在中国已大大变味了，成了现世主义的一种寄托，也支撑着民间社会的信念。

另外，回到你先前的问题，正因为是在主张现世主义，而又能

"无宗教而有道德"，所以你屈指算算，从轴心时代走来的这几大文明，有哪个是能一脉相承地发展至今，而又能同科学和民主无缝接轨的？恐怕也只有沿着先秦理性主义走来的中国文明了吧？所以在我看来，而且我也是多次强调过，在这种"中国与希腊"的文化亲和性中，潜藏着极为重大的未来前景，只可惜人们往往一叶障目，短时间内很难意识到这一点。

中国文明的"无宗教而有道德"，跟苏格拉底所讲的"知识就是美德"，也同样具有这样的亲和性。实际上，人类的道德之心，原是在从猿到人的演化中，随着环境变迁而自然生成的，而研究这种道德的伦理学，原本也只是人间的、现实的学问。如果要调节两个人之间的关系，或两个主体之间的关系，只需这两人经过反思和论辩，便可以找到共通的结论。比如，当孔子说出"己所不欲，勿施于人"时，那完全是顺着道德直觉脱口而出的，根本不必引用什么天条或戒律，却又属于颠扑不破的、千古不磨的断论。而且，从这样的"道德金律"出发，也根本不必再预设一个超越者，让他在天上死死地盯着，为此还要先把我们预设为"罪人"。慢说这种想象中的天神原本就属于莫须有的东西，即使姑且设定它的存在，那么按照儒家的道德学说，要是只有被别人盯紧了，才愿意被动地去做道德的事，这本身就已经很不道德了。

所以，对于中国文化中的价值，不能采取太过功利的态度，尤其是不能拿它当作"维稳"的统治工具，否则就实在是焚琴煮鹤、买椟还珠了。那样的做法，一定会把国学也给"玩坏"的，而现在就很有这样的苗头了。必须从更高的层次看到，儒学真正能向我们提供的，是一个独到的人生解决方案，而且，即使把它拿到世界范围去，跟那些被当作天条的信仰相比，儒学的方案也仍有充分的理由，甚至也仍有它独特的优长。

重建全社会的道德

问：在儒家思想和社会现实之间，应当是一种什么样的关系呢？

答：当然话又说回来，再从现实的关切出发，如果能够按照儒家的理念去生活，让观察的角度更加立体化，整个社会也自会安定得多，人和自然的关系也会融洽得多。而现在，由于受到了科学主义的影响，就只想用科技手段去解决问题，比如生态恶化本是技术发展所致，你又想用另一种技术来纠正它，没想到新的技术准会带来新的问题，到头来就只有像发达国家那样，再把污染源头转嫁到别国去。这怎么能真正解决问题呢？大家怎么就没想到，还可以通过转变人生的态度，提倡幡然悔悟的生活方式，来更加彻底地、也是更合道德地解决问题呢？你看在现代化的运动之前，正因为工具合理性还没有恶性膨胀，还没脱离价值合理性的制约，虽说几千年来都在留恋现世，可老祖宗也并没把生态给弄坏，他们身上有很多传统的美德，比如亲民爱物，物吾与也，钓而不网，弋不射宿，连一张写有文字的字纸，都要以诚敬之心来尊重爱惜，哪里会像现在这样去炸鱼、电鱼、竭泽而渔呢？

当务之急是，如果要价值方面返本开新，去重建全社会的道德生活，那么现在的教育就必须改进。比如，正像你刚才向我提问的，都已弄得连老太太都不敢扶了，那就说明现有的道德教育"出大事"了。既然如此，为什么还不反思现在这种效果可疑的政治课呢？你把它充实扩展成为公民道德课，行不行呢？真正的要害问题在于，你如果只引导学生们去想，他们都只是物质意义上的存在，从天性中就只会追求物质利益，那么等他们进入社会以后，能不发扬这种"恶的本性"，能不利欲熏心、蝇营狗苟吗？为什么不去教教传统的

"义利之辨"呢？为什么不让他们记住，正所谓"不义而富贵，于我如浮云"，所以即使在这个现代社会，也需要"先明道义、后讲功利"呢？为什么不能让他们记住，正所谓"民吾同胞，物吾与也"，所以即使有那样的物质条件，如果过分地放纵物欲和消费生态，也仍然属于一种道德缺失呢？事实上，只有总是由这代人去告诉下代人，做人就应当父慈子孝、泛爱众生，这个社会才能保持基本的祥和，而人们才能过得上善好的生活。一旦有意无意地去宣扬，人生不过是物质上的"块肉"，所谓"天下熙熙，皆为利来，天下攘攘，皆为利往"，那么，不要说由他们所组成的社会了，就是原应由世代来共享的大自然，也会被他们弄得山河变色，暗无天日，难以为继。

家庭作为一种文化

问：中国的文化脉络，是否已经发生了断裂，您怎么评估这种情况？

答：这种文化现象，包含了各种各样的断裂情况。比如，从最小的社会细胞说起，尽管家庭作为社会组织还在，然而家庭作为一种文化细胞，实际上已经基本断裂了。这一点对于儒学特别致命，因为儒家文化正是建基于家庭之上的，它要求孩子在这个最小的社会细胞中，通过操演而逐渐习得社会情感，再把它扩张到更大的社会组织中去，也就是说，儒学不光要求去"修身"、"齐家"，还更要去"治国"、"平天下"。而现在，由于种种的不合理原因，这种家庭文化早已经断裂了。比如，长期推行的独生子女政策，就在无形中带来了巨大挑战。古代人原是很讲究"孝悌"的，可现在谁都没有兄弟姐妹，那还怎么来操演这种德行呢？

进一步说，还不光是在同代人之间，儒学要强调"兄友弟恭"，并把这种情感推向社会，而且在代际之间，儒学又强调"父慈子孝"，并也把这种情感推向社会。不消说，在后边的这一种关系中，儒学还特别强调"子孝"的一面，这曾经引起过不理解的喊叫，特别在参照了西方的"原子化"以后。可现在，我们已经可以看得更清楚了。实际上，全力去呵护自己的下一代，是连动物都具有的天性，这才不必去特别予以强调，文化性正是要提升动物性的。你看现在这些"小皇帝"，长那么大了还在"啃老"，而他们的父母还心甘情愿。这当然也表现出了人性的侧面，然而，这却并不属于正常的文化。正常的文化总要有道德约束，而道德又总要跟自然趋向相逆，总要反过来强调牺牲精神，总要对人们进行后天的教化。也只有这样，整个社会才有交互的作用，在代际之间才具有公平性。无论如何，要是以过去的眼光来看"啃老"现象，那简直是不可思议的，简直是太无天良、太不孝顺了。父母为孩儿操劳了大半生，所以等到儿女成年之后，那正是他们应当"反哺"的时候，而现在把这些全都弄颠倒了！

问：年轻人啃老，也是被逼出来的吧？比如刚工作没几年，就要买房子，一般人哪拿得出那么多钱来？

答：这问题应当反过来看。常能看到这样的房产广告——"丈母娘同意了"，因此也就常有人这样说，是中国的"丈母娘推高了房价"。那么，为什么其他国家的丈母娘，没这么暗中帮助房地产商呢？那当然是因为，人家总还有相对正常的文化。当今中国的怪现状却是，既然家庭不再是一种文化了，人们就只具有原始的天性了，而只要顺着这种原始天性走，哪怕只是受命于体内的催产素，老的就更倾向于要呵护小的，而不是由小的来供养老的。正是在这样的社会环境中，丈母娘为了呵护自己的女儿，就会对房子提出过高的要求，而且她们也同时就料定了，公婆为了呵护自己的儿子，也会心甘情愿地让他去"啃老"，而不忍心看他去"打光棍"。更重要的是，开发商也早已料定了，会有那些省吃俭用的爹娘，甘愿为自己的孩子掏腰包，哪怕是掏出养老保命的钱，不然他们怎敢如此地抬高房价。要是在一种正常的国度，就算哪个资本家再贪婪、再心狠，也不敢把房价这样去抬高，甚至能达到年均收入的几十倍、上百倍，除非这个开发商自己想跳楼！

应当看到，所有这一切"目睹之怪现状"，都是以牺牲老一代为代价的。如果你有机会到国外去，就能看到相当强烈的反差，并由此看出国内的不正常。比如到唐人街去吃饭时，你会发现相邻的大圆桌旁，主要都是乐呵呵的老年人，他们现在已经告老退休，也不再背负房贷的压力了，所以比起他们的孩子来，生活压力算是基本消失了，可以从容地享受最后的时光。可是，一旦回到中国的饭馆里，邻桌食客就几乎全是年轻人，他们才是餐饮业的主要顾客。那么，一边既要求父母去节衣缩食，牺牲生命中的最后时光，另一边却仍不忘去享受美食，个个都还这么心安理得，这能算是一种正常的文化吗？

教育更是斯文扫地

问：现在除了家庭文化之外，还有哪些方面的传统也断掉了？

答：孩子们一旦走出家庭，随即也就要步入学堂了，不妨再接着谈谈教育机构。实际上，教育传统和学术传统，也同样是被相当地毁弃了，至少是在相当程度上式微了。在正常的社会环境中，正因为这个社会要延续下去，就需要有所损益、需要自我更新，所以它所建立的教育机构，反要跟它拉开一定的距离，然后再跟它展开对话，并向它输入秉持理念的社会成员。这样的传统在中国，至少从孔子的"学在民间"开始，就已经历经艰难地建立起来了。也只有这样，当受教育者再从这里走上社会时，他们在内心中禀有的理念，才会跟他们所面对的现实，产生出或多或少的距离，这才算是给社会带去了新鲜血液，足以矫正得社会去向理念靠拢。无论如何，现实的实践是有条件限制的，历史长河也是会"打个弯"的，就是理念本身是不会出错的。正因为这样，就应当时刻都不要忘记，必须用理念来修正历史和现实，哪怕一时还不能完全做到，你自己的心念也不要因此而泯灭。

可惜的是，现在的情况却刚好相反。首先，最让"斯文扫地"的是，教育者本身就被无情地修理了。学校里，经常会有新的办法出台，憋足了劲想要管理教书的人。本来，仅仅由官方而不是由民间，来设立主要的学术研究基金，这本身就很容易带来弊病。而现如今执行起来还变本加利，在这基础上又制定了"奖上加奖"的制度，就更增加了这方面的荒谬性。按道理，要是有些人不怕麻烦，去申请了这样的研究资助，并且获得了额外的支持，那么，就应在此后的职称评定中，以一种"减分"的原则予以考虑，因为他们毕竟需要额外的花费，增加了纳税人的财政负担，这就不如那些没有申请项目，而默默无闻地进行学术研究，也同样得出了相等成果的人，他们并没有耗费额外的民脂民膏。可是，现行政策却出于"控制"的目的，不仅没有实行这样的"减分"的原则，反而倒过来施行了"加分"原则，对于没有去申请这类基金的人，反而样样都给予另眼相看，这如何能鼓励独立自主的学风，如何能让学者去"十年磨一剑"，如何能鼓励他们真心热爱学术？也正因为这样，学术传统和教育传统都中断了。要是搁在过去，哪个稍有点自尊的读书人，会像现在这些教授那样，既没有思想、也不打算思想，却又急于写作、以量取胜，巴望着上面能分给一点可怜的余唾？

与此相应，学生那边的问题就更大了。他们原本就没经过八十年代，连对于思想解放的残存记忆都没有，如今再去听命于僵硬的指挥棒，就显得比老师还要"老成"和"老滑"，所以不再是"社会化不足"了，反而显得是"过度社会化"了。由此导致，只要老师的授课稍微难一点，或者老师要求得稍微严一点，他们就油滑得宁可不选，哪怕也照样钻到教室里蹭课，反正哪里还混不到几个学分？这样的学生，简直都等不到再走上社会，就已经变成"社会油子"了，哪还能指望他们到毕业以后，再去跟社会进行协商磨合，由此而促进社会的进步？当然在这个意义上，也可以说社会在修理了他们以后，他们又反过来修理了社会，或者报复了社会，让它不再有可指望的前途了。

"学在民间"的重要性

问：如想续接已断的文脉，要做哪些方面的改变？

答：如果单就教育方面而言，我想当今中国面对的最大问题是，私立大学一直都没有搞起来。只要是缺少了这一个变量，大学就有可能总是这个样子，甚至还有可能会越来越糟糕。在名义上，政府当然应当代表"公益"，可实际上，正如马克思所尖锐指出的，它往往又是个特殊的利益群体，所以只要弄得不好，特别是，只要是缺乏民意的监督和渗入，它就会更考虑片面的自利，就更要考虑自身的一时稳定，而顾不上民族文化的后劲，更不管什么看不清的未来。可是，一旦出现了像样的私立大学，情况就有可能向好的方向转变了，因为教育的要素开始变得多元了。也就是说，一旦私立大学挑起竞争了，即使是公立大学，也就不敢再办得像个衙门了。大洋对岸的情况就是如此，你看加州伯克利虽属于州立大学，但由于它的背景是常春藤大学，而常春藤大学都是私立的，就使得在美国即使是公立大学，也照样能办得有声有色。当然你如果到两边去讲学，还是会发现很多微妙的区别。

另一方面，即使只就中国的高等教育而言，也不是没有成功的经验可谈。我最近重新推出了一本书，并为它写作了长篇的导言，那就是《西南联大国文课》。我在那里边明确地提出，面对西南联大留下的遗产，最让我们汗颜的还在于，尽管如果就办学的条件而言，它大概除了"自由"二字之外，在任何条件上都远不及今天，然而，单只这一个关键性的强项，就仍使这所学校的成材率，大大地优越于当今的学校，包括后来又由它拆成的清华和北大。在我看来，这也就决定性地回答了所谓"钱学森之问"，即"为什么我们的学校——特别是跟大师辈出的民国时期相比——总也培养不出杰出的人才"。

当然，还有一点需要细心辨察的，就是绝不要沿着全盘西化论，一旦说到西南联大享有过的自由，马上就把它归宗给外来的自由主义，误以为那准是当年的唯一资源。应当更全面地看，发现支撑着联大的精神资源，更是来自中西之间的会通、交融与增效。刚才已经说过，其实精英儒家从来都不曾盲从，倒是很强调个人的人格和风骨。也正因为这样，一旦陈寅恪、梁漱溟等人了解到西方的自由观念，他们才会以"正中下怀"的态度接受它，从而才会在上世纪下半叶，以孤独的甚至是绝望的反抗，唱出了中国读书人的最强音。而在西南联大的《纪念碑文》中，冯友兰也引用了《礼记》中的"万物并育而不相害，道并行而不相悖"，并说明"斯虽先民之恒言，实为民主之真谛"，这也同样能说明这个问题。

怎么看"文化主体性"

问：包括您在内的很多学者，都主张中国要有自己的文化主体性，那么，所谓文化主体性指的是什么？

答：如果接着刚才的话题来谈，那么这个"文化主体性"的概念，就应是"文化传统"的另一种表达，或者说，是对于"文化传统的自觉意识"。正由于本土历史的应有连续性，被来自西方的剧烈冲击给阻断了，而原有的那个文化共同体，也在外来的碾轧下失序了，这才使得人们蓦然回首，发现自己正受到"传统丧失"的报复。在这个意义上，事实上这一次的国学热，还真不是自上而下形成的，倒是老人们听"百家讲坛"听出来的，属于"礼失求诸野"式的自我修复。在我看来，这一点具有很大的启示意义，它在一个礼崩乐坏的紧要关头，再一次胜于雄辩地证明了，对于规范中国民众的道德而言，正因为他们是没有宗教概念的，所以中国文化的固有价值，乃至于它的那种言说方式，都不光仍然是最有活力的，而且可能是最有效验的。

另一方面，如果再放宽眼界来看，特别是从跨文化视野来看，这种"文化主体性"的说法，更属于一种具有全球性的说法，正好应对着当今的全球化潮流，根本就不是哪个国家特有的事。正因为这样，如果有人还在迷惑不解地问，既然这个文化都不存在了，哪里还有它的什么主体性？那么，这种说法就太缺乏历史感了，也太过静态和消极了。这就好像是在说，既然历史已然犯下了错误，就根本不必去幡然改正了。可事实上，民族意识一旦被压弯了，就像伯林的那个比方一样，是会像树枝一样奋起反弹的。这同样是个全球化的现象，正如罗兰·罗伯森所指出的，"全球化是存心怀旧兴起的首要根源。更具体地说，正是在 19 世纪后期 20 世纪初期迅猛加速的全球化这一起飞时期,目睹了发明传统这种强烈欲望的盛行。"①
正因此,就需要引进更加积极的概念,那正是我的一本近作的标题——"再造传统"。当然,应当平衡地意识到,这里所谓的文化"再造",是指向"中国文化的现代形态"。也就是说,一方面,它必须吸收外来文化的营养,必须跟世界潮流沟通与叠合;另一方面,它仍要继承中国文化的辉煌,也仍然要在有所损益的基础上,表现为传统的激活和历史的延续。

最后要说的是,其实"主体性"正是同"主动性"相连,所以,但凡想要否定"文化主体性"的人,也就肯定看不到"历史主动性"了。过去很多年,我们就是吃这种片面认识的亏,总以为只有彻底地砸碎旧世界,才能真正地创造出新世界,却没想到一旦历史被割断了,人们道德水准就都掉回丛林了,到头来就只能"播下龙种,生出跳蚤"。可就算是这样,为什么还有人这般执迷不悟?那正是因为,在他们身上也有一种连续性,如果不是跟激进的革命话语的连续,那至少也是跟舶来的夹生的西学话语的连续。而在这个意义上,就像我早就提醒过的,如果有人只读了一本《自由论》,就觉得这已经包含了全部的道理,那么,这就跟当年只读了一本《资本论》,就走出书房去进行社会批判,在思想方法上是完全一样的。正因为有了这种浅尝辄止的态度,根本不想再去把书读完,人们面对当代中国的问题,才会提出两种背反的解决方案,要么把这种乱局归罪于传统,要么把它归罪于传统的丧失,从而要么想去呵护、弘扬和再造传统,要么则要继续去毁坏早已残损的传统。

说来说去,全部问题还是出在思想和教育上。而这也就意味着,

---

① 罗兰·罗伯森:《全球化:社会理论与全球文化》,梁光严泽,上海:上海人民出版社,2000 年,第 223 页。

如果我们还照这个样子来办教育，还在维护计划经济的上层建筑，就会把这种正在困惑着当代人的争论，再传递到我们的下一代、或下几代去，让他们终究也要面对这样的争论，既悲观又不负责任地说——"我看中国人的苦还没吃够！"

2016 年 1 月 19 日改定于三亚湾·双台阁

仁心一刻也不能断根

题记：

在过去，所谓"中学为体，西学为用"的文化纲领，曾在一片误解声中引发过尖锐的批判。而清华大学国学研究院的刘东认为，在华夏文明同世界发生对话时，这种纲领不仅是十分必要的，而且根本就是唯一可行的选择；而他所力主的"中国文化的现代形态"，则是"中体西用"纲领的进一步具体化。儒家当然要谋求自身的递进，迎着全球化带来的全面挑战，也把握着全球化带来的机遇，创造出既符合儒家基本价值、又贴合当今天下大势的新型形态。但与此同时，又须更不可放弃自家的文化主体性，反要基于这种主体性来进行文化选择。刘东强调，过去由于丧失了这种警醒的主体性，无意中就把中、西文化中恶劣因素全都凑到了一起，这才造成了有史以来最为失序的乱局；而只有坚定地恢复这种主体性，自觉地把两种文化中优秀因素结合起来，才能创造出一种"其命唯新"的文明图式，让中国人的生活逐步走上可以预见未来的正轨。

"中体西用"就是中国文化的现代形态

记者：您怎样看待现代语境下的中西方文明对话？

刘东：当然是需要对话，而且是高密度的长时间的对话。不过，既然是在对话，就要有作为独立双方的对话者，否则就失去了交流的意义，就成了单方面的"训话"，或者成了无益的对牛弹琴。正是在这个问题上，我们过去没能理解那个"中体西用"的文化纲领。可说白了，自西方文明的现代扩张以来，世界上所有的非西方文明，既然不是原创地产生了这种"现代性"，那么，且不说这种"现代性"本身有没有问题，即使只是为了适应西方的全方位冲击，也只有一条现实的路可走，它在日本表现为"和魂洋才"的选择纲领，在印度则表现为"甘地主义"的传统激活，在中国又表现为"中体西用"的文化策略……再说得更具体一点，用我自己喜欢的表述方式来讲，那也正是在寻求"中国文化的现代形态"。一方面，必须在很大的程度上，心悦诚服地接受西方的示范和导引，否则它也不会表现得如此有力。但另一方面，又绝对不能人云亦云地盲从，要凡事都要开动自家的脑筋，真正做到"知其所以然"，而不能像"文革"的愚昧口号那样，对人家"理解的要执行，不理解的也要执行"。比如，西方文化由于历史地理的原因，是由"两希文明"偶合杂凑而成的，这"两希"就是希腊和希伯来文化；而中国文明早在它定型之初，就已受到了"先秦理性主义"的决定性洗礼，自古以来就讲究"未知生，焉知死"，就讲究"不语怪力乱神"。这样一来，对于所谓"亚伯拉罕宗教"中的迷信因素，儒家文化圈中的精英阶层，总是百思不得其解的，所以是总也难以接受的；可另一方面，对于来自希腊文化中的"德先生"、"赛先生"，乃至它的戏剧、哲学、美术，则又因为它恰合自己的"先秦理性主义"的精神，恰合自己现世主义的生活态度，恰合自己的

"民胞物与"的理念，而表现出由衷的、有时甚至是相当勇敢的欢迎。这就是一种基于自身主体性的文化选择与文化利用。

你把它说成是"转型"也好，"激活"也罢，总之在这个关键时刻，最怕的就是把文化给弄断了根。哪怕是在一代人的时间中，也绝不能把文明进程给斩断。像"己所不欲，勿施于人"、"己欲立而立人，己欲达而达人"这样的基本做人准则，如果给一朝否弃了，那么整个文明空间就塌缩下来，就不再存在支撑发展的支援意识，从而也就不再存在"创造性转化"的余地了。既然要去追求"中国文化的现代形态"，当然要进行很多改造，甚至忍受很多阵痛，但有一条却绝对属于例外：仁心是一刻都不能断根！

早在上世纪的 40 年代，陈寅恪就非常沉重地讲过："余少喜临川新法之新，而老同涑水迂叟之迂。盖验以人心之厚薄，民生之荣悴，则知五十年来，如车轮之逆转，似有合于所谓退化论之说者。"但很可惜，许多人只有败落到了今天的地步，才能领会陈先生的这种先知先觉。而这样一种在理解上的滞后和愚昧，也就导致了今天极度的文化失范。

追求自家的文化主体性，并不意味着就此不再开放。其实这几十年来，恐怕很少有人像我这样，对于西学的译介投以如此大的热情，毕竟大陆的第一大学术丛书（《海外中国研究丛书》），和第二大学术丛书（《人文与社会译丛》），都是由我一人倾力主持翻译的。从这方面来讲，西方学术营养的汲取，肯定是帮助我们强身健体了。不过与此同时，为什么对于自家的传统，反而要束手束脚、拒之千里呢？所以，这就需要第二次"解放思想"了：既然对西学显得那样解放，哪能对中国学问如此保守呢？那不也是一种心胸狭隘吗？毕竟，儒学原本就是兼容并包的，它并不会妨碍西学的引进；而且，这个"无宗教而有道德"的文明，又完全是可以兼容、甚至支撑现代科学的。

儒家要现代转化 价值内核不能动

记者：儒家在现代转化中需要注意哪些问题？

刘东：无论人们想要肯定它还是否定它，中华文明的主干毕竟还是儒家。而它在现时代所遭到的最大挑战，既然并不在对于科学技术的涵容上，那么自然也就突出地反映在制度文化方面。所以，尽管在儒家的仁学体系之内，做出一种顺应现时代的制度安排，并不会属于它的"位阶最高"的价值关切，但那毕竟也属于"燃眉之急"的文化建设。要带有紧迫感地认识到，在这两者的关系未能妥帖理顺之前，更具体一点讲，在儒学未能沿着自身理路推导到现代制度之前，或者说，在现代制度未能背靠儒学而得到文化支撑之前，我们都还不能沾沾自喜地说，已经算是找到了"中国文化的现代形态"。

然而，即使是在这个制度文化的问题上，也同样不能忘却自家的主体性。要平心静气地看到，在常常被遗忘的历史时间中，儒家曾经沿着它的价值关切，创造出很多具体的善政标准，比如轻徭、薄税、尚贤、使能、勤政、爱民、敬天、纳谏、重教、隆礼……尽管也必须跟着追加一句，它当时终究也只是最大限度地，争取到了能被一个专制政体所接受的程度。但无论如何，正是沿着"人皆可以为尧舜"的理念，才及早地创造出了科举制度，它使得那个时代的中国社会，在向上流动方面是举世最高的；也正是顺着"天听自我民听"的理念，才独创性地设立了监察制度，让言官们专司"挑皇帝毛病"之职。试想，除开这个曾被看扁的"儒家中国"之外，在世界上还有别的古代文明，也曾创造出过类似的制度，让体现着儒学理念的士大夫，去跟专制的君主"共治天下"吗？

有一种由来已久的误解，把儒家文明完全看成是"古代的"，又把西方文明完全看成是"现代的"，这就把原本属于空间性质的区分，偷换成了时间顺序上的先后，而这又正好符合西方的"文化政治"。我在西方学界的很多好朋友，比如苏珊·弗里德曼（Susan Friedman）和包华石（Martin Powrs），都在撰文揭露这样的"文化政治"，它最喜欢把所有的好东西，都说成由西方世界独自创造的，而不是产生于"文化间性"之上的。由此，我们就要上溯上伏尔泰的时代了，在那个"中国热"的时代，有很多中国的制度文化因子，都被传播和引进到了西方，并作为一种惊喜的激发或参考，促进或参与了那里的政治现代性。由此可知，在所有的前现代文明中，恰恰是中华文明的先哲家，创造出过最为靠近现代的制度因子，所以它不仅确实有过制度创新，而且曾经长期引领过制度创新。不仅如此，作为一种"无宗教而有道德"的文明，它当年还实实在在地激发过伏尔泰，所以它当年就曾居于启蒙思潮的核心，就属于一种雏形的启蒙话语。从这个意义来看，那种把西方等同于创新、把中国等同于古老的观念，也就从逻辑上站不住脚了。

不待言，儒学也必须谋求自身的递进。然而我还要补充一句，真正应当脱胎换骨的，却不是它自己的价值内核，否则那就根本不再是儒学了。应当看到，这毕竟是一种产生于"轴心时代"的、具有特别精神价值的、饱含独到生命智慧的"人生解决方案"。在这个意义上，它绝对属于全人类的精神财富，容不得任何人轻率地撤弃。正因为这样，我们既要去密切关怀当代生活，又应跟任何有限的历史阶段，包括跟这个特别"厚今薄古"的当下，都保持为思考所必需的距离，以保留再去修正历史的后劲。正因为这样，我们眼下真正紧迫的思想任务，也就不是去鹦鹉学舌地去强辩，别人已有的哪些东西我们也有；而是对照着儒学的价值参考系，去既有建设性、又有批判性地，回答由当今的生产和生活方式所带来的尖锐挑战，哪怕这种回答受思想逻辑的内在制约，要对某些时髦的东西去犯颜"说不"。如果没有这样的文化主体性，没有这种思考上的定力和勇气，那么，实则就既不可能建成"中国文化的现代形态"，也不可能真正去达到"全盘西化"，而只能像现在这个糟心样子，既把别人的所有毛病都接了过来，又拿到自己的失范语境下去发酵放大，最终把西方的坏东西和中国的坏东西全部结合起来了。

记者：您在新书《再造传统：带着警觉加入全球》里面提到："真正迫在眉睫的就是有效激活本土文化的原创力。"我们一直在提"创新"，而似乎我们缺少的正是这种原创力，对此您有何看法和建议？

刘东：其实从全球史的宏大角度来看，人类真正最富于创造性的年代，还是那个出现了孔子、释迦牟尼、苏格拉底和犹太先知的时代，也就是公元前五世纪左右的那个"轴心时代"。我们现在受现代性的误导，对于"工具理性"的层面太过看重，所以一旦提到所谓的"发明"，马上就想到了爱迪生那样的"发明"，就连自家最为看重的"四大发明"，也是比照着爱迪生的发明来列举的。然而，在整个人类文明史中，真正举足轻重的创造活动，却必定属于"文明图式"的创造，或者属于"价值理性"的创造。你看由孔子、释迦牟尼、苏格拉底等人教导出来的这几个世界性文明，只要是置身于它们各自的文化圈中，那么所有此后的那些细部发明，就都是在这几大"圣哲"的感召下产生出来的。从这个意义来说，真正想要焕发文化的创造性，还是要回到孔子当年的思考起点，回到对于"价值理性"和"人生解决方案"的发明上来。当然，我们要进入的应当是更高水平的"轴心时代"，因为那会是基于孔子、苏格拉底、释迦牟尼等人的对话，再重新创造出的、综合了全人类智慧的"价值理性"和"人生解决方案";而这和我开头所说的"中体西用",或者"中国文化的现代形态",根本就属于同一个意思。真要是达到了那样的文明基点,人类才能学会更加"正确"地生活,他们也才能豪迈地回过头来,发现其实五千年的文明还太过年轻,而更高的文明是从自己脚下开始,是我们才把过去和未来在这里"打了个扣"。——这才是我所定义的创造性,也才是值得憧憬的创造性。

2014 年 9 月 17 日修订于清华学堂

后　记

　　终于趁着短暂的度假，把问题多多的二校样给看完了。于是，计划中要写出的这篇后记，也到了不可再拖的时刻了。

　　收进这本书中的文字，有的已经在别处发表过，有的则还没有来得及。可无论如何，这次把它们集中到了一起，确实为了更对准一个焦点，那就是写在标题上的"国学的当代性"，——或者说，这是要在"传统—现代"的转换中，来重新省察或发现中国故有学术文化的形态与价值。

　　如此尖锐而多义的主题，难免要把心境带到纷杂的论争中，远不像自己平素的书房，总还能做得到"闹中取静"（除了我离不开的古典音乐）。不过，对于这种陡然的心跳加快，也只能用那句"予不得已也"来宽慰自己了，——特别是，一旦哪位贸然闯进书房的记者，就拿着迫在眉睫的要命问题，逼到了你自己鼻子尖的时候。

　　当然，如果从更积极的角度来看，那也是因为我向来认为，大凡不具备现实感的国学家，都要么是不够资格，要么是不够真诚。而且，无论是其中的哪一种，都必然要愧对当年的孔子，因为夫子虽则是"信而好古"，却从来没有躲避过现实；恰恰相反，如果跟没出息的"掉书袋"相比，我们甚至可以说，孔子是在进行着现实研究，或者当代研究。

　　实际上，在我的电脑文件夹里，还有两篇论题相近的文章，也即《当代儒者：可为与不可为》，和《作为否定原则的国学概念》，只是因为没找到时间打磨好，就没有来得及收入这本书。不然的话，本书在思想传统的"当代性"方面，还会论述得更透辟和密集一些，因为那两篇尚未杀青的文章，即使只从它们的题目来看，也都涉及了作为"批判武器"的、更具生命活力的儒学。

当然，即使加了上去，也还是有不少不便详谈或明讲的，遂只好把这方面的所思所想，都留存在自己的电脑备份中了。为了不使这种无奈的"存档"，最终变成了"淹没"或"丢失"，我在这里预先就想要提醒：真等到了所谓的"百年之后"，如果还有人想要印行我的著述，那么，就远远不是这里的白纸黑字，而是我的某一块活动硬盘，才可作为用来校勘的"善本"或"底本"。

说来见笑，自己晚近的思考与写作状态，从上面的描述中亦略见一斑了。我总是不无狼狈地处在这种"未完成"的过程，总是在手忙脚乱地接续以往讲过的话题，又总在悔之晚矣地进行补正与发挥。——或者说，正如前不久的一本拙作的标题所示，我总是在演奏着圣桑的《引子与回旋》，总是把前边的思绪当成了当下的引子，又总要在当下进行发挥、展开与变奏；话又要说回来，同样令人不无惊喜的是，前边那些已被阐发过的主题，一旦嵌入此后才开发的语境中，也总会带来始料未及的惊喜，获得了以往并未呈显的新颖意义。

不管怎么说，大约从一个方面，尚可以借以自勉的是：对于一位以学术为志业乃至以学术为生命的学者而言，这种至死方休的思考，至少在自己的有生之年，注定会是未有穷期的了。而在另一个方面，如果鼓足了内心的勇气，我也想斗胆再发出一点企望：对于一位希望在学问与现实、或书房与世界之间，去保持住起码平衡的学者来说，他这种无休无止的自寻烦恼，也还能同步地瞄向整个社会的指归。

进一步说，那个作为理想的目标不是别的，正是我在论述"国学的当代性"时，所暗中对准的、片刻都未敢稍忘的"中国文化的现代形态"："正如我曾一再强调过的，唯有对于'中国文化现代形态'的寻求与奠定，才是我们这场伟大实践的终极目标。也就是说，这块土地上的未来文化模式，既必须是标准'现代'的，由此而显出对于全球化的汲取与适应，又必须是典型'中国'的，由此而显出对历史传统的激活与承继。——只要一天找不到它，我们的社会就会一天'找不到北'，就会日趋紊乱与失序下去；而一旦真正确立了它，尽管此后的历史仍会发生损益，我们却可以又像孔子那样，信心满满地发出对于未来的预言——'虽百代可知也'。"（刘东：《再造传统》，上海人民出版社，第 198 页）

或许在这个意义上，就还可以大着胆子说一句：其实这本书正在处理的问题，也恰是我们这个文明唯此为大的问题。

刘东
2019 年 5 月 4 日
吴中水哉台